Jürgen Prommersberger,
Bernd Schäfer

Bissig Almanach

130 Restaurants im Test
Nürnberg – Fürth– Erlangen– Schwabach
Tempel, Tavernen und Teufels Küche

nassau verlag

Impressum

Bissig Almanach 2013

130 Restaurants im Test
Nürnberg – Fürth – Erlangen – Schwabach
Tempel, Tavernen und Teufels Küche

Redaktion: Jürgen Prommersberger, Bernd Schäfer
Titelbild: nach einer Idee von Andreas Bahn, Foodstyling durch Bernd Schäfer, fotografiert von Thomas Riese,
Bildbearbeitung: Herbert Grambihler
Gestaltung und Produktion: Herbert Grambihler
Druck: CPI-Books Ebner & Spiegel GmbH, Ulm

1. – 10.000 Tausend Dezember 2012

© by Jürgen Prommersberger, Nassau Verlag
Lupinenweg 9, 90480 Nürnberg
www.bissig-almanach.de
prommersberger@bissig-almanach.de
2012 – alle Rechte an dieser Ausgabe vorbehalten

ISBN 978-3-00-040148-0

Inhalt

Vorwort	**4**
Unsere Highlights	**6**
Gebrauchanweisung	**8**
VIP-Empfehlungen	**14**
130 Testberichte	**24**
Eigene Testberichte	**160**
Bar-Empfehlungen	**162**
Register alphabetisch	**168**
Register Küchensparten	**170**
Register Außenplätze	**172**
Register Nebenzimmer	**174**
Dank	**176**

Liebe Leser,

vielleicht erinnern Sie sich noch an unsere Almanach-Reihe (FLÜSSIG-, SÜFFIG- und eben den BISSIG-ALMANACH)? Genau vor 20 Jahren erschien der letzte unserer Restaurantführer, damals noch mit Manfred Hager, der dieses Buch mit Rat und Tat freundschaftlich begleitete. Wir, das sind jetzt Jürgen Prommersberger und Bernd Schäfer, hatten einfach wieder großen Appetit und tischen Ihnen nun eine Neuausgabe auf. Seitdem ist natürlich viel passiert – manches ist auf wunderbare Weise aber auch gleich geblieben. Legen wir also gleich mal los mit ein paar Informationen zu dem Wie, Was und Warum unseres Bissig-Almanachs 2013.

Von Mai bis Mitte November 2012 besuchten wir rund 200 Restaurants in Nürnberg, Fürth, Erlangen und Schwabach. Nur innerhalb der Stadtgrenzen und nicht ringsum auf dem Land. Lokale, die wir weniger gut kannten, besuchten wir in der Regel mehrmals. Es gibt sogar erstaunlich viele Restaurants seit über 20 Jahren – sicher ein Qualitätsmerkmal und die Wiedersehensfreude war meist groß auf unserer Seite.

Manchmal gaben wir uns nach dem Bezahlen zu erkennen, meist jedoch nicht – jede Rechnung wurde von uns beglichen! Einladungen oder sonstige Zuwendungen von Seiten der Gastronomen gab es nicht, vom obligatorischen Ouzo bei dem einen oder anderen Griechen abgesehen. Am Ende stand unsere Zeche bei 14.293 €. Essen gehen kann ganz schön ins Geld gehen, ja, gut getrunken haben wir auch … Damit nicht auch Sie so viel investieren müssen, um interessante Restaurants zu finden, haben wir den Bissig-Almanach mit 130 subjektiven Besprechungen auf die Beine gestellt. Er soll Ihnen auch ein Kompass sein zu den Restaurants, von denen Sie schon mal gehört haben, oder die Ihnen gar nichts sagen und Sie wissen möchten, was Sie dort in etwa erwarten könnte.

Wir erheben keinen Anspruch auf Objektivität. Im Gegenteil! Essen zu gehen ist ein höchst individuelles, sinnliches Erlebnis – wenn alles gut läuft, ebenso wenn einiges daneben geht. Wenn man mit kritischem Blick, so wie wir, unterwegs ist, Vergleiche zwischen den einzelnen Küchen anstellt, dann kann man recht gut beurteilen, ob man ein Restaurant empfehlen kann oder eben nicht. Sie finden hier also 130 Erlebnisberichte von uns, die Ihnen hoffentlich Lust bereiten, das eine oder andere Ihnen unbekannte Restaurant zu entdecken.

Vorwort

Unverblümt sagen wir aber auch, wenn wir nicht zufrieden waren, wir die Preise überzogen fanden oder wir uns gar geärgert haben. Wir tun dies nicht, um Gastronomen in die Pfanne zu hauen, sehen uns jedoch als Anwalt unserer Leser, also Ihnen, die, anders als wir, keine 14.293 € auf dem Spesenkonto liegen haben.

Glauben Sie uns: Test-Esser zu sein ist ein hartes Brot. Am Anfang stand eine sehr lange Liste an Restaurants, die endlos erschien. Gerade im Endspurt von September bis Mitte November waren wir oft Mittags und Abends und eigentlich immer in Begleitung für diesen Almanach unterwegs. Wir probierten in der Regel Vor-, Haupt- und Nachspeisen, die uns von der Zubereitungsart her interessant erschienen oder typisch für das Lokal waren. Dies war nicht immer das, was wir uns als normale Gäste bestellt hätten.

Vielleicht fragen Sie sich gerade, wie wir dazu physisch in der Lage waren? Einfach nicht alles aufessen – anders geht es nicht. Obwohl es schon vorkam dass manch Essen so lecker war, dass wir als Tester die guten Vorsätze „nicht alles aufessen" mal eben beherzt über Bord warfen. Trotzdem haben wir einigen Speck auf den Rippen angesetzt – da können wir Sie beruhigen … ¶

Jürgen Prommersberger
Bernd Schäfer

November, 2012

Unsere Highlights!

Wenig Zeit, aber großen Appetit?
Ganz kurz und knapp stellen wir Ihnen einige unserer ganz persönlichen Lieblinge aus dem Buch vor. Wir finden, darauf können Sie sich verlassen und darauf freuen. Adresse, Öffnungszeiten und Details finden Sie dann im alphabetisch sortierten Besprechungsteil.

Italienisch

Die Nudel: Antipasteria Da Gallo
Giovanni Gallo ist ein gastronomischer Quereinsteiger. Vermutlich bringt er deshalb so viel Liebe mit. Ganz entspannt serviert er eine wunderbare Auswahl an Antipasti und hausgemachten Nudeln. Diese sind immer eine Sünde wert.
Italienisch einen Gang 'runter schalten: La Vineria
Versteckt in Gostenhof wird hier gute Italienische Küche „Slow Food" gekocht. Eine üppige Weinauswahl ergänzt das leckere Essen perfekt.
Fürth führt: La Palma
Italienisch in Fürth? Da führt seit Jahren kein Weg am La Palma vorbei. Gediegene Atmosphäre gepaart mit der zuvorkommenden Art des Wirts Gianni Minneci, der das Lokal 1984 eröffnete. Zuverlässig lecker!
Erlangen auch: Salz & Pfeffer
Ein Klein-Od: Immer voll, immer eng, immer gut! Die Küche des „Slow Food"-Lokals ist so klein, dass keine Nudel zwischen den Köchen passt. Ausschließlich Tagesgerichte mit Produkten von überwiegend nachhaltig produzierenden Produzenten.

Der Beste: da Claudio
Edel sei der Mensch, wahrlich, gut und reich. Tizianos Edel-Küche, den bezaubernden Service von Eva und ganz besonders den Thunfisch würden wir uns gerne öfter leisten können.

Thailändisch

Der Klassiker unter den Thais: Die Etage.
Seit Jahren unser Lieblingsthailänder. Manfred Münnich spricht thailändisch mit seinen Köchen und sie scheinen ihn gut zu verstehen. So ausgezeichnet wie das Essen, ist zudem die Weinauswahl. Fast noch schöner ist das ungewöhnliche Ambiente in der alten Mühle. Wenn in der Etage ausreserviert ist – oder Hochsommer – dann das Io & On.
Der junge Thai: O-Sha
Michael Weiß' Name klingt wie „Max Mustermann", hat aber thailändische Wurzeln. Er macht nicht nur seine Limo selbst und erfand zwischen Mittag- und Abendessen ein „Afterwork-Menü" bis 18:30 Uhr, sondern mit ziemlich scharf und gut gewürzten Gerichten, die uns so noch nirgendwo sonst angeboten wurden.

Fränkisch:

Fränkisch? Hütt'n!
Essen und Bier satt, zu sehr zivilen Preisen fast wie am Land. Großes Kino: die gute Mischung aus Einheimischen und Touristen. Das Schäufele auch. Prost!

Fränkisch für Besser-Esser:
ROTTNER
Am linken Tisch können zwei honorige Professoren sitzen, am rechten Tisch die Nürnberger Twitterer-Runde. Das passt gut zusammen, denn was man aus der fränkischen Küche herausholen kann, zeigt das Team um Stefan Rottner. Zusammen mit dem ESSIGBRÄTLEIN und der ETAGE hat er einen Shuttle-Dienst untereinander organisiert. Wir fahren mit.

Französisch:

Deutsch-Französische
Freundschaft: LE VIRAGE
Feine Französische Küche und angenehmes Ambiente. Nicht zu förmlich, aber auch nicht zu salopp. Immer eine feine Auswahl. Hier fühlt man sich als Gott in Frank(en)reich.

Exklusiv:

Für Lottogewinner und so:
ESSIGBRÄTLEIN
Das einzige Zwei-Sterne-Restaurant der Region wurde „Koch des Jahres". Die Klarheit der Gerichte begeistert, die Rechnung ernüchtert.
Die Entdeckung: AUMERS LA VIE
Witzigmann-Schüler Andreas Aumer muss als Kind einen sehr großen Chemie-Baukasten geschenkt bekommen haben. Er „zerlegt" Produkte und schafft unglaubliche Gerichte mal rund, mal als Würfel. Nach eigenen Aussagen keine Molekularküche, aber trotzdem muss ein Stern her.

Noch eine Entdeckung:
KOCH & KELLNER
Fabian Denninger kochte im ADLON und „Kellner" Frank Mackert holte ihn nach Gostenhof – was für ein Kontrast. Was für ein Glück!

Einfach so:

Wenn es heiß und man zu zweit ist:
KOPERNIKUS IM KRAKAUER HAUS
Blick auf Sonnenuntergang und Nürnberger Burg. Der ideale Ort zum Anbandeln ist der Wehrgang. Wenn es nichts wird, gibt es verschiedene Sorten Fränkisches Landbier als Trost. Und ein Riesen-Schnitzel.
Bei besonderen Anlässen:
UNVERGESSLICH im SCHINDLERHOF
Die Toilette gleicht einem Wellness-Hotel. Inklusive Wickel-Tisch für Väter. Alles andere – Feiern, Hochzeiten, Oldtimer zum Mieten – organisiert das super-super motivierte Team. Jetzt auch als App.
Für richtig große Gesellschaften:
RESTAURANT IM IKEA
Ja, unmöglich! Aber Platz ohne Ende. Und subventionierte Sonderangebote sowie Bio-Gerichte und kostenlose Windeln.
Für Intolerante: MAMMA LEONE
Probleme mit Gluten, Lactose und Co? Der kleine Italiener MAMMA LEONE hat eine eigene Karte für Menschen mit Nahrungsmittelintoleranzen. Die SCHNITZELRIA auch.

Gebrauchsanweisung

Gebrauchsanweisung ...

Ein Wort zu unseren Kritiken, den Infoleisten und wie es dazu kam

Im Vorwort stand bereits, dass wir rund 200 Restaurants für diesen Almanach besuchten. Wie kamen wir nun auf die hier veröffentlichten 130? Was waren unsere Kriterien für die Auswahl? Grundsätzlich wollten wir Ihnen eher Empfehlungen auf den Weg geben, denn mit Verrissen glänzen. Außerdem hielten wir es nicht für hilfreich, dem achten, sagen wir griechischen, Lokal ein neuntes hinzuzufügen – wenn dieses neunte nichts Neues bietet und somit austauschbar ist. Wir achteten zudem darauf, dass Fürth, Erlangen und Schwabach einigermaßen repräsentiert sind – unser Schwerpunkt ist jedoch ganz klar Nürnberg. Weiteres Kriterium für eine Aufnahme in die finale Liste war irgendeine Besonderheit. Dies kann eine bestimmte Länderküche sein (so finden Sie bei uns beispielsweise einen Ceylonesen und einen Araber), ein hoher Bekanntheitsgrad oder eine gewisse Exotik in der Art der Zubereitung oder Präsentation der Speisen (z.B. ein Restaurant mit Looping).

Viele Freunde unterstützten uns mit ihren Tipps und Lieblingen. Wir studierten, was andere Tester schrieben, recherchierten in den unzähligen Online-Portalen mit Gäste-Gastrokritiken, hörten uns einfach nur um. Im Prinzip genauso wie Sie vorgehen, wenn Sie nach einem Restaurant Ausschau halten. Beim eigentlichen Test-Besuch verhielten wir uns nicht wie immer im wirklichen Leben, wir waren neugieriger als vielleicht üblich. Wir wählten Speisen aus, die wir in der Zubereitung als spannend hielten oder wählten Klassiker wie das obligatorische Schäufele in fränkischen Restaurants. Wo möglich, verzichteten wir bei Nachspeisen z.B. auf das Eis vom industriellen Zulieferer. Wir versuchten auch heraus zu finden, ob z.B. das Kartoffelgratin nicht ebenfalls von dort bezogen wurde. Entscheidend war immer der Gesamteindruck. Neben dem Essen mit den Kriterien Geschmack, Kreativität und Größe, sind dies hauptsächlich die Atmosphäre und der Service – und natürlich die Preisgestaltung.

Für die Küchen- und Öffnungszeiten in unserer Infospalte mussten wir z. T. nachfragen – bitte betrachten Sie diese Angaben als Orientierungshilfe und nicht in Stein gemeißelt. Gerade junge Restaurants probieren oft noch aus, schließen beispielsweise dann Mittags mal wieder oder auch ganz spontan. Übrigens: Nicht immer sind Homepages aktuell. Am besten ist es noch immer, Sie greifen zum Telefonhörer, bevor Sie sich umsonst auf den Weg machen.

Unsere Kritiken sind alphabetisch sortiert und zwar so, wie wir meinen, so wäre das Restaurant bekannt. Das DA CLAUDIO findet sich deshalb unter „D", das s' BAGGERS unter „B" und das UNVERGESSLICH unter „S" wie SCHINDLERHOF, weil sich „unvergESSlich" bislang keiner merken konnte. Im Zweifel hilft Ihnen unser umfangreiches Register weiter. Und nun zur Gebrauchsanweisung für die Test-Seiten …

Nürnberg · **Muster-Restaurant** · Fränkisch

infomail@musterrestaurant.de www.musterrestaurant.de

Kopfleiste (s. oben):

In der Kopfleiste steht das Wichtigste. Der Ort. Der **Name** des Restaurants. Die Küchensparte, Web-Adresse und E-Mail.
Der Ort ist entweder Nürnberg, Fürth, Erlangen oder Schwabach. Der Name des Restaurants ist noch vergleichsweise einfach – aber nicht immer. Wir haben alphabetisch so sortiert, wie es uns am praktikabelsten erschien - siehe vorherige Seite. Schwierig wird es bei manchen **Küchenrichtungen** – Irrtum nicht ausgeschlossen! Ein Lokal bietet z.B. hauptsächlich italienische Küche plus japanischen Yakitoren-Spießen. Oder die Filialisten mit einem Mix aus italienischer und spanischer Küche. Oder jenen, die einen Rundumschlag von Steaks über Pasta bis hin zu Fränkisch und Französisch wagen. Im Zweifel entschieden wir für die Mehrheit der angebotenen Speisen. „Burger" und „Steaks" läuft bei uns unter „Spezialitäten & Kuriositäten" – ein Notnagel, zugegeben. Am Ende des Buches finden Sie im Zweifelsfall eine hilfreiche Übersicht.

Fußleiste (s. unten):

Wenn alles geklappt hat, steht hier die Seitenzahl. Insgesamt dürften es 180 Seiten sein. Zumindest müssen wir für so viele – natürlich auf nachhaltig-geschützten-ungebleichten gedrucktem Papier – bezahlen. Die Erstauflage wiegt übrigens zwei Tonnen. Hat aber nichts mit der Fußleiste zu tun. Ansonsten ist die Seitenzahl eine gute Idee, insbesondere bei unseren Registern.

Infoleiste (s. nächste Seite):

Die Adresse: Einer unserer leichtesten Übungen. Gut, keine große Kunst. So finden Sie hin und uns hoffentlich gut.
Der Inhaber, die Inhaberin, der **Ansprechpartner**, die Geschäftsführerin. Irgendjemand muss die Steuern zahlen, im Impressum stehen oder auf wichtig machen. Wessen Namen wir heraus gefunden haben, steht dort.
Telefonnummer: Ruf. Mich. An. Nichts hat ein Gastronom lieber, als ein paar Tage vor dem Heute zu wissen, ob es eher einer mauer Abend wird oder ob die Bude brummt. Tun Sie ihm den Gefallen und reservieren Sie. Unsere Erfahrung: Selbst eine Absage 15 Minuten vor dem angekündigtem Termin nimmt das Gros der Gastronomen gelassen entgegen. Aber melden Sie sich. Das ist mehr als fair.
Öffnungs- und Küchenzeiten: Ein weites Feld. Mal ist Hochsommer, mal Ostern, mal nix los oder eine Menge bei einer Firmenfeier. Unsere Angaben beziehen sich auf den normalen Alltag. Nicht normale Tage sind die Zeit rund um die Spielwarenmesse, der August und Weihnachten/Silvester.
Anzahl der Plätze – innen und außen sowie von Nebenzimmern. Hier nennen wir – meist in Rücksprache mit dem Gastronomen – die Anzahl der Sitzplätze. Unsere Erfahrung: Wenn es für die Werbung ist, machen sich die Lokale größer als sie sind, wenn es um kostenpflichtige Plätze für den Außenbereich geht, machen sie sich kleiner.

Fränkisch : **Muster-Restaurant** : Nürnberg

www.musterrestaurant.de   infomail@musterrestaurant.de

Muster-Restaurant
Musterstraße 123
90480 Nürnberg

Herr oder Frau Mustermann

09000 / 12345678

Mo–So: 17:30–01:00
Küche:
Mo–So: 17:30–22:00
kein Ruhetag

60, Nebenräume: 40, Außenplätze: 20

Immer notwendig

10 € – 200 €
★★★ ·
★★★ ·
★★★★
★★★ ·
★★ · ·
★★ · ·
★★★ ·

Hier könnte Ihr Logo stehen!

Sie können es sich denken und gut finden: **Die Adresse** des besprochenen Restaurants.

Der Chef, die Geschäftsführerin, der Wichtigtuer: Wen wir als **Ansprechpartner** „qualifizierten" oder uns als solcher genannt wurde.

Eine Reservierung ist immer eine gute Idee, greifen Sie zum **(Telefon-)Hörer** – E-Mail-Reservierungen sind schick, nach unserer Erfahrung aber noch keine gute Idee. Außerdem bekommen Sie dann ständig Newsletter.

Die offiziellen **Öffnungs- und Küchenzeiten**. Wenn Weihnachten ist oder Ostern, stimmen diese Zeiten nicht! Manchmal macht ein Wirt auch einfach zu, wenn keine Gäste da sind. Oder im Hochsommer, wenn das Restaurant keinen Garten hat. Wenn man mit der HON-Karte der Lufthansa winkt, lässt er auch länger auf und die Köche, sofern nicht VERDI-organisiert, bleiben auch länger da. Das Internet ist nicht immer aktuell! Wir wiederholen uns: anrufen!

Eine Frage der Größe: Hier nennen wir Ihnen die Anzahl der **Sitzplätze des Restaurants**, und denen **in Nebenräumen** und **Terrassen und Gärten**. Meistens erfragt, manchmal selbst gezählt.

Eine **Reservierung** entspannt. Hier sagen wir Ihnen, wann es unbedingt nötig ist oder wir es empfehlen.

Gesamtbewertung:

Nürnberg · **Muster-Restaurant** · Fränkisch

infomail@musterrestaurant.de www.musterrestaurant.de

 Essen ist teuer. Sie können es sich hoffentlich leisten! In dieser **Preis-Range** bewegt sich in etwa die Rechnung für eine Person.

 Essen ist immer noch teuer! So finden wir ganz persönlich das **Preis-/Leistungs-Verhältnis**.

 Freundlich und auf Zack? Unser Eindruck vom **Service**.

 Die Auswahl an **Vorspeisen** – unserer Meinung nach.

 Was halten wir von den **Hauptgerichten**? Eher wenig, eher viel?

 Wie süß! Unsere Einschätzung zum Angebot der **Nachspeisen**.

 Wein-Auswahl: Wer wird denn weinen? Bei wenigen Punkten wir!

 Vom Aperitif bis zum Espresso, von der Bionade bis zum Landbier – unsere Einschätzung zum sonstigen **Getränkeangebot**.

Na **Logo**, sofern uns eines zur besseren Wiedererkennung zur Verfügung stand.

 Gesamtbewertung: Das Maximum sind vier Kochtöpfe – plus unserem „**Nassau-Herz**" für ganz persönliche Lieblinge. Eine ganz und gar subjektive Einschätzung!

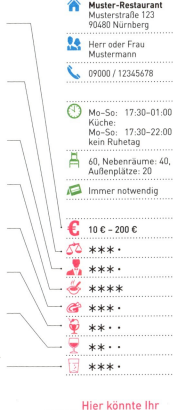

11

Erklärungen

Reservierung: Grundsätzlich gilt: besser immer reservieren – außer bei IKEA und der Bar Celona Finca, die keine Reservierungen entgegen nehmen. In dieser Spalte finden Sie unsere Einschätzung, ob es zwingend nötig ist oder nur eine Empfehlung. Wir unterscheiden zwischen bestimmten Tagen und Anlässen. Viel Glück!

Wenn's ums Geld geht: In dieser dieser Spalte finden Sie unsere Kalkulation. Was muss ich in etwa berappen für ein 3-Gänge-Menü inklusive einem Glas Leitungswasser für eine(!) Person. Bis hin zu „was kostet die Welt". Die letzte Zahl beinhaltet ebenfalls drei Gänge, einen Aperitif, den besten Wein (in manchen Feinschmecker-Restaurants könnte dies ins Auge gehen) und einen Espresso. So in etwa. Wenn es mehr wird als die genannte letzte Zahl, beschweren Sie sich bitte nicht uns, sondern bei Ihrem Bankberater.

Preis-/Leistungsverhältnis: Bei den folgenden Angaben gibt es immer vier Punkte. Schlecht für uns, gut für Sie, denn wir müssen Farbe bekennen. Finden wir das Restaurant besser als den Durchschnitt – oder eben nicht.

Die Anzahl der Sterne bedeuten:

✳✳✳✳ Sehr preisgünstig. Oder der Wirt kann nicht rechnen. Oder hat alle lieb.

✳✳✳ Ein Wirt muss auch von etwas leben und Hilfskräfte sollten „Riesterrentern" – insgesamt eine faire Angelegenheit

✳✳ Puh, ist der geleaste Jaguar noch nicht abbezahlt oder gab es eine Scheidung oder war das neue Logo so teuer? Ein eher teures Vergnügen.

✳ Nicht mit uns. Zumindest nicht außerhalb unserer Recherchen.

Service:
Natürlich, ausgerechnet bei unserem heutigen Besuch hat die Wäscherei die Stoffservietten nicht pünktlich geliefert und die Putzfrau wurde schwanger. Zudem hat der langjährige Freund unsere Kellnerin verlassen – respektive verlor der Club. Wie auch immer, hier finden Sie unsere Einschätzung zum Service. Und mit Freundlichkeit gewinnt man auch unsere Herzen. Wir bewerteten wie folgt:

✳✳✳✳ Guter Mann oder tolle Frau. Wo kann man Lippen lesen lernen? Kaum gedacht, wird es gebracht.

✳✳✳ Was wir normalerweise erwarten. Freundlich, höflich, entgegenkommend. Passt!

✳✳ Nur zur Erinnerung: Man sagt „Bitte" und „Danke" – nicht nur als Gast.

✳ Katastrophen haben einen Gesicht: Der Mann oder die Frau, die uns bedienen. Talentfrei, beratungsresistent, unfreundlich – oder alles zusammen. Umschulen!

Angebot Vorspeisen / Hauptgerichte / Desserts

Es geht los. Unsere Einschätzung der Auswahl der einzelnen Gängen. Grundsätzlich mögen wir Tagesgerichte oder saisonale Gerichte lieber als eine überbordende Speisekarte und bewerten dies entsprechend positiver. Gleichzeitig können wir gut verstehen, dass eine große Auswahl eine schöne Sache ist. Wir versuchten dies wie folgt zu balancieren:

✳✳✳✳ Überraschend große Auswahl. Wo ist die Tiefkühltruhe? Oder die ausgelagerte Küche. Mehr als wir erwarteten.

✳✳✳ Genau richtig. Wir wurden in jedem Fall fündig.

12

Erklärungen

✶✶ Woran lag es? Metro schon ausverkauft? Keine Ideen? Ein eher unbefriedigendes Angebot.
✶ Angst und Schreck, Wut und Verzweiflung. Weniger ist nicht mehr, sondern einfach zu wenig.

Angebot Getränke

Schnaps ist Schnaps. Und Bier kein Cocktail. Wir beurteilen das Angebot an Getränken – Wein ausgenommen – wie folgt:
✶✶✶✶ Raritäten und Entdeckungen. Warum isst man eigentlich, wenn man Kalorien auch flüssig zu sich nehmen kann!
✶✶✶ Gut so. Wir haben nichts vermisst. Noch einen Espresso bitte.
✶✶ Natürlich spart es Geld auf Sonderangebote zu warten. Oder eine Platz sparende Nespresso-Maschine zu verwenden. Wir erwarten mehr.
✶ Warum sind wir eigentlich hierher gekommen? Das Nürnberger Leitungswasser ist hervorragend.

Angebot Wein

Wein ist der Treibstoff für einen schönen Abend. Gleichzeitig gibt es, „dank" Industrialisierung und Globalisierung immer weniger wirklich schlechten Wein. Wir haben wie folgt tief ins Glas geschaut:
✶✶✶✶ Ein „Chateau Cheval Blanc Premier Grand Cru Classé St.Emilion" aus dem Bordeaux. Oder lieber einen „Sancerre" – der Wirt hat eine glückliche Hand und/oder einen noch besseren Weinhändler in der Hinterhand.
✶✶✶ Große Auswahl, obwohl Lagerplatz Geld kostet. Wir sind zufrieden! Her mit dem Korkenzieher bitte!
✶✶ Wein ist keine Ableitung von „Weinen". Bier ist auch eine feine Sache.
✶ Enttäuschend. Dann lieber Korkgeld zahlen.

Gesamtwertung:

Unsere subjektive Zusammenfassung, unsere Meinung. Wir vergeben unsere Bewertung in Form von Kochtöpfen. Wir berücksichtigen dabei besonders das Preis-/Leistungsverhältnis und die Küchenkategorie. Ein Feinschmecker-Lokal mit einer Rechnung von rund 200 € für Zwei bewerten wir nicht auf Augenhöhe mit einem „Nudel-Italiener" für gesamt 50 €, sondern innerhalb des Wettbewerbs für hochwertige Restaurants. Klar, ein Schäufele kostet weniger als eine „Symphonie" von der Jakobsmuschel. Das heißt, ein eher einfaches Restaurant kann bei uns eine höhere Bewertung erhalten als ein Gourmet-Tempel, der nach Höherem strebt und aus unserer Sicht versagt hat. Unser absolut subjektives Urteil:
🍲🍲🍲🍲: Perfekt! Wir kommen wieder. Privat. Zum Geburtstag.
🍲🍲🍲: Lohnenswert und im Navi einprogrammiert
🍲🍲: Kein Ärgernis. Wenn man in der Nähe ist, kann man hingehen. Oder auch nicht – denn man versäumt nichts.
🍲: Wir können es nicht empfehlen.

Nassau-Herz:

Wir haben ein großes Herz für gute Gastronomen. Unseren Lieblingen schenken wir unser Herz ♥, weil wir verliebt sind. Wenn man verliebt ist, ist man nicht immer objektiv – was Sie uns bitte nachsehen möchten. So kommt es, dass manche Lokale „nur" zwei Kochtöpfe haben, aber wir lieben sie trotzdem. Warum? Bitte lesen Sie unseren Bericht. In jedem Fall finden Sie uns hier. Wir sind die, die viel essen und ordentlich trinken.

VIP-Empfehlungen

Worauf Promis so Appetit haben

Bei unserer Zählung zur Vorbereitung des Bissig-Almanach kamen wir auf 1.611 gastronomische Betriebe in N-FÜ-ER-SC. Um diese seriös zu testen, bräuchten wir etwa drei Jahre. So lange wollten wir Sie nicht warten lassen … Damit uns aber nicht doch der eine oder andere Tipp durch die Lappen geht, baten wir Prominente um ihre Hilfe. Anbei finden Sie deren Lieblingslokal(e). Wo keine Adresse angegeben ist, finden Sie das Restaurant im Alphabet unserer Testberichte. Viel Spaß mit unseren VIP-Tipps – und herzlichen Dank an all jene, die mitgemacht und unseren Bissig-Almanach bereichert haben. Dass Dr. Uli Maly gar nicht mehr aufhören wollte, all seine Lieblinge zu empfehlen, nehmen wir als Kompliment.

Geraldino

Rockstar der Kinderzimmer

Mein Lieblingsrestaurant ist das PALAIS SCHAUMBURG in der Kernstraße 46 in Nürnberg. Da ich selbst viele Jahre in Gostenhof gewohnt habe, wurde mir das PALAIS zum zweiten Wohnzimmer. Im Sommer liebe ich den kleinen Garten und im Winter den Platz an der Theke. Man trifft sich, trinkt einen Cappu oder ein Gläschen fränkisches Bier und unterhält sich. Das Essen ist lecker, egal ob vegetarisch oder deftig. Das Fleisch ist gut und das Gemüse frisch. Ob Käsespätzle, Hirschbraten oder üppiger Salat – es schmeckt. Das mag ich, da fühle ich mich wohl, da lese ich gerne meine Zeitung oder spiele mit Bekannten „Kicker". Da verabrede ich mich seit fast 20 Jahren mit Freunden zum Essen – wie gesagt, mein zweites Wohnzimmer.

Gerd Bauer

Cartoonist

Grebb geh ich ganz gern essen! Und zwar am liebsten bei Anna Meyer in der Crêperie Yechet Mad in der Brosamerstraße 12 in der tiefsten Nürnberger Südstadt. Wenn es warm ist, sitz' ich prima draußen, ein bisschen gucken, ein bisschen Zeitunglesen und dazwischen eine Kleinigkeit nach der anderen schnabulieren. Meistens beginne ich mit einem Tellerchen von Annas legendärer Zwiebelsuppe. Danach gibt es leckere Vorspeisenteller und der Crêpe hinterher variiert, je nachdem was sich Anna an Neuem ausgedacht hat. Bei schlechter Witterung mache ich das dann drinnen, was den Vorteil hat, dabei die aktuelle Ausstellung betrachten zu können. Und wenn mal nicht viel los sein sollte, sind das die Momente, um mit Anna an der Theke ein bisschen zu quatschen. So gestärkt an Leib und Seele (Thekengespräch), kann ich dann wieder rechtsrum nach Hause gehn, oder linksrum ins Kino.

Volker Heißmann und Martin Rassau

Waltraut & Mariechen

Auch wenn's ein bisschen nach Eigenwerbung klingt, gehen wir am liebsten ins Heinrich Finest Grill in unserer Fürther Comödie in der Theresienstr. 1. Und zwar nicht nur, weil wir das Lokal mit viel Herzblut zu einem gemütlich-eleganten Restaurant umgebaut haben. Sondern auch, weil man da vor und nach einer Vorstellung wunderbar an der Bar entspannen kann. Vor allem aber, weil wir dort jene Speisen anbieten können, die uns selbst am besten schmecken. Etwa ein riesiges Schnitzel mit hausgemachtem Kartoffel- und frischem Beilagensalat. Oder ein saftiges Rumpsteak, eine frische Dorade und andere Leckereien vom Buchenholzkohlegrill. Dazu noch ein Grüner vom Fass – so lässt es sich aushalten. Und außerdem haben wir es ja nicht weit ...

Manfred Hager

Geschäftsführer der Werbeagentur Graubalance und Mitbegründer des Flüssig- und Bissig-Almanachs

Mein Tipp für stilvolle Stunden und gute Gespräche in einer perfekten Bar ist das s'BLÖDELS (Nürnberg-Kornburg, Venatoriusstraße 8). Barkeeper Leonardo und seine aufmerksamen Servicekräfte servieren zwar gerne auch nur Bier oder Kaffee. Doch viel interessanter finde ich seine Mixturen. Neben den Klassikern vor allem seine Eigenkreationen, z.B. der „Basil Mule" mit frischem Basilikum. Ergänzt wird das Angebot von wechselnden Snacks, sofern man sich nicht schon vorher dank des bereit gestellten Käsegebäcks den Ranzen voll geschlagen hat.

Max Müller

Kapitän der Deutschen Feldhockey-Nationalmannschaft und Olympiasieger 2012

Egal ob im Sommer im Innenhof, im Herbst in den gemütlichen Nischen der alten Gemäuer oder im Winter auf einen Glühwein in die historische Ratsgasse, das Restaurant ZUM SPIESSGESELLEN ist immer einen Besuch wert. Es liegt direkt im Herzen Nürnbergs im alten Rathaus. Die Küche ist fränkisch rustikal und trotzdem mit feinen Leckereien aus der Region gespickt. Wenn es mich nach langen und anstrengenden Lehrgängen im nahen und fernen Ausland mal wieder nach etwas typisch Fränkischem gelüstet, ist der erste Gang normalerweise zum SPIESSGESELLEN. Dort esse ich gerne die großen und vielfältigen Wurstplatten oder einfach ein deftiges Schäufele mit herrlich knuspriger Kruste. Mit der Mannschaft sind wir einmal im Jahr zum ganzen Spanferkel eingeladen, ein Termin, den sich eigentlich niemand entgehen lässt. Ganz besonders kann ich den Besuch im Herbst empfehlen: Dann gibt es von mir persönlich geliefertes Wildfleisch vom Reh und Wildschwein aus meinem Revier an der Grenze zwischen Mittelfranken und der Oberpfalz. Wildfleisch ist gesund und „Bio" in seiner natürlichsten Form. Die Braten und Gerichte, die der Küchenchef aus dem Wild zaubert, erfreuen mich jedes Mal wieder aufs Neue. Mein Tipp: Von mir hergestellte Wildbratwürste mit Sauerkraut, Sie werden sie lieben!

VIP-Empfehlungen

Oliver Tissot

Wortakrobat & Entertainer

Welche Restaurant-Empfehlung erwartet man von einem Kabarettisten? Ein Lokal, bei dessen Verlassen man meint, das sei wohl ein Witz gewesen? Oder eines, dessen Besitzer über ausbleibende Gäste denkt: Comedy oder komme die net? Bei meinem Tipp (Pizzeria Renato in der Erlenstegenstraße 100 vom Apulier Renato Pesce) bleiben die Gäste nicht aus, aber außen. Außerdem ist es ein echter Geheimtipp, sogar ein Geh-Heim-Tipp, denn ich komme daran vorbei, wenn ich heim geh. Es ist an der Endhaltestelle der Straßenbahnlinie 8 in Erlenstegen, direkt an den Schienen sozusagen. Und das ist entscheidend: Nicht, wie die Gerichte waren, sondern wie sie SCHIENEN, beeinflusst die Frage des Geschmacks ja maßgeblich. Hier, am Fuße des Villenviertels will ich Viertel jedenfalls oft, zumindest von Spitzen-Pizzen, deren Zubereitung ich durch die Scheibe bis zur scheibchenweise messerscharfen Teilung zugucken kann. Volle Transparenz also. Und Transpiranz für das Pächterpärchen, das sich kaum 10 Quadratmeter mit dem Pizzaofen teilen darf. Klein, aber oho – so mein Urteil – und Tissot hat viele Uhr-Teile. Übrigens: Was mache ich mit den restlichen Vierteln meiner Pizza, wenn ich doch nur eines will? Die bringe ich meinen drei Kindern zuhause mit, zumindest den Rest davon und den Pizzarand, den ich meist übrig lasse. Meine Kinder kommentieren das mit einer Bemerkung, die in einem Gastroführer nicht fehlen darf: „Rest? Au, Rand!".

Peter Althof

Sicherheitsexperte

Dank meiner Frau schlägt mein Herz für die scharfe Küche des Balkans, die ja – als es noch Jugoslawien gab – die Paprika in Deutschland heimisch gemacht hat. Und da nichts über eine echte Gulaschsuppe, Cevapcici (Hackfleischröllchen), Raznjici (das sind deftige Fleischspieße) und hinterher einen oder zwei Sljivovic für die Gesundheit geht, empfehle ich gleich zwei Restaurants, die beide angenehm einfach von sympathischen Wirtsleuten familiär geführt werden und angesichts der großen Portionen mehr als preiswert sind: RESTAURANT BALKAN GRILL von der Familie Ivic im Hummelsteiner Weg 55 in der Südstadt und das Restaurant ZUR HAMMERSCHMIEDE in der Laufamholzstraße 300 von Nesa Andjelkovic.

Dagmar G. Wöhrl

Bundestagsabgeordnete

Na klar, es gibt Namen die uns immer sofort einfallen. Für Steaks stehen SANDERS und das EKU-ECK (Stresemannplatz 1). Mit Gästen von auswärts geht man ins BRATWURSTHÄUSLE und wenn jeder etwas anderes will, dann einfach ins OPATIJA. Zum Sonntagsbrunch logischerweise ins DORMERO (Schloßweg 8, 91244 Reichenschwand) und italienisch sind BARDOLINO oder QUO VADIS (Elbinger Straße 28) topp! Asiatisch stehen die ETAGE und das IU & ON ganz oben auf der Liste. Richtig schlemmen kann man bei Manfred Burr in den ENTENSTUBEN (Schranke 9) und kein Japaner übertrifft ISHIHARA. Doch es gibt eine lange Reihe von alten und neuen Adressen, die man empfehlen kann, wie BAMMES, SPILLMANNS, GOLDENER STERN und viele mehr. Am besten ist es, immer einmal zu testen – Nürnbergs Gastronomie ist super und steigert sich ständig.

Dr. Uli Maly

Oberbürgermeister der Stadt Nürnberg

Gibt es „das eine" Lieblingslokal? Ich glaube nicht, denn Lust und Laune variieren ebenso wie die Rahmenbedingungen – die heißen bei mir vor allem Zeit und Muße. Deshalb gibt es bei mir drei Kategorien:

1. Meine Rettungssanitäter: Das ist für einen Espresso (den besten der Stadt) ein Panino oder auch mal ein Glas Wein der GIORGIO (Königstraße 2). Das sind definitiv 20 qm Italienität, außer wenn zur „Happy Hour" die Aperol-Spritz-Dichte zu hoch wird. Das ist für ein „Bratwurstbrötchen to go" natürlich Behringers BRATWURSTHÄUSLE. Bei Westwind – und den haben wir oft – schickt er mir den Grillgeruch ganztägig ins Büro und dann erliegt man halt manchmal dem Lockgeruch. Und natürlich, wenn die Muße größer 15 Minuten wird, das IL NURAGHE (Theresienstraße 7), in dem Antonio und seine reizenden Frauen ganz schnell ein „Vitello Tonnato" oder auch mal ein Nudelgericht servieren – unkompliziert und in Topqualität.

2. Meine sicheren Bänke: Neben Werner Behringer ist der vermutlich langjährigste lebende Gastronom der Welt Dani Rôskar in seinem OPATIJA. Keine Experimentalküche, aber immer alles akurat und präzise gekocht, superfrischer Fisch, Küchenklassiker der Weltgeschichte vom Tatar bis Bœuf Stroganoff, in der Saison Pilze und manchmal darf es auch balkangrillig sein. Im A'TAVOLA, quasi das IL NURAGHE zum Sitzen, serviert Alessandro mit gleichbleibend mürrischer Miene – er meint es nicht so! – wunderbare Pasta und sehr guten Fisch. Und ein paar Schritte weiter kocht sich Tiziano Faenza im DA CLAUDIO eine Etage höher durch Italiens Klassiker.

An dieser Stelle verrate ich ein bislang wohlgehütetes Geheimnis: Man kann bei jedem, ja wirklich bei jedem, Griechen in unserer Stadt hervorragende und authentische griechische Küche bekommen – aber nur wenn man entweder mit Theo Agathagelidis (SPD-Stadtrat und Grieche) oder Aliki Alesik (CSU-Stadträtin und Griechin) dorthin geht. Dann verschwinden die Delphi- und Sirtaki-Platten-Speisekarten diskret im Schrank und es geht los. Leider kann man nicht immer einen der beiden dabeihaben, für diese Fälle empfehle ich das ELEON.

Papiertischtücher, Trinkbecher statt Weingläser, voll, laut und gut: GASTHAUS BRAUN. Brigitte Braun hat vor 20 Jahren Puntarelle und Catalogna in Nürnberg eingeführt und dafür hat sie einen festen Platz in der Wirtshaus-Walhalla verdient.

3. Männer und Frauen für besondere Gelegenheiten:

ETAGE: Manfred Münnich kocht mit seinen thailändischen Küchenteams haargenau in meinen Essgeschmack hinein. Dazu das schönste Ambiente der Stadt, eine erlesene Weinauswahl und ein sympathisches Publikum. WÜRZHAUS: Diana Burkels Küche braucht Zeit und Zuwendung, was sie kreiert, sollte man nicht nebenbei wegessen, sondern bewusst genießen. Sie hat mit ihrer Küche und ihrer herzlich charmanten Art eine Lücke im gastronomischen Angebot unserer Stadt geschlossen. ESSIGBRÄTLEIN: Schon lange vor dem ersten Stern war er der Beste: Andree Köthe. Mit Yves Ollech wohnt er mittlerweile fest im Zwei-Sterne-Himmel. Zum Glück für uns alle hat er seinen Vorsatz, nach seinem 40. Geburtstag nicht mehr kochen zu wollen, nie realisiert. Die Jungs sind Magier des Geschmacks und Meister ihrer Klasse.

Spezialitäten & Kuriositäten : **50's Diner** : Schwabach

www.fiftiesdiner.de   restaurant@fiftiesdiner.de

Burger, hört die Signale

50's Diner
An der Autobahn 1
91126 Schwabach

Herr Guido Lorse

09122 / 878383

Mo–So: 00:00–00:00
Küche:
Mo–So: 00:00–00:00
kein Ruhetag

130

Am Wochenende empfohlen

18 € – 35 €

★★★ ·
★★★ ·
★★★ ·
★★★★
★★ · ·
★ · · ·
★★★ ·

Streng genommen liegt das 50's DINER ein paar Meter vor den Toren Schwabachs in einem Autohof, und damit hätte es nicht in dieses Buch gedurft. Da es aber das einzige Lokal ist, dass täglich rund um die Uhr geöffnet hat und, wie man mir fest versprach, auch an Heiligabend, drückten wir ein Auge zu. Witzigerweise liegt gegenüber dem 50's DINER ein großes MC DONALD'S – die Kombination sieht ein bisschen so aus, als würde die Piraten-Partei vor dem Kanzleramt ihr Hauptstadtbüro ansiedeln. Also, essen wir mal Burger für Erwachsene …

Doch zuvor probierten wir eine Tomatensuppe nach einem Rezept von P.D. Standing, einem Star der Stummfilmära und nicht gerade Hauptverdächtiger in Sachen tolle Tomatensuppen. Diese kam praktisch im Wimpernschlag nach der Bestellung von der imposant tätowierten und sehr aufmerksamen Bedienung an einen der typischen Diner-4er-Tische. Sie war fruchtig und angenehm säuerlich. Aber jetzt endlich – Burgerbeteiligung mit einem „Hot BBQ-Southwestern Burger" mit Zwiebeln, Jalapeños und eben BBQ-Sauce. Dazu wählte ich gelockte Pommes („Curley Fries"), einen „Cole Slaw" gab es wie in jedem Diner, der etwas auf sich hält, dazu. Ein Cheeseburger von nebenan verhält sich zu diesem Ding wie ein Skoda Yeti zu einem Hummer von GM. Bis auf den Umstand, dass er schärfer hätte sein können, war ich zufrieden. Angeboten werden außerdem noch Pasta, Steaks, Sandwiches, Fingerfood, Mexikanisches, Salate und Küchenklassiker – von letzteren orderten wir noch ein Wiener Schnitzel mit Pommes, das ganz okay war. Mittwochs sind Spareribs im Preis reduziert, spezielle „Kids-Menüs" gibt es ebenso wie das Angebot, seinen Kindergeburtstag hier zu feiern – ein frecher Gruß an Ronald von nebenan?

Wenn man genau hinsieht, entdeckt man die eine oder andere nicht sauber geflickte Reparatur des inzwischen doch schon ein wenig in die Jahre gekommenen 50's DINER. Da ein aufgerissenes Polster, dort deutliche Gebrauchsspuren auf den Tischen oder am Boden. Wen das nicht stört, und wer sich auch nicht daran stört, dass die von einem „Dienstleister" aushäusig betriebene Toilette kostenpflichtig ist, der sollte diesen den amerikanischen Originalen gut nachempfundenen Diner in die engere Wahl nehmen. Besonders Nachts, an Heiligabend – oder wenn man frühstücken will, während andere zu Abend essen.

Gesamtbewertung:

Nürnberg — **Alla Turca** — Türkisch

Kebab statt Statusmeldung

Falls Sie im obersten Teil dieser Seite die fehlenden Angaben zur Webseite und E-Mail als Satzfehler interpretieren, dann können wir Sie beruhigen – alles in bester Ordnung. Der sehr angenehm agierende Inhaber Abdullah Akcasu kümmert sich tagsüber lieber um Böregi (das sind Teigröllchen) oder Güvec (überbackene Krabben) und abends um seine Gäste als um Facebook, Twitter & Co. Dass sich diese Funkstille im heutzutage scheinbar alles bestimmenden Web sonst nur noch das Essigbrätlein leisten kann, macht Herrn Akcasu nur noch ein Stück sympathischer.

Seit vielen, vielen Jahren begleite ich das Alla Turca auf seinen Wegen bzw. Umzügen als treuer Gast. Nun in Johannis angelangt, ist ein schmucker Hinterhofgarten hinzugekommen und dann werden im Sommer auch fränkische Bierspezialitäten frisch gezapft. Mir nötigt es Respekt ab, wie die kleine Küche und der Service mit dem Inhaber als Gallionsfigur trotz immer voll belegter Plätze auf Zack sind. Von wegen mediterranes Lebensgefühl … Noch eines: Das Alla Turca ist unspektakulär eingerichtet, setzt auf Holzmobiliar, ist gemütlich und weniger für Geschäftsessen geeignet – nicht mehr, nicht weniger.

Falls Sie zum ersten Mal ins Alla Turca gehen, nehmen Sie am besten die kleine Vorspeisenplatte (8,90 €), die locker für zwei reicht. Sie bekommen dann u. a. kleine Köstlichkeiten wie Rote Bete mit Knoblauch-Joghurt, scharfe Kichererbsen-Creme („Humus") und gedünsteten und sensationell gewürzten Spinat. Allah ist groß – mir würde das ja schon reichen, um glücklich zu sein. Nicht minder gut haben wir „Yogurtlu Kebab" in Erinnerung (geschnetzeltes Lammfilet), sowie „Kiymali Ispanak" (pikantes Hackfleisch mit Ei und wiederum gutem, gedünsteten Blattspinat). Eine Sensation war „Kayisi Tatlisi" zum Dessert. Das sind Aprikosen mit einer Mandelfüllung auf Mascarpone, dazu Mandel-Eis mit Amaretto. Da die Gerichte im Alla Turca oft wechseln und es viele saisonale Angebote gibt, sollten Sie Ihr Schicksal ruhig Herrn Akcasu anvertrauen. Er wird Sie sicher nicht enttäuschen.

Alla Turca
Johannisstraße 83
90419 Nürnberg

Herr Abdullah Akcasu

0911 / 556260

Mo–Sa: 18:00–00:00
Küche:
Mo–Sa: 18:00–23:00
So Ruhetag

35, Außenplätze: 65

Empfohlen

20 € – 40 €

★★★·
★★★·
★★★★
★★★·
★★··
★★··
★★★·

Gesamtbewertung:

Spanisch | **Andalusischer Hund** | Fürth

www.andalusischer-hund.com info@andalusischer-hund.com

FÜ auf den Hund gekommen

Andalusischer Hund
Königstrasse 111
90762 Fürth

Herr Patowari

0911 / 7661533

Mo-So: 17:00–00:00
Küche:
Mo-So: 17:00–23:00
kein Ruhetag

100, Nebenräume:
40, Außenplätze: 100

Am Wochenende empfohlen

20 € – 30 €

 ★★··
 ★★★·
 ★★★·
 ★★··
 ★★··
 ★★★·
 ★★★·

Auch wenn das Lokal den Namen eines berühmten Films trägt – Reminiszenzen an Luis Buñuel und Salvador Dalí sucht man vergebens. Früher war der „Fürther Hund" eine Theatergaststätte und an der dunklen Wandvertäfelung hat sich nichts geändert. Allerdings sind nun einige „Tapas-typische" blaue Fliesen an den Wänden. Und ein Bild von „B"-Fernsehstars, die wohl hier mal zum Essen waren, sind Teil der Dekoration. Das Lokal ist groß, doch es wirkt nicht ungemütlich. Im Sommer gibt es nach hinten raus eine schöne Terrasse mit Ausblick ins Grüne. Als wir an einem Montagabend ins Lokal kommen, ist es um 21 Uhr noch brechend voll – ein gutes Zeichen, möchte man meinen. Das Publikum ist gemischt, mit einem Überhang an jungen Leuten.

Spanische Küche und Tapas-Spezialitäten stehen auf der Karte. Acht Sorten Tapas finden sich in der Rubrik „Vegetarisch", immerhin. Es gibt aber auch Enchiladas, Tacos, Paella-Fleischgerichte und Salate. Wir entscheiden uns für eine Tapas-Auswahl. Die Kellner sind fix und ständig unterwegs. Die Aioli ist angenehm fluffig, die „Patatas Fritas" dazu sind aber nicht wirklich knusprig, man könnte auch „lasch" sagen. Die Chorizo mit Bohnen sollte eher in Bohnen mit Chorizo umbenannt werden. Der kleine Fenchelsalat mit Orangen war ganz pfiffig. Die „Pinchitos Morunos", zwei „Maurische Rindfleischspieße" waren gut, aber ebenso wie die frittierten Sardinen lauwarm. Alle Tapas kamen auf einmal und leider waren alle „warmen" Tapas eben nur warm, eigentlich mehr lau-warm. Im Hintergrund dudelte die ganze Zeit irgendeine mexikanisch anmutende Musik. Schön ist die relativ große Auswahl an Weinen. Vielleicht lag es daran, dass das Lokal recht voll war, beim Essen fehlte mir die Liebe, alles war mehr „husch-husch" und nichts war wirklich so, dass man sagen könnte, die Küche überzeugt mich. Wo bei anderen Tapas-Lokalen fünf Sorten für zwei Personen gut reichen würden, bräuchte ich im ANDALUSISCHEN HUND in Fürth derer schon so sieben. Übrigens: Es gibt ein Lokal gleichen Namens in Nürnbergs Helmstraße, das eine hohe Anzahl an Singles aufweist – sagt man.

Gesamtbewertung:

 ··

Erlangen | **Arabesque** | Arabisch

ihab1001@hotmail.de   www.arabesque-erlangen.de

Zum Teil kafkaesk

Der Besuch des ARABESQUE für unseren Restaurantführer gehörte zur skurrilen Art. Klar war, ein Lokal mit arabischer Küche darf nicht fehlen. Durch vorherige Recherchen im Web war mir bewusst, dass man hier Wert darauf legt, dass am Eingang die Schuhe ausgezogen werden, und jeden Freitag ein Märchenerzähler aus 1001 Nacht vorbeikommt. „Puh", dachte ich mir, „jetzt bin ich schon über drei Jahrzehnte der evangelischen Teestuben-Zeit entwachsen und muss doch wieder in einem Restaurant auf meine Socken achten und mich in Kissen sitzend mitteleuropäisch-unnatürlich zum Kasperle machen." Ganz so schlimm war es dann doch nicht. Ich machte zwar den Gutmenschen-Kaspar, sah dann aber, dass sich die Angestellten im etwas zu auffällig platzierten Fernseher ein Champions League-Spiel ansahen – mit der Bedienung unterhielt ich mich fortan über Messi – ‚und die später eintreffenden und wohl von Siemens kommenden Landsleute höchstens das Jackett auszogen, nicht aber die Schuhe und sich an den einzigen richtigen Tisch im hinteren Bereich setzten.

Zurück zum ARABESQUE, den Sitzkissen und dem Märchenerzähler. Der Inhaber erzählt in seiner Speisenkarte eine (bewegende?) Geschichte, wie er es unter schwierigsten Umständen schaffte, doch noch sein Lokal eröffnet zu bekommen. Die Speisenkarte erzählt zudem von vier, farblich markierten Typen von Gerichten, die gut für die Gesundheit sein sollen. Ich glaube nicht an Märchen und esse erst mal lieber, um der Wahrheit auf die Spur zu kommen. Wir bestellten einen Vorspeisenteller (rote Farbe) und fanden, dass er aussah und schmeckte wie in einem türkischen Restaurant, was keine Kritik sein soll, im Gegenteil. Außerdem nahmen wir noch verschiedene Sorten an Fleischspießen (lila markiert) zu uns, die wiederum ebenfalls keinen Unterschied zur türkischen Küche erkennen ließen. Nicht probiert haben wir blau und grün – und bevor wir uns in diesen Farben ärgern oder uns in ein Gespräch mit der zutiefst politisch korrekten Zweiten-Welt-Gruppe von nebenan verwickeln lassen, binden wir uns wieder unsere Sieben-Meilen-Stiefel für die Heimfahrt. Damit Sie uns nicht falsch verstehen: Es war kein Debakel, nicht einmal ärgerlich, aber wir finden keinen Grund, dort noch ein weiteres Mal einzukehren. Außer Sie mögen Märchenerzähler, dann finden Sie hier sicher Ihr Glück!

Arabesque
Holzgarten Straße 3
91054 Erlangen

Herr Ihab Ibrahim

09131 / 4011414

Mo–So: 17:30–01:00
Küche:
Mo–So: 17:30–22:00
kein Ruhetag

65

Bei den „Märchenstunden nötig"

18 € – 40 €

★★★·
★★··
★★★★
★★★·
★★··
★★··
★★★·

Gesamtbewertung:

Vietnamesisch | **Asia Land** | Nürnberg

Good Evening, Vietnam

Asia Land
Bärenschanzstrasse 83
90429 Nürnberg

Frau Kim Do

0911 / 289900

Di–Sa: 17:00–23:00
Küche:
Di–Sa: 17:00–22:00
So, Mo Ruhetag

50

Am Wochenende empfohlen

20 € – 25 €

★★★ ·
★ · · ·
★★★ ·
★★★ ·
★★ · ·
★★ · ·
★★ · ·

Asia Land

Das ASIALAND wird seit einigen Jahren von einer vietnamesischen Familie geführt. Die Mutter übernimmt den Service und wird ab und an von der Tochter unterstützt. Und was macht der Vater? Er kocht natürlich … Zu Beginn ihrer Karriere gab es hier „Chinesisch", dann etwas Thai. Zum Glück haben sich die Betreiber dazu entschlossen, ihre Wurzeln nicht länger zu verleugnen. Ich denke, hier wird so authentisch vietnamesisch gekocht wie selten anderswo. Also, lassen Sie sich nicht erschrecken von der doch gewöhnungsbedürftigen Inneneinrichtung. Wenn man hereinkommt, fällt zuerst das große Aquarium auf. Ich kann mich nicht erinnern, dass hier jemals Fische darin schwammen. Nun dient es mehr oder weniger als Vitrine für asiatischen Schnick-Schnack.

Ein Klassiker sind die Reispapierrollen, die man am Tisch mit Kräutern, Gemüse oder Garnelen füllt und dann selber rollt. Überhaupt ist es ganz interessant eine Auswahl der diversen Vorspeisen zu bestellen. Natürlich gibt es auch Hauptgerichte, hier schätze ich die Ente, aber eine Batterie Vorspeisen hat was, auch wenn es dann nicht mehr ganz günstig ist. Neben der umfangreichen Karte gibt es auf einer Tafel immer ein Tagesgericht im Angebot. Der Service war stets freundlich, auch wenn man die Chefin nicht immer komplett versteht – ihr Akzent ist hart. Früher war das ASIALAND noch verwegener eingerichtet, aber vor knapp zwei Jahren wurde renoviert und neue Tische und eine andere Dekoration sorgen nun dafür, dass man nach dem Essen nicht gleich flüchten möchte. Wenn die Wirtin einen guten Tag hat, gibt's einen Pflaumenwein aufs Haus, der mit einem verschmitzten Lächeln serviert wird. Hat man den nämlich ausgetrunken, erscheint ein anzügliches Bild am Boden des Glases. Dann wird hinter dem Tresen nochmals „gegiggelt". Lassen Sie sich den vietnamesischen Kaffee nicht entgehen. Dieser wird am Tisch „gebrüht" und authentisch mit zuckersüßer, extradicker Kondensmilch serviert. Hier treffen Sie mich öfter!

Gesamtbewertung:

Nürnberg | **Auguste** Spezialitäten & Kuriositäten

auguste@premium-junkfood.de   premium-junkfood.de

Will doch nur kurz die Welt retten

Die AUGUSTE mag ich, auch wenn sie dafür sorgt, dass ich manchmal die Stirn in Falten lege. Ich kenne kaum ein Restaurant, das sich derart in Sachen Bio-Qualität, Nachhaltigkeit und Fairness gegenüber Mitarbeitern und Lieferanten ins Zeug legt wie dieses. Und dabei geht es um Dinge, vor denen Eltern immer warnen: Cola, Curry-Wurst, Pommes und Burger. Die Macher der AUGUSTE nennen es „Premium-Junkfood" – spannender könnte ein Widerspruch nicht sein.

St. Moritz, Sylt und Dresden waren die Stationen von Koch Tom Kretschmer und er stand dort in den besten Restaurants am Herd. Nun also tiefste Südstadt, gleich gegenüber einer Berufsschule, weil hier die Kunden eben einfach ehrlicher und weniger schick sind als in St. Moritz. Kompagnon Boris Hagel ist zudem „Premium Cola"-Sprecher für die Region und neben der politisch korrekten und süffigen Brause – mit einem vergleichsweise hohen Koffein-Anteil, unbedingt probieren! – gibt es auch noch ein „Premium-Pils". Überhaupt finden sich viele regionale Biere, Limonaden in Bioland-Qualität und beispielsweise Whisky von „Celtic" auf der verrückt-liebevoll gestalteten Karte. Zum Essen gibt es natürlich auch reichlich. Zum zweiten Mal wurde es ein „Obama-Burger" (aus 100 g Rindfleisch) mit „Jim Beam-Whiskeysoße", Bacon und mehr. Dazu ein kleiner Salat und AUGUSTE-Pommes, die sehr dick waren und ungewohnt schmeckten. Oder anders gesagt, man hat sich halt doch auf die mit dem gelben „M" kalibriert. Zum Mittagstisch-Preis gab es paar Tage später noch eine Currywurst (Bioland-Qualität) und dazu wunderbare AUGUSTE-Kartoffeln für zusammen 5,90 €.

Um die Einrichtung der AUGUSTE treffend zu beschreiben, fällt mir nur ein Wort ein: verwirrend. Oder etwas länger: Eis-Diele aus den 60er-Jahren mit Gummi-Enten an der Decke und tätowierten Bedienungen nebst Publikum von Hartz IV bis Familienväter mit Sohnemann und 5er BMW. Mir gefällt wie gesagt das alles sehr, aber dazu braucht man schon ein gerüttelt Maß an Unkonventionalität. Also, locker bleiben und die Welt retten.

Auguste
Augustenstraße 37
90461 Nürnberg

Herr Boris Hagel & Tom Kretschmer

0911 / 9326869

Mo–Fr: 11:00–00:00
Sa–So: 17:00–00:00
Küche:
Mo–Fr: 11:00–22:00
Sa–So: 7:00–22:00
kein Ruhetag

30, Außenplätze: 12

Abends empfohlen

15 € – 30 €

★★★★
★★★·
★★··
★★★·
★★··
★···
★★★★

Gesamtbewertung:

Exklusiv **Aumer's la Vie** — Nürnberg

www.aumers-la-vie.de   info@aumers-la-vie.de

Herz mit Stern

Aumer's la Vie
Kartäusergasse 12
90402 Nürnberg

Herr Andreas Aumer

0911 / 2449774

Di–Sa: 12:00–14:00,
          18:00–23:00
Küche:
Mo–So: 12:00–14:00,
          18:00–22:00
So, Mo Ruhetag

40, Außenplätze: 50

Immer erwünscht,
Abends nötig

60 € – 120 €

★★★★
★★★★
★★★·
★★★★
★★★·
★★★★
★★★★

Gesamtbewertung:

Zeit für ein Geständnis: Der Abend im Aumer's la Vie war der angenehmste, überraschendste und nicht mal teuerste für diesen Almanach, obwohl wir es uns an nichts haben mangeln lassen. Aber beginnen wir von vorn. Seit gut drei Jahren führt der unverschämt jung aussehende Andreas Aumer, nach Stationen u.a. bei Eckart Witzigmann, direkt gegenüber dem Haupteingang des Germanischen Nationalmuseums in der schönen Straße der Menschenrechte sein Gourmet-Restaurant. Ein Traum ist im Sommer die geschmackvoll bestuhlte Terrasse mit ihrem einmaligen Blick, der unzählige Flaneure auf einen Kaffee oder ein Bier anzieht. Sie wurden stets höflich über die doch etwas andere Ausrichtung des Restaurants informiert oder ergriffen nach einem Blick auf die Speisenkarte von selbst die Flucht. Sehr geschmackvoll ist es auch innen, mit der mit sicherer Hand ausgewählten Kunst, z. B. von Manfred Hürlimann, an den Wänden, den weiß eingedeckten Tischen und den halb holzvertäfelten Wänden.

Wir legten los mit einem 4-Gang-Menü (65 €) und à la carte. Hätte ich gewusst, was mich erwartet, ich hätte auf sechs Gängen (78 €) bestanden … Mittags schlagen drei Gänge mit 41 € zu Buche, was ich als Einstiegsdroge werte und Unentschlossenen hiermit ans Herz lege. Bei uns kamen gleich zwei verschiedene „Grüße aus der Küche" – eine Art Thunfisch-Sashimi mit einem hauchdünn geschälten Gurkenband und obenauf ein zu einem Streichholz geschnitztes Trüffelstück – und die Art dieser sehr kreativen Präsentation der Gerichte, die an Molekularküche erinnert, jedoch keine ist, hielt den ganzen Abend über an. Wir erfreuten uns an roher und gebratener Jakobsmuschel mit Steinpilzen, an Lammrücken und -keule mit Mangold sowie an Filets vom Steinbutt mit geräuchertem Fenchel. Neben dem Nachspeisenfeuerwerk mit Schokolade und Eis in verschiedensten Zubereitungsarten, war für mich der Höhepunkt ein Sauerbraten von der Entenbrust, der mit raffiniert komponierten Aromen verführte. Zum Espresso gab es standesgemäß hausgemachte Pralinen und andere Naschereien. Last but not least: Der Service mit Stephanie Chow an der Spitze ist so kompetent wie freundlich.

Da sich „Michelin" noch immer nicht zu einer Auszeichnung für Aumer's la Vie durchringen konnte, vergeben wir unser Nassau-Herz das einzige Mal mit Stern.

Nürnberg · 's Baggers · Spezialitäten & Kuriositäten

info@sbaggers.de   www.sbaggers.de

Essen auf Schienen

Es gibt Menschen, die finden Bungee-Jumpen toll. Oder Cola-Weizen. Oder Freizeitparks. Bei drei Mal Nicken: das 's Baggers wäre etwas für Sie. Das erste „Achterbahn-Restaurant der Welt" hat inzwischen noch einen Looping dazu bekommen und Ableger u. a. im „Europa-Park". Es gibt einen umfangreichen Fan-Shop mit z. B. 's Baggers-T-Shirts mit „witzigen" Sprüchen in Fränkisch drauf, sowie eine Hausband („Die Ahnungslosen"). Ganz sicher finden ausreichend viele Menschen dieses Konzept gut und teilen diese Art von Humor: Ohne Reservierung, kein Looping! Ach ja, außer am späten Abend gelten Reservierungen für 90 Minuten – also Beeilung bitte! Gut finde ich, dass viele Bio-Produkte verwendet und Lieferanten offengelegt werden, Kinder gerne gesehen sind und auch auf Nahrungsmittelintoleranzen eingegangen wird.

Essen und Getränke kommen in Kochtöpfen auf einem beeindruckend anzusehenden Schienensystem dank Schwerkraft angerauscht. Ein schlauer Computer weiß genau, was wo an welchen Tisch gehört. Das klappt perfekt! Vorher bucht man sich mittels einer elektronischen Karte ein, sagt also dem System, wer man ist und wo man sitzt, und bestellt alles selbst an Touchscreen-Monitoren, die auch über das Angebot und die neuesten Nachrichten informieren. Die Monitore sind verschiebbar an halbrunden oder runden Tischen angebracht – man hat sie also meist störend vor Augen und aufgrund der Sitzordnung kann man sich in Gruppen so gut wie gar nicht unterhalten. Sehr laut ist es zudem. Das mit dem Abräumen der Teller und Töpfe durch die selten sichtbaren Bedienungen hat weniger gut geklappt; meist räumten die Gäste selbst auf und entsorgten die Transporthalterungen in große frei herum stehende Tonnen und gebrauchtes Geschirr und Reste auf nahe gelegene Beistelltischchen.

Ich war mehrmals im 's Baggers – ich war nahezu immer enttäuscht: Vom Wiener Schnitzel mit Pommes (sehr kleine Portion und nicht nach aus der Pfanne schmeckend), von den für meinen Geschmack viel zu fetten „Baggers" als Vorspeise, von der „Geheimdipp" genannten gegrillten Hähnchenbrust in Erdnusssoße, die ich als zäh empfand, bis hin zu den angeblich hausgemachten Apfelküchle. Der „A Glubberer" genannte Cocktail ähnelte einem wässrigen „Mojito". Überhaupt die Namen der Speisen: „Oralkiller", „Winneduus Veschber", „Seins Vikdschn" – ich lache immer noch.

's Baggers
Am Steinacher Kreuz 28
90427 Nürnberg

Herr Klaus-Peter Schwaiger

0911 / 4779090

Oktober – April:
Di-Fr 17:00–23:00 Uhr
Sa-So 11:30–23:00
Montag Ruhetag
Mai – September:
Di-Sa 17:00–23:00
So 11:30–23:00
Montag Ruhetag

165, Außenplätze: 33

Immer empfohlen, am Wochenende nötig

20 € – 50 €

 ★★··
 ★···
 ★★★·
 ★★★★
 ★★··
 ★★··
 ★★★·

Gesamtbewertung:

Fränkisch / Bürgerlich — **Gasthof Bammes** — Nürnberg

www.gasthof-bammes.de   info@gasthof-bammes.de

Mein lieber Männer-gesangsverein!

Gasthof Bammes
Bucher Hauptstraße 63
90427 Nürnberg

Frau Ulla & Mario Schock

0911 / 9389520

Di–So: 11:00–23:00
Küche:
Di–Fr: 11:30–14:00, 17:30–21:30
Sa–So: 11:30–21:30
Mo Ruhetag

124, Nebenräume: 140, Außenplätze: 130

Abends empfohlen

20 € – 60 €

★★★ •
★★★★
★★★ •
★★★★
★★★ •
★★★ •
★★★ •

Gasthof Bammes
SAISONALE, FRÄNKISCHE KÜCHE

Bis anno 1425 reicht der Stammbaum des BAMMES. In den letzten Jahrzehnten agierten dort auch Werner „König der Bratwurst" Behringer und Bernd Sperber (heute SEBALD), der mit einem Michelin-Stern zum immer noch sehr guten Ruf des im Stadtteil Buch beheimateten Restaurants beitrug. Seit 2000 schreiben Ulla und Mario Schock die Geschichte des BAMMES weiter – und mit gehobener fränkischen Küche zu fairen Preisen machen sie es gut!

Der stattliche Gasthof mit herrlichem Biergarten und vielen verschieden großen Governmenten – seit Neuestem auch mit einer Kleinkunstbühne – sprüht natürlich nur so von seiner Geschichte. Die mit dunklem Holz vertäfelten Wänden sind urig im positiven Sinne und die Bandbreite an Deko (z.B. eine Batterie Pfeffermühlen) gleicht der Auswahl eines Geschenkeladens im Altstadthof. Dieses „Zurück zu den fränkischen Wurzeln" schätzt das in der Regel schon etwas erfahrenere Publikum und auch die Stammgäste vom Männergesangsverein „Liedertafel Buch".

Die umfangreiche Speisekarte lässt keinen Wunsch offen und gefällt mit drei preiswerten Menüs um die 20 € und einem Kinder-Menü (Tagessuppe, Schweineschnitzel und Spekulatius-Mascarpone-Creme für 13,30 €). So fair die Preisgestaltung, so erfreulich auch die probierten Gerichte. Der fränkische Feldsalat mit erfrischend-leichtem Kartoffel-Dressing und vielen Croutons ist wunderbar, ebenso das Wiener Schnitzel und auch die krosse Gans mit klassischem Kloß in der richtigen Größe und apfelaromatischem Blaukraut. Eine Empfehlung auch für die „Knoblauchländer Pfanne" mit verschiedenen Sorten Fleisch, Gemüse und Röstkartoffen. Die unvermeidlichen, aber hausgemachten Apfelküchle mussten es dann am Ende doch noch sein … Der Service war jederzeit umsichtig und gerade wegen des einen oder anderen flotten Spruchs angenehm. Ein fränkisches Restaurant also, wie es im Buch(e) steht – empfehlenswert!

Gesamtbewertung:

Nürnberg | **Café & Bar Celona Finca** | Spanisch

nuernberg@finca-bar-celona.de   www.cafe-bar-celona.de

Mailand und Madrid

Wenn wir richtig gezählt haben, dann gibt es die Oldenburger Gruppe CAFE & BAR CELONA, an der die Krumbacher Brauerei Anteile hält, in 18 deutschen Städten und zwei Mal in Nürnberg. An einem heißen Sommerabend fanden wir gerade noch – ein Reservierungswunsch wurde nicht entgegen genommen – einen Platz in der FINCA mit ihrem unbezahlbaren Blick auf die Pegnitz. Es war so voll mit eher jungem Publikum, dass ich mit sehr langen Wartezeiten rechnete. Eine Fata Morgana, denn die FINCA-Filialisten sparten nicht am Personal und damit am falschen Ende – wie so viele Betreiber größerer Gärten und Restaurants. Superflink ist eine gut ausgewogene Caipirinha gemixt und am Tisch. Dazu Tapas wie die Chorizowürstchen (4,75 €), „Caliente mixta" (Scampis, Hähnchenbruststreifen und Chicken Wings) und „Vitello tonnato" – die Vorspeisen übererfüllen unsere Erwartungen.

„Mailand oder Madrid" – Hauptsache Italien", Andy Möllers legendärer Spruch fällt mir beim weiteren Blick in die an Speisen reiche, an Weinen etwas arme Karte ein. Eine Art „Best of Mediterran plus Deutschland" mit Pizza und Pasta, Klassikern wie Schweinschnitzel, Curry-Spießen, Steaks und eben Tapas. Die „Pizza picante" war tadellos und den „Surf and Turf-Spieß" mit abwechselnd Scampis und Rindfleischwürfeln würde ich mir wieder bestellen. Das Fleisch war mir eine Spur zu fest, dafür erfreuten mich die „Patatas arrugadas" genannten kleinen Grillkartoffeln mit ihrem aromatischen Geschmack. Leider gibt es an Nachspeisen zum einen wenig – eigentlich nur drei Desserts – und fällt mit „Tirami su", „Panna Cotta" und verschiedenen „Eis-Kreationen" todlangweilig aus. Wir probierten die beiden italienischen Klassiker und machen einen Haken dahinter.

Reizvoller als die Desserts ist die Atmosphäre der BAR CELONA mit ihren auf verschiedenen Etagen angesiedelten Räumlichkeiten, die hell und mit hellen Hölzern freundlich eingerichtet sind. Mich werden Sie dabei eher im Erdgeschoss an der Nähe der großen Bar finden – in jedem Fall aber spätestens nächsten Sommer an einem der schönsten Orte Nürnbergs.

Café & Bar Celona Finca
Vordere Insel Schütt 4
90403 Nürnberg

Herr Johannes Hoyer

0911 / 23739144

So–Do   09:00–01:00
Fr–Sa: 09:00–02:00
Küche:
Mo–So: 09:00–00:00
kein Ruhetag

200, Außenplätze: 300

Abends empfohlen, am Wochenende nötig

15 € – 35 €

★★★·
★★★·
★★★★
★★★·
★★··
★★··
★★★★

Gesamtbewertung:

Italienisch : **Bardolino** · Nürnberg

www.hotelbardolino.info   welcome@hotelbardolino.info

Alte italienische Schule

Bardolino
Humboldtstraße 3-5
90443 Nürnberg

Herr Leonardo Longo

0911 / 9411890

Mo–So: 11:30–14:30,
                17:30–23:00
Küche:
Mo–So: 11:30–14:30,
                17:30–23:00
kein Ruhetag

80, Außenplätze: 50

Empfohlen

20 € – 60 €

★★★ ·
★★★★
★★★★
★★★★
★★★ ·
★★★★
★★★ ·

„Clochen" heißen die Speisenglocken zum Transportieren und Servieren warmer Speisen und im Bardolino werden sie von den Kellnern gerne ausgiebig benutzt. Mich erinnert dies immer an Szenen aus Louis de Funès' Komödie „Brust oder Keule" als Restaurantkritiker Charles Duchemin. Nun, als alte Dame muss ich mich bei unserem Testbesuch nicht verkleiden, die anderen Gäste sind jung und alt, eher besser betucht oder ganz normal, und häufig Stammgäste, die „ihrem Italiener" seit vielen Jahren die Treue halten.

In 2011 wurde die Einrichtung behutsam aufgehübscht und modernisiert, zu meiner Freude sieht es aber in den zwei Galerieräumen noch ein wenig aus wie ein Restaurant in Mailand in der 80er Jahren inklusive einem Ferrari unter den Espressomaschinen; so stelle ich es mir zumindest vor. Die Speisekarte bietet ebenfalls viele Klassiker der besseren italienischen Küche, viele Saisongerichte und tagesfrische Angebote – eine schöne Auswahl inklusive Pizza z.B. für den Nachwuchs. Als gute Wahl erweist sich der gemischte Vorspeisenteller aus der Vitrine mit meist gegrilltem oder eingelegtem Gemüse sowie Meeresfrüchten. Bruschetta und Tomatensuppe nahmen meine Begleiter und sie nickten jeweils zufrieden. Die beste Wahl des Abends war ein Tagesangebot: Ein auf den Punkt gegrillter Wolfsbarsch und er hat die Cloche verdient. Auch die Tagliatelle mit Rinderfiletspitzen in einer Cognac-Rahmsauce sowie das Saltimbocca alla Romana kann ich weiterempfehlen. Beim Nachspeisenteller „La Sinfonia" legen sich die Pâtissiers ins Zeug und liefern mit Panna Cotta, Tiramisu und Sorbets einen etwas konservativen aber durchaus glücklich machenden Abschluss an den Tisch.

Die Humboldtstraße gab dem Strukturwandel in der Südstadt eine Adresse. Das Bardolino ist da wie eine Trutzburg und scheint allen Veränderungen zu trotzen. Da ist es dann auch in Ordnung, dass die Auswahl an Speisen „klassisch" ist – Ausnahmen wie der hervorragend gegrillte Fisch bestätigen diese Annahme. Noch ein Tipp für den Sommer: Die Gegend ist alles andere als romantisch, aber mit der überdachten und mit Palmen verzierten Terrasse haben die Lungos das Beste daraus gemacht.

Gesamtbewertung:

🍲🍲🍲🍲

Nürnberg **Ba Shu** Chinesisch

info@bashu.de   www.bashu.de

Feuertopf ohne Drache

Wo über Jahrzehnte McDonalds und dann doch recht kurz Subway Fastfood anboten, dort haben Yiming Li und seine Frau vor Kurzem das chinesische Restaurant Ba Shu eröffnet. Vermutlich würde man daran vorbei laufen – und viele werden es – denn es fehlen alle typischen Insignien: Keine goldenen Schriftzeichen, keine Drachen, kein „all you can eat"-Buffet. Yiming Li, der eine Zeit lang im Happy Happa am Klarissenplatz agierte, hat das Ba Shu mehr wie eine urbane Lounge eingerichtet und beweist mit Phillipe Starck-Stühlen Mut und Pioniergeist.

Angerichtet wird Szechuan-Küche, die durch ihren Pfeffer als scharf bekannt ist, aber auch mit süßen und sauren Aromen die Geschmacksnerven beschäftigt. Ein Highlight im Ba Shu ist der traditionsreiche „Feuertopf", den man mindestens einen halben Tag vorbestellen muss und der ab zwei Personen für je 18,50 € gereicht wird. Dabei sitzt man um einen vom Gaskocher befeuerten Topf, in dem ein milder und ein scharfer Sud für z.B. kleine Stücke vom Rind und Hühnchen, Garnelen und Gemüse köcheln. Dazu gibt es Dips auf Erdnusscreme-Chili-Basis und Austernsoße. Auch nicht entgehen lassen sollte man sich die verschiedenen „Dim Sum"-Teigtaschen, die es mit verschiedenen Füllungen gedämpft, gekocht und gebraten gibt. Danach mag man nie mehr eine Frühlingsrolle bestellen! „Liang Ban Niu Rou" heißt der schön frische Salat mit Rindfiletstreifen und auch der Preis schmeckt: 4,50 €. Weiter ging es wiederum mit Rinderfilet, gebraten und leicht scharf („Sha Cha Niu Rou" für 11,50 €) und mit „Xiang La Ya", worunter gebratene Entenbrust zu verstehen ist, die mit ihrer Schärfe nach einem ganzen Kerl verlangt. Überhaupt, die Schärfe – wer zart besaitet ist, sollte dies bei der Bestellung einfach kundtun und lieber nicht zu selbstbewusst sein. „Lü Cha Bing Qi Lin" lindert loderndes Feuer auf dem Gaumen – das Dessert ist empfehlenswertes Grüntee-Eis!

Da nicht nur das Essen überraschend und preiswert, sondern auch die schlichte Einrichtung geschmackvoll ist, werden wir das Ba Shu in Zukunft öfter auf unserem Radar haben. Die Metamorphose von McDonald's zum Ba Shu ist in jedem Fall eine gastronomische Bereicherung – nicht nur für die Südstadt.

Ba Shu
Allersberger Straße
90461 Nürnberg

Herr Yiming Li

0911 / 21080810

Di–So: 11:30–14:30, 17:00–23:00
Küche:
Mo–Mo: 11:30–14:00, 17:00–22:00
kein Ruhetag

60

Abends empfohlen

25 € – 50 €

★★★·

★★★·

★★★·

★★★·

★★··

★★★·

★★★★

Gesamtbewertung:

Exklusiv **Basilikum** — Erlangen

basilikum-erlangen.de   info@basilikum-erlangen.de

Von Königen und Weltmeistern

Basilikum
Altstädter
Kirchenplatz 2
91054 Erlangen

Herr Stefan Unger

09131 / 490980

Di–Sa: 18:30–00:00
Küche:
Di–Sa: 18:30–22:00
So, Mo Ruhetag

30, Außenplätze: 16

Immer nötig

50 € – 100 €

★★★ ·
★★★★
★★★ ·
★★★★
★★★ ·
★★★★
★★★ ·

Vor sehr langer Zeit war Stefan Unger mal „Deutscher Kochweltmeister"! Jetzt lässt er es in seinem kleinen und feinen BASILIKUM gelassen angehen und gönnt sich Ruhe am Sonntag und Montag. Während er von Dienstag bis Samstag Vorbereitungen für den Abend trifft, öffnet er am Nachmittag seinen noch kleineren Weinladen, der praktisch der vordere Teil des Restaurants ist. Und da er seine Weine sehr gut kennt, kann man sich auf seine Empfehlung, oder die seiner Frau, die sehr charmant den Service führt, verlassen.

Das BASILIKUM ist mit viel Geschmack und dezenter Kunst von Andrea Zimmermann eher zurückhaltend und hell eingerichtet. Angeboten wurden bei unserem Besuch zwei Menüs – ein Mal mit vier (54 €) und mit drei Gängen (45 €). Außerdem gibt es rund ein gutes Dutzend Gerichte auf der Karte, die saisonale Bezüge haben. Wir probierten aus dem Menü einen Salat mit cremigem Ziegenkäse und Feigen und freuten uns schon auf die Barbarie-Entenbrust, die sehr saftig war und mit frischen Waldpilzen und perfekt sautiertem Gemüse serviert wurde. Meine Begleitung lobte die mit dem Edelpilz reichlich garnierte Trüffeltortelloni (13,60 €) und sein Lammrückenfilet mit Rotwein-Balasamico-Schalotten (25,80 €). Ein ganz angenehmer Knüller war die Nachspeise des Menüs: Verschiedene Schokoladenparfaits mit Früchten.

Immer wieder spitzt Stefan Unger aus der Küche, erkundigt sich bei den Gästen, wie es geschmeckt und sorgt auch bei einem vielleicht sechsjährigen Jungen aus einer etwas größeren Gruppe für gute Laune. Dieser durfte sich sein Nudelgericht beim Kochweltmeister wünschen und war hinterher ähnlich angetan wie wir. Stefan Unger muss sich offensichtlich nichts mehr beweisen und kreative Verrenkungen machen. Einfach gut ge- aber nicht abgehoben kochen, preislich fair bleiben und ein perfekter Gastgeber sein – wir behalten das BASILIKUM, das ja das Kraut der Götter ist, in angenehmer Erinnerung.

Gesamtbewertung:

Nahrungsmittel-Intoleranz?
Ein Plus an Lebensfreude mit Viva la Eat!

Trotz Nahrungsmittel-Unverträglichkeiten kann jeder abwechslungsreich und lecker essen! *„Viva la Eat!"* steht für *individuelle Ernährungsberatung* mit Pfiff, Herz und Verstand – auch bei Allergien, AD(H)S und anderen Themen ganzheitlicher Ernährung. Bei unserem Stammtisch *„MEET AND EAT!"* bringen wir Menschen zusammen und sind eine fröhliche *„Community"*.

Verträglich, gesund, vital & lecker: Lernen Sie „Viva la Eat!" kennen!

Kerstin Biß

Viva la Eat! Kerstin Biß
Ganzheitliche Ernährungsberatung und Coaching mit Biss
Tel: 09 11/94 43 54 46
E-Mail: biss@vivalaeat.de
www.vivalaeat.de

Spezialitäten & Kuriositäten | **Beckschlager** | Nürnberg

Mobile Burger-versammlung

Beckschlager
Rosental 1
90403 Nürnberg

Herr Mike Löwel

0152 / 28532579

Mi–Do: 18:00–23:00
Fr–Sa: 18:00–01:30
Küche:
Mi–Do: 18:00–22:00
Fr–Sa: 18:00–00:00
Mo, Di Ruhetag

40, Nebenräume: 20,
Außenplätze: 24

Am Wochenende
empfohlen

15 € – 35 €
★★★ ·
★★ · ·
★★ · ·
★★★ ·
★ · · ·
★ · · ·
★★★ ·

Gesamtbewertung:

Immer auf der Suche nach dem Wahren, Schönen, Guten und Abgefahrenen, wurden wir im ZUM BECKSCHLAGER fündig; wobei „abgefahren" in zweierlei Hinsicht zutrifft. Stellen Sie sich zuerst einfach ein kleine alte Kneipe wie in den 70er Jahren vor. Ein kleiner Tresen mit Zapfanlage, gegenüber jede Menge Holztische, ein Stammtisch im Separee und ein Nebenzimmer mit Kicker. Man spürt, dass hier einige Hektoliter Bier und Korn vernichtet wurden und die Aschenbecher damals groß waren. Eine Zeit, in der Autos noch pizzatellergroße Vergaser statt einer Start-Automatik hatten und auf der Heckscheibe noch „Kenwood"- statt „Apple"-Aufkleber prangten. Mit seinem Tuning-Betrieb „Big Block Production" macht Mike Löwel alte Mustangs, Camaros und Co. wieder so fit und hübsch, dass er damit schon bei RTL2 und Pro7 reüssieren konnte. Und da nichts besser zu V8-Maschinen, Tattoos und Totenköpfen passt als ein eigener Laden mit Bier, Burger & Hot Dogs, übernahm der Edel-Autoschrauber das BECKSCHLAGER im Frühsommer 2012 als „Rock'n'Roll Wirtshaus".

An der bierseligen Kneipen-Einrichtung wurde so gut wie nichts geändert – nur ein „bisschen" dekoriert … So baumeln Totenköpfe und Drachenfiguren von der Decke, die Holzvertäfelungen der Wände wurden teilweise in kühnem Hellgrün überstrichen und die Bezüge der gepolsterten Bänke sind aus schwarzem Kroko-Kunstleder. Es gibt das wiederauferstandene Grüner Bier, Zirndorfer, „Herrengedecke" (Bier vom Fass mit diversen Schnäpsen) und natürlich verschiedenste Burger – auch als „Pimp your Burger" für kreative Bastler. Ich bin der einzige, der ihn mit Messer und Gabel isst, was mir viel Fingerspitzengefühl abverlangt, denn er wird im traditionellen Plastik-„Basket" gebracht und aufgrund der fehlenden Unterlage tut Schneiden weh … Der Burger ist toll und heiß, das Fleisch gut gewürzt, die Pommes dazu sind mir jedoch zu dick – Geschmackssache. Vielleicht weil gerade seit ein paar Minuten Johnny Cash lief und da werde ich dann immer sehr sentimental, gnädig und glücklich. Als ich nach Hause ging, rauchten außen mehr Leute als drinnen tranken, ich bog nach rechts ab, am „gesunden" Bio-WITTMANNS nebenan vorbei und beschloss, bald wiederzukommen.

Fürth · **Blauer Affe** · Fränkisch / Bürgerlich

blaueraffe-fuerth.de

Sport im Blauen Affen

Der BLAUE AFFE am Ende der Flößaustrasse ist sicher kein Geheimtipp mehr, zumindest nicht für die Einwohner der „Westvorstadt". Die Wirtschaft scheint es seit über 100 Jahren zu geben und der kleine Tresen steht voll mit einer schöner Auswahl an Weinen, die man hier am allerwenigsten erwarten würde. Das Mobiliar stammt sicher noch aus den 60er Jahren und ein altes „Ernte 23"-Werbeschild erinnert daran, dass es hier früher sicher schön verraucht war. Heute dominiert dann doch eher der Geruch aus der Küche, leider öfter einmal mit Fett durchzogen. Der Brioni-Anzug bleibt also besser im Schrank.

Der Küchendunst hat einen guten Grund: Fundament der warmen Speisen ist hier das Schnitzel mit hausgemachtem Kartoffel- und gemischtem Salat. Die Portion als üppig zu bezeichnen ist eine Untertreibung! Wem das zu viel ist, kann auch kleine Portionen bestellen. Eine Speisekarte gibt es übrigens nicht. Innen findet sich eine große Tafel, ebenso im Garten, wo die wechselnden Gerichte angeschrieben sind. Da liest man dann schon mal eine Karotten-Ingwer-Suppe, einen gebackenen Schafskäse oder Steinpilzravioli mit Tomaten, Pinienkernen und Mozzarella. Aber auch Stadtwurst mit Musik sowie gebackenen Camembert. Das sah am Nachbartisch immer lecker aus, denn ich gebe zu, dass ich in den letzten 10 Jahren immer nur Schnitzel gegessen habe. Bei der Bestellung sollten Sie am besten darauf bestehen, dass der Salat auf einem Extra Teller kommt. Denn sonst ist der eigentliche Teller unpraktisch voll und die Salatsoße weicht die lecker-krosse Panade auf. Die Servicekräfte sind jung und in der Regel auf Zack. Fränkische Muffigkeit habe ich hier noch nie erlebt. Zwei Highlights gibt es noch: Da ist zum einen der legendäre Kicker (für Auswärtige: Tischfußball), der in keinster Weise Turnierqualität hat und gefühlt schon immer hier steht. Zum anderen die Perle im BLAUEN AFFEN, der Garten, der herrlich mit alten Bäumen bewachsen ist. Hier sitzt man im Sommer ruhig und gemütlich, abgeschirmt vom Lärm … der Großstadt wollte ich schreiben, aber wir sind ja in Fürth.

Blauer Affe
Flößaustrasse 9
90763 Fürth

Frau Angelika Ritter

0911 / 711038

Mo–So: 17:00–01:00
Küche:
Mo–So: 17:00–23:00
kein Ruhetag

60, Außenplätze: 40

Nicht über 20 Personen

15 € – 20 €

★★★·
★★··
★★··
★★★·
★★··
★★★·
★★★·

Gesamtbewertung:

Fränkisch / Bürgerlich | **Bratwursthäusle** | Nürnberg

www.bratwursthaeusle.de   info@bratwursthaeusle.de

Da brennt's!

Bratwursthäusle
Rathausplatz 1
90403 Nürnberg

Herr Werner Behringer

0911 / 227695

Mo–Sa: 11:00–22:00
Küche:
Mo–Sa: 11:00–21:30
So Ruhetag

100, Außenplätze: 60

Immer empfohlen

15 € – 20 €

** · ·
****
* · · ·
*** ·
* · · ·
** · ·
** · ·

So, kennt jemand das BRATWURSTHÄUSLE nicht? Die bekannteste Nürnberger „Bratwurstbude", die auch schon mal „Schnellveschberschubbn" genannt wird, vorzustellen, hieße Bratwürste in die Noris tragen zu wollen. Aber ohne dieses Kleinod wäre unser Buch nicht komplett.

Werner Behringer, seine Gattin Carsta und Sohn Kai sind die Garanten des Erfolgs. Einer der drei ist immer im Lokal, dirigiert das Personal, hilft, wo Hilfe nötig ist. Zur Not stehen Behringer Junior und Senior selbst hinter dem Grill, wenn die Stammbesatzung nicht mehr nachkommt. Im Hochbetrieb ist es hinter dem Grill so eng, dass „Amnesty International" einen Protestbrief schreiben würde ... Für Gäste ist das Zusehen ein Schauspiel und ein Leckerbissen. Am Grill stehen stoisch drei Asiaten, Behringer Senior feuert an, kommandiert als wäre es das letzte Gefecht an der Röstfront und der Junior koordiniert routiniert und souverän den Bestelleingang der Bedienungen.

Eigentlicher Herr am Grill ist jedoch Wenzel Nedved, der hier sicher schon seit 25 Jahren die Würste wendet. Dass einer alleine hinter dem Grill steht, habe ich noch nie erlebt. Mittig im Häusle steht er, der Grill, kein Gas und keine Kohle sorgen dafür, dass die Wurst so gut schmeckt wie sie schmeckt, sondern mindestens drei Jahre abgelagerte Buchenholzscheite sind der Treibstoff. Das kann man im ganzen Lokal riechen und später schmecken. Was weniger bekannt ist: Unter dem Gastraum geht es früh sehr geschäftig zu. Denn die Würste kommen täglich von unten aus der hauseigenen Metzgerei. Nun geht es ans Eingemachte, gegrillt kennt man die Würste, aber als saure Zipfel? Ebenso weniger bekannt sind die „Geräucherten", die in einem Sud gekocht werden. Es gilt: je später der Abend, desto besser der Sud. Wenn ich Hunger habe, nehme ich schon gern mal sechs von jeder Sorte. Mein Vorschlag, diese Kombination als „Sebaldusteller" auf die Karte zu nehmen, wird allerdings seit Jahren ignoriert. Mittags gibt es im HÄUSLE auch mal Zunge, Schäufele oder Eisbein. Was ich Jedem als Alternative zu den kleinen Würsten empfehlen möchte, ist die Stadtwurst vom Grill: zum Anbeißen!

Gesamtbewertung:

40

Nürnberg   **Chesmu** Vegetarisch

hi@chesmu.de   chesmu.de

Gemüse ist mein Fleisch?

Um das CHESMU würdig zu testen, habe ich als bekennender Fleischesser natürlich eine – Vorsicht: billiges Wortspiel – eine eingefleischte Vegetarierin im Schlepptau gehabt. Beim Betreten des zu zwei Dritteln gefüllten Lokales schrecke ich zusammen: Ich bin der einzige Mann. Fleischlos ist wohl doch eher Frauensache … Der L-förmige Raum ist licht, an den Wänden hängt „Kunst" und ein paar Skulpturen stehen an den Wänden. Unsere junge Bedienung ist im Stress und entschuldigt sich schon mal vorsorglich, falls es länger dauert – tat es aber gar nicht.

Die handgeschriebene Speisekarte bietet eine kleine Auswahl, ein Drei-Gang-Menü, einen ayurvedischen Teller, sechs Hauptgerichte und zwei Vorspeisen. Unsere Wahl fiel auf eine grüne Erbsensuppe aus dem Menü und eine Hokkaido-Kürbissuppe. Als Hauptspeise wählten wir das Paprika-Apfel-Gulasch mit Bratkartoffeln und ein „Züricher Geschnetzeltes" mit Kartoffelplätzchen. Hoppla, natürlich ist es kein echtes „Züricher Geschnetzeltes", denn das Kalbfleisch wurde durch Tofu ersetzt. Unsere Suppen sind gut, besonders die Erbsensuppe hat einen sehr feinen Geschmack nach frischen Erbsen. Meine kritische Vegetarierin ist von ihrem Gulasch nicht so sehr überzeugt. Die Soße bei meinem Geschnetzelten ist schmackhaft und die Kartoffelplätzchen erinnern mich an die Baggers meiner Großmutter, die sie immer in Butterschmalz briet und, unter uns Männern, schön fett waren. Nur Tofu ist halt nicht mein Ding! Vermutlich holt das CHESMU den letzten Tropfen an Geschmack aus dem Tofu, aber beißt sich halt wie ein Schwamm und schmeckt nach … Nichts. Vielleicht nach Radiergummi, aber den habe ich bis dato noch nicht probiert. Der Salat dazu ist knackig und frisch. Zwölf Weine stehen auf einer Kreidetafel an der Wand: eine ordentliche Auswahl zu vernünftigen Preisen. Unsere Bedienung hat mittlerweile gut zu tun, denn das CHESMU ist gut gefüllt, und zu meiner großen Erleichterung bekommen zwei der Frauen an den anderen Tischen noch zwei Männer an ihren Tisch. Ich kann mich dann doch noch entspannen …

Chesmu
Johannisstrasse 40
90419 Nürnberg

Herr Eva Hofmann

0911 / 390390

Di–Fr: 11:30–22:30
Sa: 17:30–22:30
So: 11:30–00:00
Küche:
Di–Fr: 11:30–22:30
Sa–Sa: 17:30–22:30,
So: 11:30–22:30
Mo Ruhetag

30, Nebenräume: 10

Angeraten

20 € – 30 €

★★ · ·
★★ · ·
★★ · ·
★★ · ·
★★ · ·
★★★ ·
★★ · ·

Gesamtbewertung:

Spezialitäten & Kuriositäten : **Chong's Diner** : Nürnberg

chongs-diner.de info@chongs.de

Adipositas, du bist mein Held

Chong's Diner
Obstmarkt 5
90403 Nürnberg

Herr Thilo und Peter Chong

0911 / 2349997

Mo–Di: 17:00–00:00
Mi–So: 11:00–00:00
Küche:
Mo–Di: 17:00–23:00
Mi–So: 11:00–23:00
kein Ruhetag

70, Außenplätze: 30

Abends

20 € – 35 €

★★★ ·
★★ · ·
★★★ ·
★★★ ·
★★ · ·
★ · · ·
★★★ ·

In einer heruntergekommenen Wirtschaft hat Thilo Chong zusammen mit seinem Bruder Peter 1998 den Nürnbergern eines der ersten „American Diner" beschert. Der Vater der beiden hatte eines der ersten China-Lokale in Nürnberg, aber das ist schon sehr lange her. Das Chong's ist ein bisschen im Stil der 50er Jahre designt und sieht so gar nicht nach Nürnberger Altstadt aus. Thilo hat sich in den Jahren seiner Selbstständigkeit einen guten Ruf für seine Burger erworben. Egal wie man zu dieser, sagen wir sehr ursprünglichen, Art des Essens steht, hier wird es routiniert von Peter Chong zubereitet. Da gibt es Fingerfood wie die Mozzarella Sticks, Maiskolben und Chicken Wings sowie Salat-Evergreens wie „Tuna-Salad" oder die Caesar's-Variante. Und natürlich Sandwiches und Burger sowie Spareribs und Steak. Um es vorweg zu nehmen: Für Weight Watchers ist der Laden die Hölle auf Erden.

„**Size matters" im Chong's** und nach Auskunft der Bedienung gibt es genügend Gäste, die alles aufessen, was mir ein Rätsel ist. Den Cheeseburger gibt es in doppelter und sogar dreifacher Ausführung – das sind dann so 650 g Fleisch! Zu den Burgern wird Coleslaw (Weißkohlsalat) serviert und eine Schüssel voll Pommes. Die Pommes sind Standardware, die Burger jedoch werden natürlich frisch zubereitet. Auch die Brötchen werden extra für das Chong's vom Bäcker geliefert. Mein „Joshua's BBQ" hatte zusätzlich eine Scheibe Speck, Edamer und BBQ-Soße. Die Soße war zum Niederknien, der Burger leider etwas zu durch. Im Nachhinein hab ich erfahren, dass man das Fleisch auch in „medium" bestellen kann, auf der Karte stand das leider nicht. Auch der Tuna-Salat kommt in einer riesengroßen Schüssel – Reste kann man sich einpacken lassen. Die meisten Gäste waren bei unserem Besuch in der Altersklasse 20+. Während des Sommers ist ein großer Bereich vor dem Chong's bestuhlt, dann kann man sich im Schatten des Rathauses und vor einem Schönheitssalon die leckeren Kalorien auf die Hüfte laden. Nicht vergessen: Am Ausgang steht ein Glas mit kleinen roten Lutschern zur Selbstbedienung für all diejenigen, die noch nicht genug haben. Was ich mir beim besten Willen nicht vorstellen kann!

Gesamtbewertung:

Nürnberg **Cinecitta Trattoria** Italienisch

www.cinecitta.de/gastronomie/trattoria-pizzeria.de

Das große Fressen

In Nürnbergs Kinopalast gibt es Burger im AMERICAN DINER, asiatische Spezereien im INDOCHINE, eine TAPAS-Bar und italienisch-mediterrane Küche in der TRATTORIA. Mein Freund Bernd wollte um die Gastronomie im CINECITTA eigentlich einen großen Bogen machen – aber dafür finde ich das sich stetig ändernde Publikum und das Ambiente, insbesondere im Sommer, als für zu interessant.

Was mir an der Speisekarte inkl. vieler Pizzas aus dem Holzofen auffällt: Pizza und Pasta sind eher von der langweiligen (und etwas teuren) Sorte: Auf der Wochenkarte indes darf sich der Koch austoben und bietet interessante Gerichte preiswert an. Doch zuerst zum immerwährenden Standardprogramm. Wenn man die TRATTORIA entert, fällt der große Tresen mit dem integrierten Arbeitsplatz der indisch aussehenden Pizzabäcker vor ihrem Holzofen auf. Im Hochbetrieb rollt der eine und knetet, der andere belegt die Scheiben und beschickt den Ofen. Indisch-italienische Freundschaft. Die jungen und meist weiblichen Bedienungen sind ebenso auf Zack und tippseln die Bestellungen in Vor-Vorgänger-Modelle eines iPad-mini-ähnlichen Geräts, wo sie sogleich in der Nähe des Herdes aufschlagen – entsprechend schnell reagiert auch bei Hochbetrieb die Küche und fix ist das Essen auf den spartanisch eingedeckten Zweier- oder Vierer-Tischen. Oft ist es ja nicht weit bis zum Hauptfilm. Entsprechend gut gefüllt ist es vor, zwischen und nach den Vorstellungen in der TRATTORIA – nichts für einen romantischen Abend. Allein im Sommer bietet die herrliche Terrasse Momente der Romantik.

Vom Essen war ich noch nie enttäuscht, eher angenehm überrascht. Die Tagliatelle mit Rinderfiletspitzen von der Wochenkarte waren ein Gedicht für unter 10 €. Für die „Gebratene Gänsebrust mit Rotweinkirschen, Blaukraut und Kartoffelklößchen" (12,50 €) müsste ich anderswo irgendetwas ab 15 € aufwärts investieren. Ganz klassisch gab es von der Standardkarte vorneweg einen Sattmacher-Salat mit Hähnchen-Brust (8,50 €) und ein Vitello tonnato (7,50 €) – beides vermutlich schon 1000 Mal zubereitet und daher aus Erfahrung gut. Sonntags gibt es ein Sonntagsbrunch und, was ich mir mal vornehme, man kann sich für alle seine Freunde ein kleines Kino mieten, zum DVD-angucken. „Das große Fressen" würde ich gerne mal wieder sehen!

Cinecitta Trattoria
Gewerbemuseumsplatz 3
90403 Nürnberg

Herr Wolfram Weber

0911 / 2066656

Mo–Do: 11:30–23:00
Fr–Sa: 11:30–00:00
So: 14:00–23:00
Küche:
Mo–Do: 11:30–22:30
Fr–Sa: 11:30–23:30
So: 14:00–23:00
kein Ruhetag

130, Außenplätze: 100

Abends immer empfohlen, am Wochenende nötig

20 & – 40 €

★★★·

★★★·

★★★·

★★★★

★★★·

★★★·

★★★·

Gesamtbewertung:

🍲🍲🍲·

Französisch | **Crêperie du Câteau** | Nürnberg

duchateau.de

Französisch im Zeichen der Burg

Crêperie du Câteau
Schmiedgasse 5
90403 Nürnberg

Herr Phillipp Schmitz

0911 / 2110108

Mi–Sa: 18:00–00:00
Küche:
Mi–Sa: 18:00–23:00
So–Di Ruhetag

25, Außenplätze: 10

Empfohlen

30 € – 45 €

∗∗ · ·
∗∗∗ ·
∗∗ · ·
∗∗∗ ·
∗∗∗ ·
∗∗ · ·
∗∗ · ·

Das Lokal nur als Creperie zu bezeichnen, greift zu kurz. Zwar gibt es Crêpes und Galettes aber auch Tartes, also Flammkuchen, und immer eine Wochenkarte. Die Betreiber bieten klassische französische Gerichte und „nouvelle cuisine". Man sitzt etwas eng, aber es ist nicht laut oder unangenehm. Vorher war hier ein Ableger des ANDALUSISCHEN HUND und die „maurischen" Kacheln sind immer noch an der Wand und geben dem Lokal ein angenehmes Ambiente. In der Karte wird darauf verwiesen, dass „á la minute" gekocht wird und dass manches etwas dauern kann. Stimmt, so war es. Nicht nötig wäre die Wartezeit allerdings bei den Getränken gewesen. Sehr positiv finden wir, dass stilles Wasser in Karaffen einfach auf dem Tisch steht.

Als Aperitif nahmen wir einen Cidre aus dem Hause „van Nahmen" und der war so lecker, dass wir einfach dabei geblieben sind und nicht auf Wein umgestiegen. Die Gerichte der Wochenkarte kann man als Menü, auch mit Weinbegleitung, ordern oder nur Teile daraus. Mein Entenleberparfait als Vorspeise mit Steinpilzmousse, Wildkräuter Salat und Brioche war geschmacklich ausgezeichnet, allerdings war es mehr ein Klecks von der Größe eines halben Tischtennisballes und äußerst kalt. Umso mehr freute ich mich auf die Hauptspeise: „Hereford Prime: 68 Stunden geschmort, Pilz-Risotto, Steinpilzcreme, Maronenravioli & marinierte Boviste 25 €". Also knapp drei Tage „sous-vide" geschmortes Rindfleisch. Wie erst bei Tisch ersichtlich war, handelte es sich um die Bäckchen. Kein schlechtes Fleisch, aber auch nicht das teuerste Stück von diesem Tier. Das Fleisch war wunderbar zart, für meinen Geschmack allerdings etwas zu trocken. Statt Teller kamen die beiden Gerichte auf Schieferplatten, was zumindest edel aussieht, und den Kellner fit hält. Als Nachspeise bekam ich dann noch einen „Crêpe Corse" mit Maronencrème, die nicht nach hausgemacht schmeckte und von Crème keine Spur. Insgesamt ist mein Eindruck „gemischt". Ein Vorteil ist sicher, wer sich auf Galettes und Crêpe beschränkt, kann relativ preisgünstig in netter Atmosphäre essen. Für den großen Wurf fehlt es allerdings doch an einigen Ecken und Enden.

Gesamtbewertung:

Nürnberg | **da Claudio** : Exklusiv

tiziano@daclaudio.de　　www.daclaudio.de.de

Panta rhei & Panerai

Für einen Besuch im Da Claudio, der eigentlich Tiziano heißt und von seiner hinreißenden Helga im Service unterstützt wird, darf es etwas schicker sein. Schließlich kann man, wenn man nicht sorgenvoll auf die AmEx-Abrechnung am Monatsende blicken muss, locker zu zweit 200 € in den besten Italiener Nürnbergs investieren. Ja, besser als im Da Claudio kann man, und das seit vielen Jahren, die italienische Küche nicht genießen!

Mit der Präzision eines Panerai-Uhrwerks versehen Service und Küche ihren Dienst – „alles fließt" wie am Schnürchen. Noch immer wird die übertrieben große Kreidetafel mit den „Tagesgerichten" an den Tisch getragen und erklärt. Tagesgerichte deshalb in Anführungszeichen, weil sie sich – zumindest mein Eindruck – oft wiederholen. Mit rund 40 Positionen von der Antipasti bis Dolci wäre dies auch Unsinn – ich denke da ja alleine an den täglichen Aufwand jeden Vormittag, bis die Tafel voll geschrieben ist … Bis auf die Nachspeisen liegt jedes Gericht über 10 €, Hauptspeisen kratzen gerne an der 30 €-Marke. Heute nehme ich – wie eigentlich immer – die Antipasti (13 €), die man schon in der Vitrine gleich beim Eingang in Augenschein nehmen kann. Wie immer, perfekt – so gut kann Gemüse schmecken. Meine Begleitung wählt marinierten Thunfisch (15 €) – wenn auch nicht politisch korrekt, so doch ein großes Vergnügen, von dem sich manche Sushi-Köche sicher gerne eine Scheibe abschneiden würden. Weiter geht es mit Tagliatelle mit weißem Alba-Trüffel. Da man das Gericht gefühlt schon fünf Minuten vor dem Servieren riechen konnte, also an Trüffel nicht gespart wurde, ging es mit, ähem 29 €, in Ordnung. Geschmacklich war es wiederum perfekt. Ebenso wie die Seezunge vom Grill. Gereizt hätte mich ja das Kobe-Steak. Jener Delikatesse vom Rind, das bei traditioneller japanischer Musik massiert wird und Sake trinken darf – der Kilopreis liegt schon im Einkauf bei mehreren Hundert Euro. Das musste nicht sein, dafür aber noch ein Käseteller als krönender Korken für den Magen.

Ich könnte weiter schwärmen. Von der zeitlos modernen und geschmackvollen Inneneinrichtung, die ein wenig an das Memphis-Design der 80er Jahre erinnert. Von der üppigen Weinkarte. Den Grappas. Dem Espresso. Aber besonders von der Leidenschaft von Helga und Tiziano, die als famose Gastgeber die Gäste verdienen, die es verdienen.

da Claudio
Hauptmarkt 16
90403 Nürnberg

Herr Tiziano Faenza

0911 / 204752

Mo:　18:00–01:00
Di–Sa:　12:00–01:00
Küche:
Mo:　18:00–23:00
Di–Sa:　12:00–23:00
So Ruhetag

70, Außenplätze: 30

Immer empfohlen, Fr und Sa nötig

35 € – 100 €

★★★·
★★★★
★★★·
★★★★
★★★★
★★★★
★★★★

Gesamtbewertung:

Italienisch | **Da Gallo Antipasteria** | Nürnberg

www.dagallo-antipasteria.de kontakt@dagallo-antipasteria.de

Frische Nudeln im Zeichen der Burg

Da Gallo Antipasteria
Radbrunnengasse 2
90403 Nürnberg

Herr Giovanni Gallo

0911 / 2388538

Mo–Sa: 17:00–23:00
Küche:
Mo–Sa: 17:00–22:00
So Ruhetag

35

Empfohlen

 15 € – 20 €
 ★★★★
 ★★★·
 ★★★★
 ★★··
 ★★··
 ★★★·
★★★·

In der ansonsten gastronomisch verwaisten Radbrunnengasse gibt es seit eineinhalb Jahren die kleine Antipasteria von Giovanni Gallo. Der Wirt begrüßt den Gast mit schönem, fränkischem Einschlag – so gehört es sich, wenn man unterhalb der Burg ein Lokal betreibt. Er ist Quereinsteiger, was nicht schlecht sein muss, wie er beweist.

Zur Eröffnung kam noch seine Mutter aus Italien, um in der Küche zu helfen. Mittlerweile ist Gallos Frau die Herrin über Nudeln und Antipasti. Man sitzt gemütlich, das Lokal ist klein und auf den Tischen liegen rot-weiß karierte Tischdecken. Mittwochs gibt es Rabatt auf die Antipasti und zweimal im Monat wird der „Spaghetti Plausch" veranstaltet. Dahinter verbirgt sich folgendes: Vier Personen können für 30 € so viel Spaghetti essen, wie sie wollen. Dazu gibt es vier verschiedene Soßen: Bolognese, Tomatensoße, Champignonsoße und Schinken-Sahnesoße. Ansonsten sind gut 20 Sorten Antipasti auf der Karte, ebenso eine Handvoll Salate und ca. elf Nudelgerichte. Bevor wir bestellen können, kommt Herr Gallo noch mit einer Kreidetafel an und stellt diese auf einen Stuhl neben uns. Darauf stehen drei Tagesgerichte. Wir entscheiden uns für Tagliatelle mit drei verschiedene Soßen von ebendieser Tageskarte und vorneweg drei Antipasti. Außerdem Nudeln mit Gorgonzola-Sahne-Walnuss Soße und die Variante „Vongole e pomodoro". Der Wirt empfiehlt uns den Regaleali, ein Rotwein aus Sizilien. Weitere Weine stehen auf einer anderen Tafel und das Angebot wechselt häufig.

Die Antipasti sind schnell serviert und wir greifen beherzt zu. Dann kommen die Tagliatelle, wunderbare frische und hausgemachte Pasta ist halt doch sehr fein. Nach der Hälfte meiner Walnuss-Gorgonzola Nudeln war ich satt, aber aufhören konnte ich nicht, so gut haben mir Nudeln schon lange nicht mehr geschmeckt. Die Atmosphäre ist entspannt und, Zeit für Geständnis: eine Zigarette danach vor der Türe hilft. Der Wirt hat ein Herz für Raucher und einen kleinen Tisch mit zwei Stühlen nebst Decken für Herbst und Winter. Hier ist es gut, hier geh' ich wieder hin!

Gesamtbewertung:

Entspannt authentisch

„**Si, immer**" murmelt es am anderen Ende des Telefonhörers auf die Frage, ob eine Reservierung nötig ist. Denn jeden Abend ist das DA UGO rappelvoll und man sitzt eng. Das Interieur kann es nicht sein: Schinken hängen an der Decke (es sind Attrappen, nicht dass Sie sich eine Scheibe abschneiden wollen!), ein Spiegel ist zu entdecken, mit dem man wie im Supermarkt um Ecken sehen kann, sowie die üblichen schwarz-weiß Bilder von essenden italienischen Filmstars hängen an einer dunkelbraunen Holzwand.

Eine kleine Speisekarte steht auf jedem Tisch, ebenso die Weinkarte. Dann gibt es da noch die große Tafel, die der Kellner von Tisch zu Tisch schleppt. Eine schöne Auswahl lässt sich finden: Saltimbocca, Fegato (Kalbsleber), ein ganzer Mozzarella di Buffalo (250g), Strozzapretti, Buccatini, also nicht nur die gängigsten Nudelsorten. Und sogar Trippa alla Romana (Kutteln)! Wir nehmen Carpaccio zu Beginn, auch im DA UGO hat sich die Unsitte breit gemacht, statt echtem Balsamico, eine Balsamicocreme, die es als fertige Mischung gibt, über den Parmesan zu kippen. Bitte sein lassen! Als Hauptgang folgen Buccatini (lange, dünnere Rohrnudeln) mit frischen Sardellen und Pinienkernen, sowie Entrecote vom Grill mit Gemüse. Dazu möchte ich einen Weißwein bestellen und erkundige mich beim Kellner. „Ich suche Ihnen einen aus, wenn er nicht schmeckt, nehmen wir einen anderen". Wie nett – und der Wein ist gut. Später entdeckte ich dann noch einen meiner Lieblingsweine – für das nächste Mal, denn im DA UGO können sie Gedankenlesen. Obwohl ich nicht gefragt wurde, kam das Entrecote genau so, wie ich es wollte: außen rösch und innen saftig-rot. Das Fleisch war von sehr guter Qualität und die Nudeln haben Biss. Schon obersatt, musste es noch Dolci sein. Die Tiramisu war für mich eher wie ein Schokoladenkuchen und hätte cremiger sein müssen. Nette Anekdote am Rande: Auf dem Nachspeisenteller stand mit Schokosoße „Da Ugo" geschrieben – was für ein Glück, dass der Wirt nicht Marcello Mastroianni heißt ...

Da Ugo
Rückertstrasse 11
90419 Nürnberg

Herr Ugo Maceri

0911 / 3226444

Mo–Sa: 17:00–00:00
Küche:
Mo–Sa: 17:00–22:30
So Ruhetag

35, Außenplätze: 35

Immer empfohlen

30 € – 40 €

★★★·
★★★·
★★★·
★★★·
★★★·
★★★·
★★··

Gesamtbewertung:

Griechisch **Delphi** — Nürnberg

www.giannikis-gastronomie.de   delphi@giannikes-gastronomie.de

Galaktoburiko-Palast

Delphi
Innere Laufer Gasse
90403 Nürnberg

Herr Evangelos Giannikis

0911 / 209531

Mo–So: 11:30–15:00, 17:00–01:00
Küche:
So–Do: 11:30–14:30, 17:00–00:00
Fr–Sa: 11:30–14:30, 17:00–00:30
kein Ruhetag

150

Abends empfohlen

18 € – 50 €

⚖ ★★★·
👨‍🍳 ★★★·
🍲 ★★★★
🦞 ★★★★
🍷 ★★··
🍸 ★★★·
🧂 ★★★·

RESTAURANT
DELPHI
ELLINIKI KUSINA

Hat die griechische Küche ihren Zenit überschritten? Das Delphi scheint von der „Griechen-Krise" jedenfalls unberührt. Noch immer strömen Gäste um Gäste in das von außen unscheinbar aussehende Restaurant, das seit 1979 mit Gyros und Co lockt. Über eine verwegen aussehende Treppe geht es hinab in einen zwar fensterlosen, aber angenehm locker und mediterran eingerichteten Keller. Dass man hier gerne auch länger verweilt, liegt an den freundlichen Farben und der, für einen Griechen fast schon dezent eingesetzt zu nennenden, geschmackvollen Dekoration.

Neben den Gyros-Bifteki-Suvlaki-Lego-Baukästen-Tellern hält die umfangreiche Karte einige Überraschungen bereit. Beispielsweise marinierte Kalbshaxe aus dem Backofen („Kleftiko"), Barbarie-Entenbrust, sehr viele Fischgerichte und den selten gewordene Auflauf „Mousaka", den wir auch probierten und der zwar mit etwas zuviel Bechamel-Soße angereichert war, ansonsten aber sehr zufriedenstellend ausfiel. Vorneweg gab es einen kalten Vorspeisenteller (u.a. mit Auberginencreme, Oktopus-Salat und, na klar, Zaziki – alles wunderbar), sowie eine fruchtig-frisch schmeckende Tomatensuppe, die mit 2,50 € zum Schnäppchenpreis angeboten wurde. Sonst ist die Preiskalkulation im Delphi normal bis ambitioniert. Die gegrillte Fischplatte (16,- €) gefiel mit Kalamaris, großen Garnelen und Rotzungen-Fischfilet. Im Kleingedruckten gibt die Karte an, dass es sich um Tiefkühlware handelt, was sich aber nicht als Nachteil erweist. Zum Dessert – obwohl wir längst mehr als satt waren – noch zwei schöne Nachspeisen. Ein süßer Traum waren die in „Crème de Cassis" gebratenen Feigen mit Vanilleeis (5,- €) und „Galaktoburiko" – mit Grießcreme gefüllter Blätterteig, ebenfalls mit Vanilleeis (4,- €).

Der stets aufmerksam und freundlich agierende Service macht es einem leicht, sich als Gast wohl im Delphi zu fühlen. Da kommt man gerne wieder – auch wenn es eine kleine Herausforderung ist, pappsatt und Ouzo-schwanger die Wendeltreppe wieder hoch zu kommen.

Gesamtbewertung:

pom
PICTURE OF ME
Internationale Hochzeitsfotografie

EMOTIONAL Hochzeitsreportagen

SPONTAN Photobooth

KREATIV Thrash the dress

Picture of me ist ein international arbeitendes und erfahrenes Team, welches Ihren besonderen Tag auf einfühlsame Weise in **individuellen Hochzeitsreportagen**, **Photobooth** und **Trash the dress-Shootings** festhält.

Dies alles geschieht in einer ruhigen und dezenten Art, die Ihnen sehr viel Raum lässt, aber dabei immer den Anspruch hat, Ihre persönliche Geschichte vollständig und nachhaltig zu erzählen.

weitere Informationen:
http://blog.picture-of-me.com

Büro Deutschland:
Klaus Gruber
Elsteinstraße 23
90763 Fürth

Tel. | +49 (0) 911 977 3541

Web | http://blog.picture-of-me.com
Mail | klaus@picture-of-me.com

Spezialitäten & Kuriositäten : **EKU Inn** : Nürnberg

www.eku-inn.de   info@eku-inn.de

Für Männer mit Geschmack

EKU Inn
Färberstrasse 39
90402 Nürnberg

 Frau Sylvia Mohr

 0911 / 225069

 Mo–So: 11:30–23:00
Küche:
Mo–So: 11:30–23:00
kein Ruhetag

 80, Außenplätze: 100

 Abends empfohlen, am Wochenende nötig

 30 € – 70 €

 ∗∗ · ·
 ∗∗∗ ·
 ∗∗∗ ·
 ∗∗∗∗
 ∗∗ · ·
 ∗∗∗ ·
 ∗∗∗ ·

Klimawandel, BSE und leichte Küche hin oder her – Steaks kommen nicht aus der Mode. Gut so! Wenn es um das beste Stück vom Rind geht, dann ist seit Jahrzehnten für uns das EKU-Inn die erste Wahl. Frau Mohr scheint über ganz besondere Einkaufsquellen zu verfügen und die Grillmeister über vorzügliche Talente. Die Lust auf Fleisch wird hier zelebriert und die Steaks schmecken hier einen Tick mürber und zarter als anderswo. Hinzu kommt, dass das EKU-Inn auch nach seiner Renovierung den bezaubernden Charme der 70er Jahre beibehalten hat und ein großer Innenhof für heiße Sommerabende geöffnet ist.

Eigentlich wollte ich ja schon immer einmal das legendäre Wagyu-Steak probieren, das hier aus Australien kommt. Bei einem 100 g-Preis von 25 € und bei Stücken von 400 bis 700 g, entschied ich mich dann doch anders. Außerdem gibt es kanadischen Bison, irisches Weideochsenfleisch, Lamm aus Neuseeland und natürlich argentinisches Steak. Zum Einstieg wählten wir panierte Onion-Rings mit gutem Knoblauch-Dip und einen Haussalat, dessen Dressing mir zwar schmeckte, aber etwas zu dünnflüssig ausfiel. Mehr Freude bereitete das Rib-Eye-Steak (17,80 €) mit vorzüglicher Ofen-Kartoffel mit Sour-Creme und auch die „Combi-Platte" (24,80 €) ist zu empfehlen. Hinter dem Haus-Dessert verbarg sich ein warmer Schokonuss-Kuchen mit Vanilleeis und Sahne (5,50 €), ein luftiger Crêpes mit ebenfalls Vanilleeis und Sahne musste es auch noch sein; sehr gut auch der Espresso.

Profis setzen sich übrigens möglichst in die Nähe des imposanten Grills und signalisieren mit zwei oder drei Fingern die gewünschte Dicke ihres Steaks. Die aufmerksamen Kellner wissen bei ihren Stammgästen dann schon, wie medium es gewünscht wird und welche Beilage, die extra kostet, dazu kommen soll. Ach ja, hin und wieder werden im EKU-Inn natürlich auch Frauen gesichtet …

Gesamtbewertung:

Nürnberg **Eleon** : Griechisch

info@eleon-online.de   www.eleon-online.de

Kalimera, kalispera, kalinichta

Als das ELEON vor ungefähr zwei Jahren in die Kleinweidenmühle umgezogen ist, war ich zunächst skeptisch, denn das neue Lokal ist größer als das alte. Andererseits sind die Chancen besser, einen Platz zu bekommen – die Küche hat sich schnell einen guten Ruf erworben: Betreiber Apostolos Kassiteropoulos hat sich der echten griechischen Küche verschrieben. Die Stärke sind die verschiedenen kleinen Gerichte, eigentlich Hausmannskost und „Mezedes" genannt. Da gibt es nicht nur Tsatsiki, sondern bislang Neues wie „Skordalia", eine Crème aus frischem Knoblauch und Kartoffeln. Oder „Melitzanosalata", wiederum eine Crème aus gebackenen Auberginen und frischem Apfel, oder gebratene Bauernwurst. Außerdem bietet das ELEON eine Wochenkarte an. Hauptspeisen sind zum Beispiel in Kräutern marinierte Hähnchenspieße mit Joghurt-Dip und gegrilltem Pitabrot, Lammschulter oder „Kalamir gemisto" (mit Schafskäse, Paprika und Kräutern gefüllter Tintenfisch vom Grill). Dazu gibt es nicht nur Weine aus Griechenland, sondern auch aus Frankreich, Spanien und Italien.

Wer das Lokal betritt, muss sich erst mal entscheiden: links oder rechts. Das ELEON ist zweigeteilt. Man sitzt an der Wand und in der Mitte ist Platz für den Service. Die Wände sind hell oder mit Klinkersteinen verkleidet. Es wirkt schlicht, elegant und angenehm. Da der Name des Wirts schwer auszusprechen ist, wird er von den meisten „Apo" genannt, und „Apo" hat das ELEON gut im Griff. Meine Befürchtungen waren also unberechtigt. Im Sommer hat das ELEON hinter dem Haus einen ganz netten Garten, der dank der Lage ruhiger ist als der alte. Unser Service ist flott beim Bedienen. Meine Auswahl an kleinen Gerichten schmeckt lecker, mein persönlicher Lackmustest ist ja immer Tsatsiki. Es schmeckt nicht zu schwer, irgendwie wirkt es lockerer als anderso, wie aufgeschlagen. Test bestanden!

🏠 **Eleon**
Kleinweidenmühle 5
90419 Nürnberg

👥 Herr Apostolos
Kassiteropoulos

📞 0911 / 4193662

🕐 Di–So: 17:00–01:00
Küche:
Di–So: 17:00–00:00
Mo Ruhetag

🛋 80, Außenplätze: 80

💳 Abends empfohlen

€ 15 € – 25 €

Gesamtbewertung:

2 Sterne, 2 Männer – fast einer Meinung

Essigbrätlein
Weinmarkt 3
90403 Nürnberg

Herr Andree Köthe,
Yves Ollech

0911 / 225131

Di–Sa: 12:00–15:30,
19:00–01:00
Küche:
Di–Sa: 12:00–13:30,
19:00–21:30
So, Mo Ruhetag

30, Nebenräume: 12

Immer erwünscht,
Abends nötig

60 € – 150 €

 ★★★ ·
 ★★★★
 ★★★★
★★★★
★★★★
★★★★
★★★ ·

Gesamtbewertung:

Das einzige Zwei-Sterne-Restaurant Nürnbergs haben wir am Mittag gemeinsam besucht. Hier unser „Gespräch":

„Den Zander fand ich, je länger ich darüber nachdenke, sensationell!"
„Lieber Bernd, um genau zu sein, war es ein Zander mit brauner Mandelcreme, Limonengelee, Broccholi und Broccholi-Creme – was sich bombastisch liest, aber in seiner Klarheit überraschend schlicht serviert wurde. Geschmacklich war der Fischgang unseres Menüs durchaus sensationell."
„Kann mich nicht erinnern, jemals so gut Fisch gegessen zu haben. Die Idee mit der Mandelcreme werde ich mir für mein Weihnachtsessen stehlen."
„Da kann ich sicher nicht mithalten … Zu unserem 4-Gang-Menü (82 €) gab es gleich drei Grüße aus der Küche. Sonnenblumenkerne mit Blüte und gelber Tomate, Trauben mit Tannensprößlingen und Brot von Arnd Erbel mit gehobeltem Eigelb. Dann folgte der eigentlich erste Gang: Hafercreme mit Wirsing – ein Gedicht!"
„Schöne leichte Küche, genau richtig für ein Mittagessen. Beim Hauptgang, Hirsch mit Cashewnüssen und Spitzkohl, fand ich die Ebereschen dazu eine geniale Idee. Auf so etwas muss man erst mal kommen und diese Kreativität beim Finden selten genutzter Zutaten ist wohl das Geheimnis des Essigbrätleins."
„Den Hirsch habe ich als saftig und kräftig in bester Erinnerung. Wie findest Du als Fachmann das sonstige Getränkeangebot?"
„Nicht dem Niveau eines Zwei-Sterne-Restaurants entsprechend! Die Obstbrände von Metté beispielsweise sind gut, aber irgendwie 80er Jahre. Was mich aber wirklich aufregt, ist die Nespresso-Maschine. Ein Ärgernis!"
„Langsam, das historische Essigbrätlein ist einfach zu klein für eine richtige Maschine. Und zum Espresso gibt es doch fantastische hausgemachte Schokolade!"
„Aber auch schon seit vielen Jahren – ich finde das fad. Viel interessanter war ja das Dessert: Aprikosenkern-Amaretto-Eis."
Jedenfalls waren wir hervorragend essen, wie ich finde. Zudem bin ich als Nürnberger stolz, dass Andree Köthe und Yves Ollech die Auszeichnung „Koch des Jahres 2012" nach „Gault Millau" gewannen und unsere Stadt bei Feinschmeckern in aller Munde ist.

Nürnberg — **Estragon** Italienisch

estragon-nuernberg.de

Mittags mal schnell, günstig und fein

Mittags, keine Reservierung und das Lokal ist voll! Am Eingang fängt uns eine sehr freundliche Mitarbeiterin ab und entschuldigt sich, dass sie uns keinen Platz anbieten kann. In einer halben Stunde wäre wohl etwas frei erfahren wir, und ob sie uns dann einen Platz reservieren darf. Darf sie, denn wenn mir jemand so charmant entgegen kommt, dann drehe ich gerne eine Warteschleife in der Innenstadt. Mittags, genauer von 11 bis 16 Uhr, wird der „Quick-Tipp" angeboten. Das sind immer zwei Gerichte im Preis um die 5 €. Die normale Speisenkarte ist mediterran ausgerichtet und auf einer Tafel stehen drei Desserts.

Die Atmosphäre im Estragon ist freundlich und das Publikum gemischt. Als Vorspeise bestellen wir ein „Bressaola Carpaccio", das mit Parmesan und Pinienkernen dekoriert ist und gut geschmeckt hat. Bei der Hauptspeise greifen wir auf den „Quick-Tipp" zurück: Ziegenkäse-Spinat-Lasagne und Hühnerfrikassee mit Erbsen, Karotten und Reis. Die Spinat-Lasagne ist wirklich ausgezeichnet gewesen. Das Hühnerfrikassee, nun, das Geflügel war etwas trocken, die Karotten waren so tourniert wie sie normalerweise im Glas zu kaufen sind (oder war es Tiefkühlware?) und das lag alles zusammen in einem Reis-Ring. Es hat fader geschmeckt als es aussah und war insgesamt langweilig. In gewisser Weise fand ich es dann aber doch wieder ganz witzig, denn das Gericht war 100 % „50er Jahre". Der erste deutsche Fernsehkoch Clemens Wilmenrod schickte seine Grüße ins Estragon oder war es doch der zweite, Ulrich Klever?

Nun denn ab zu den Desserts: Schoko-Soufflé mit Marzipan-Mohn-Eis. Beim Bestellen weist uns die Bedienung darauf hin, dass es wohl 15 Minuten dauern wird, denn es wird ja frisch gemacht. Dankbar für die Erwähnung, bestelle ich für die Wartezeit einen Espresso. Die Maschine macht einen hoffnungsvollen Eindruck – umso größer war die Enttäuschung. Nach meiner Reklamation fand sich der Espresso dann auch nicht auf der Rechnung. Gut so!

Estragon
Jakobstrasse 19
90402 Nürnberg

Frau Christina
Mendez Rodriguez

0911 / 2418030

Di–So: 11:00–23:00
Küche:
Di–So: 11:00–22:30
Mo Ruhetag

45, Außenplätze: 30

Empfohlen

20 € – 30 €

★★★·
★★★·
★★··
★★★·
★★··
★★★·
★★★·

Restaurant Estragon

Gesamtbewertung:

Thailändisch : **Etage** Nürnberg

Ganz oben
im Thai-Himmel

Etage
Großweiden-
mühlstrasse 5
90419 Nürnberg

Herr Manfred Münnich

0911 / 333002

Di-So: 18:00-00:00
Küche:
Di-So: 18:00-22:00
Mo Ruhetag

30

Immer nötig

€ 20 € – 30 €
 ★★★ ·
 ★★★ ·
 ★★★ ·
 ★★★★
★★ · ·
★★★★
★★ · ·

Etage

Wenn man zehn Nürnberger, die gerne und regelmäßig essen gehen, fragt, welches Thai-Lokal wohl das beste ist, dann würde die ETAGE sicher in der Pole Position sein. Wir gingen dem also mal nach und dazu in den ersten Stock einer alten Mühle. Im Gastraum dominieren noch die beiden Getreidetrichter das geschmackvolle Ambiente. Die alte Holzstiege in den ersten Stock würde von einer Bauaufsicht heute wohl so nicht mehr genehmigt werden, aber da alles unter Denkmalschutz steht, bleibt es wie es ist. Im Restaurant läuft man auf alten Holzdielen und überhaupt ist das Ambiente eine Mischung aus gemütlich und museal. Im Sommer ist es leichter einen Platz zu bekommen, denn mangels Außenfläche ist es dann immer etwas ruhiger.

Manfred Münnich betreibt das Restaurant seit fast 30 Jahren, als Thailokal nun seit gut 15 Jahren, davor klassisch Französisch. Anders als bei vielen der Mitbewerber sind hier echte Köche aus Thailand am Werk. Münnich spricht selbst die Sprache und es ist lustig zuzuhören, wenn er mal eben Anweisungen in die Küche durchreicht. In der ETAGE gibt es eine kleine handgeschriebene Karte, darauf immer gut sechs Vorspeisen, ein bis zwei Suppen und meist sieben Hauptgerichte. Die Speisen wechseln, aber ein paar Standards werden immer angeboten. Dazu gehören der grüne Papaya Salat, „Tom Yam"-Suppe mit Garnelen und gebratene Entenbrust mit Zitronengras. Da nicht jeder „scharf", und hier ist scharf wirklich scharf, verträgt, finden immer schärfere und weniger scharfe Gerichte ihren Platz im Menü. Münnichs Devise ist, „so authentisch" zu kochen wie es eben hierzulande möglich ist. Da kann ein rotes Curry schon auch mal ganz schön Dampf haben. Bisher habe ich aber alles gut überlebt und geschmeckt hat es mir immer. Sehr gut ist auch die Weinkarte. Hier bietet Münnich eine exzellente Auswahl französischer und deutscher Weine an, aber auch ein Bier kann man hier zum Thai-Essen trinken. Selbst der Espresso ist gut und kommt aus einer schönen alten Maschine, kein neumodischer Kapselkram. Der Service von Münnich ist angenehm unprätentiös und in der Regel geht es zügig.

Gesamtbewertung:

Edel und gut, wenig Überraschungen

Zu meiner Schande muss ich gestehen, dass mir das Restaurant Fischer immer verborgen geblieben ist. Das kleine Fachwerkhaus ist zwischen dem japanischen Lokal Ishihara und dem Bratwurstlokal Zum Guldenen Stern eingepfercht. Ingo Fischer kocht auf hohem Niveau, deswegen die Schande …

Das Lokal ist zwei-, bei schönem Wetter dreigeteilt. Denn wenn es warm ist stehen eine Handvoll Tische vor der Türe an der Seite. Dank der Verkehrs-Lage in der Schottengasse sieht man dabei auch das eine oder andere hübsch aufgemotzte Auto vorbeifahren. Innen sind im Erdgeschoss ein paar kleinere Tische und wer hier sitzt, kann dem Koch bei der Arbeit zusehen. In der ersten Etage befindet sich der eigentliche Gastraum, der ganz gemütlich ist. Bei unserem Besuch wurden drei Menüs angeboten: Ein siebengängiges Gourmet-Menü (die Gerichte sind zum Teil auch in den anderen Menüs) und zwei jeweils vier Gänge umfassende Menüs, eines mit dem Thema „See" und eines mit dem Thema „Land". Aus den Gängen kann auch einzeln bestellt werden. Nach einem „Gruß aus der Küche" starten wir mit dem „See"-Menü: Carpaccio aus Riesengarnelen, sehr gelungen, ebenso mein gebratenes Maishähnchen mit Thunfischsauce. Es folgen Jakobsmuscheln im Speckmantel, Tagliatelle mit Pfifferlingen im Parmesannest und Steinbuttfilet mit Tomatensugo, gebratenes Rinderfilet mit Ochsenschwanzragout. Zum Abschluss gönnten wir uns geschmorten Weinbergpfirsich mit Lavendel-Eis und eine Creme Brulée mit weißem Schokoladeneis. Dazu eine Flasche Riesling von Rainer Wess aus der Wachau. Das lässt Ihnen beim Lesen sicher schon das Wasser im Mund zusammen laufen. Ja, Ingo Fischer kocht gut, sehr gut sogar, und solide. Auf diesem Niveau, auch preislich, darf aber auch Kritik möglich sein. Nicht an den Speisen, da gab es nichts zu mäkeln. Etwas vermisst habe ich allerdings Kreativität oder Mut zu Neuem. Herr Fischer, bitte überraschen Sie uns das nächste Mal ein bißchen mehr!

Restauration Fischer
Schottengasse 1
90402 Nürnberg

Herr Ingo Fischer

0911 / 9898870

Di–Sa: 11:00–15:00, 18:00–23:00
So: 18:00–23:00
Küche:
Di–Sa: 11:00–14:00, 18:00–22:00
So: 18:00–21:30
Mo Ruhetag

26, Außenplätze: 12

Empfohlen

59 € – 100 €

✶✶✶·
✶✶✶✶
✶✶✶·
✶✶✶·
✶✶✶·
✶✶✶✶
✶✶✶·

Gesamtbewertung:

Spezialitäten & Kuriositäten | **Die Fischerei** | Erlangen

www.die-fischerei.de   info@fischerei-oberle.de.de

Gold-Fisch
mit Parkplatzproblem

Die Fischerei
Am Deckersweiher 24
91056 Erlangen

Herr Christoph Oberle

09131 / 45556

Mi: 17:30–21:00
Do–So: 11:30–14:00,
17:30–21:00
Küche:
Mi: 17:30–21:00
Do–So: 11:30–14:00,
17:30–21:00
Mo, Di Ruhetag

35, Nebenräume: 28 / 120, Außenplätze: 100

Abends empfohlen, am Wochenende nötig

20 € – 50 €

★★★ ·
★★★ ·
★★★ ·
★★★★
★★★ ·
★★ · ·
★★★ ·

Über 230 Fußballfelder groß sind zusammengenommen die Karpfenteiche der FISCHEREI der Familie Oberle und aus ihnen kommen u.a. auch Hechte, Zander und Welse – seit 2000 auch frisch auf den Tisch im gleichnamigen Restaurant. Da das eigentliche und fränkisch-schlicht eingerichtete Restaurant im Erdgeschoss eines schönen Hofes vergleichsweise klein ist – im Gegensatz zur im ersten Stock gelegenen „Brunnenstube" mit rund 120 Plätzen –, sollte man in den entscheidenden Monaten mit „r" unbedingt reservieren. Denn sehr viele Mittelfranken sind den Oberles in den letzten Jahren ins Netz gegangen.
  Obwohl die Frische der Fische natürlich ein Alleinstellungsmerkmal der FISCHEREI ist, gibt es auch reichlich Auswahl an Fleischgerichten wie Braten, Steaks und Geschnetzeltes. Um auch davon zu kosten, probierten wir als Vorspeise eine geräucherte Entenbrust mit buntem Linsensalat für 7 €. Es sollte die einzige kleine Enttäuschung des Abends sein. Für den Preis war die Menge mit vier kleinen Scheiben zu wenig und die Zubereitung zu uninspiriert. Dass es die superschnell ausliefernde Küche besser kann, bewies sie mit einem – musste natürlich sein – gebackenen Karpfen mit Kartoffelsalat (für 8 € in der kleinsten von drei Größen). Der Karpfen war fantastisch, der Kartoffelsalat absolut in Ordnung. Auch der gegrillte Saibling (aromatisch mit Kräutern gefüllt) mit Kartoffeln und Salat bleibt in bester Erinnerung (14 €). Wobei der Saibling ebenfalls gebacken und nicht gegrillt wurde. Auf Nachfrage wurde ich informiert, dass das Gerät in der Küche „Grill" heißt; vielleicht war es ein „heißer Tisch" ... Zum Abschluss gab es mauen Espresso und eine „Symphonie" genannte und mit einem Notenschlüssel aus weißer Schokolade verzierte Dessertvariation u. a. mit sehr gutem Apfelstrudel, einer luftigen Panna Cotta, Obstsalat, Eis und Mandelparfait. Für 8,50 € ein Schnäppchen, das zwei Esser mit einem Lächeln zurücklässt. Außerhalb der Karpfensaison locken z. B. Spargelgerichte und der wunderschöne Garten nach Erlangen-Kosbach. Dann ist ein Sitzplatz leichter zu ergattern und auch die liebe Not mit den Parkplätzen geringer. Wir kommen wieder, oder wie die Japaner sagen würden: „Koi, Koi, Koi"!

Gesamtbewertung:

 ·

Nürnberg | **Friends House** : Chinesisch

friendshouse@hotmail.de   www.friends-house.de

Happy Aua

Als es mir vor Jahren gelang, an der Börse aus einem kleinen Vermögen ein sehr, sehr kleines zu machen, galt: „The Trend ist your friend." Ich hätte mich daran halten sollen. Ob es aber ein guter Rat war, dass sich Wei und Ying Zhu, Inhaber des FRIENDS HOUSE, den Zusatz „Chinesische Trendküche" anhängen ließen? Die chinesische Küche war ja nie verdächtig, besonders trendig zu sein ... Zudem ist eben jenes Eigenlob auf der billig wirkenden Außenreklame verewigt, die dem verwegen wirkenden Anbau – einer Mischung aus Wintergarten und Schrebergartenhäusle – die Krone aufsetzt. Doch damit ist mir einiges entgangen, seit das FRIENDS HOUSE vor sechs Jahren eröffnete.

Im Gegensatz zu den flechtenartig verbreiteten „süß-sauer-acht-Schätze-Rezepten", die es auch im FRIENDS HOUSE gibt, hebt sich das kleine Restaurant durch eine „Insiderkarte" ab, die von der scharfen Sechuan-Küche geprägt ist. Entgegen dem abschreckenden Hinweis auf der Karte sind übrigens alle „Insider-Gerichte" ständig verfügbar und müssen nicht vorbestellt werden. Wir probierten daraus eine halbe gegrillte Ente mit Knochen (15 €) und „Shui-Zhu-Niu-Rou" (13,50 €), wie der Name sagt, war es höllisch scharfes Rindfleisch mit dem berühmten Sechuan-Pfeffer und zusätzlich mit Chili-Öl angereichert. Als ein paar Tage später der leicht taube Gaumen wieder grünes Licht gab, waren wir noch untertags da – wenn sich viele Zaboraner von den preiswerten Mittagsgerichten anlocken lassen. Zur knusprigen Ente (7,50 €) gab es vorneweg „umsonst" vier Mini-Rollen mit Gemüse – beides in der o. g. durchschnittlichen Qualität und von den immer sehr freundlichen Bedienungen sehr schnell serviert. Unser Tipp ist also klar: Werden Sie Insider, setzen Sie sich ruhig nach oben in den stimmungsvoller eingerichteten Teil und beweisen Sie Humor, wenn Sie zur „Happy Aua"-Zeit von 20 bis 22 Uhr kommen und Cocktails günstiger angeboten werden.

Friends House
Zerzabelshofer
Hauptstraße
90480 Nürnberg

Herr Zhu Wei

0911 / 4623179

So–Do: 11:30–23:00
Fr–Sa: 11:30–00:00
Küche:
Mo–So: 11:30–22:30
kein Ruhetag

70, Außenplätze: 24

Abends empfohlen

20 € – 45 €

*** ·
*** ·
*** ·
*** ·
* · · ·
** · ·
****

Gesamtbewertung:

Griechisch **Garten Kreta** Nürnberg

www.gartenkreta.com info@garten-kreta.com

„Franz", hiergeblieben!

Garten Kreta
Am Messehaus 20
90489 Nürnberg

Herr Frantziskos
Tsimplostefanakis

0911 / 551464

Mo–So: 17:00–00:00
Küche:
Mo–So: 17:00–23:00
kein Ruhetag

70, Außenplätze: 100

Empfohlen

18 € – 35 €

★★ · ·
★★ · ·
★★★★
★★★ ·
★★ · ·
★★★ ·
★★★ ·

Garten Kreta

Den Garten Kreta gibt es schon viel länger als den Euro. Und so lange gehe ich da auch immer wieder mal hin. Praktisch ist die U-Bahn-Haltestelle direkt vor der Tür, denn mit Parkplätzen ist es schwer in Schoppershof und der Wein fließt dann auch besser. Der Inhaber hat den hinreißenden Namen Franziskos Tsimplostefanakis und reagiert glücklicherweise – zumindest bei mir – auch auf „Franz".

Das Lokal ist groß und an der mit Wischtechnik bemalten Wand ranken sich gemalte Kräuter und Küchengrünzeug. Die Stühle sind typisch kretisch, denn von dort kommt Familie Tsimplostefanakis. Mit dem schönen Effekt, dass hier das eigene Olivenöl verwendet wird, ebenso der eigene „Grappa", und die Weinblätter für die Dolmades stammen vom Onkel des Wirts. Dolmades ist ein gutes Stichwort, denn die Vorspeisen im Garten Kreta, und davon gibt es reichlich, gehören zur Spitzenklasse im Umkreis. Mit etwas Glück ist die Mutter des Wirts in der Küche und kümmert sich selbst darum. Natürlich gibt es im Garten Kreta die ganze Litanei dessen, was man hierzulande unter griechischem Essen versteht: Bifteka, Giros, Souvlaki, Kalamari, Lamm und diverse Fische. In der Regel schmeckt es hier einen Tick besser, als bei den meisten anderen Landsleuten von „Franz". Was man vergebens sucht sind Pommes, dafür gibt es handgeschnittene Kartoffelstücke.

Der Service, nun, da habe ich schon alles erlebt: von schnell und sehr freundlich bis hin zur kretischen Gelassenheit. Wie der Name andeutet, lockt in der verkehrsberuhigten Gegend ein großer Garten, in dem im Sommer halb Schoppershof rumzusitzen scheint. Das Publikum im Garten Kreta ist immer eine gute Mischung. In einem Teil des Gartens ist eine Art Zelt aufgestellt und so können auch die Raucher in der kälteren Jahreszeit draußen sitzen. Allerdings kann es durchaus sein, das demnächst ein Pächterwechsel ansteht – bis zum Redaktionsschluss stand dies aber nicht fest!

Gesamtbewertung:

Nürnberg — **Gasthaus Braun** — Italiensch

Wie heißt Gastlichkeit auf italienisch?

Montagabend, zur Sicherheit haben wir einen Tisch reserviert, denn gut eine halbe Stunde nach unserem Eintreffen waren die meisten Tische besetzt. Man sitzt recht eng hier und hört, was an den Nachbartischen ge- und besprochen wird. Die Gläser für Wasser und Wein, eigentlich sind es Becher, stehen schon auf dem Tisch, was vor 20 Jahren mal schick war und mir nicht gefällt. Auf der Getränkekarten stehen zwei weiße und ein roter Wein. Ich fragte nach, ob es noch weitere gibt. Die Bedienung, die meiner Erinnerung nach den Job auch schon seit 20 Jahren macht, meint lapidar „da hinten stehen die Roten und im Kühlschrank die Weißen, einfach nehmen". Stimmt, ein Blick in ein Regal an der Wand zeigt sieben weitere Sorten, im Kühlschrank am Eingang liegen vier Sorten Weißwein in chaotischer Reihenfolge. Preise hätte ich raten müssen. Auch nicht gerade schön: Das Mineralwasser kommt aus einer PET-Flasche.

Als Vorspeise greifen wir zur Ziegenkäsemousse, die mit Salat serviert wird. Sowie Artischocke-Vinaigrette, die einsam auf meinem Teller liegt nebst ein paar lieblos dazugelegten, nicht mehr ganz frischen Kräutern. „Frugal" beschreibt es richtig. Es gab Risotto Calamari und Ravioli Saccottini, wobei mich die Bezeichnungen verwirrten. Ist doch entweder Ravioli oder Saccottini ...? Aber entscheidend ist, wie es geschmeckt hat. Ganz ehrlich: geht so. Gnädig sah ich darüber hinweg, dass das Risotto nicht cremig war, sondern so halb in einer Art Suppe schwamm. Was auch bei den Nudeln mit ihrer sehr dünnen roten Soße der Fall war. Auf beiden Tellern und in den Gerichten stand ein Schälchen mit Käse – hygienisch ist das sicher nicht. Der Service war reichlich überfordert und König ist der Gast im Gasthaus Braun nicht, eher ein Bittsteller. Meine Nachfrage über die handschriftliche Addition der Rechnung – eine Zahl war so undeutlich geschrieben, dass ich zu einem anderen Ergebnis kam – wurde vom Service dann beim Hinausgehen mit einer Kopf-ab-Geste in meine Richtung kommentiert. Das GASTHAUS BRAUN hat auf Dauer einen Gast verloren.

Gasthaus Braun
Gostenhofer
Hauptstrasse 58
90443 Nürnberg

Frau Brigitte Braun

0911 / 284876

Mo: 19:00–00:00
Do–So: 19:00–00:00
Küche:
Mo: 19:00–23:00
Do–So: 19:00–23:00
Di, Mi Ruhetag

30

Immer nötig

18 € – 30 €

⚖ ★★★·
👤 ★···
☕ ★★··
🍴 ★★··
🍷 ★···
🍸 ★···
🥛 ★···

Gesamtbewertung:

Thailändisch | **Ginger Lounge** | Nürnberg

www.ginger-sushi-restaurant-nuernberg.de   diemcao08@googlemail.com

Frauen-Rabatt, süß-sauer

Ginger Lounge
Klaragasse 9
90402 Nürnberg

Herr Diem Cao

0911 / 3785571

Mo–Do: 12:00–23:00
Fr–Sa: 12:00–01:00
Küche:
Mo–Do: 12:00–23:00
Fr–Sa: 12:00–23:00
So Ruhetag

60, Nebenräume: 30,
Außenplätze: 20

Empfohlen

15 € – 25 €

⚖ ★★★ ·
👤 ★★★ ·
☕ ★★★ ·
🌶 ★★★ ·
🍸 ★ · · ·
🍷 ★★ · ·
🥃 ★★ · ·

Seit nicht allzu langer Zeit hat die GINGER LOUNGE ihre Türen geöffnet, mit ein paar Tischen auf dem Gehsteig und innen auf zwei Stockwerken verteilt. Wobei das Erdgeschoß mehr die „Lounge" repräsentieren soll, das eigentliche Restaurant ist im ersten Stock. Wer draußen sitzen möchte, soll sich nicht mit dem Gehsteig aufhalten, sondern den ersten Stock erklimmen. Dort ist die ruhige Innenhof-Terrasse.

Das Küchenkonzept scheint mir etwas zu ausufernd: Chinesisch (zumindest das, was man bei uns dafür hält), Thailändisch, Vietnamesisch und Japanisch. Die große Asia-Rundreise – ich denke, dies war früher gefragter als es heute ist. Egal, wir entscheiden uns für Thai-Ente mit Ingwer und Thaibasilikum und Gemüse in gelber Curry-Soße. Neben manchen Gerichten sind eine oder zwei kleine rote Chili abgedruckt. Ein dezenter Hinweis darauf, dass hier mit Wärmegefühl im Mund zu rechnen ist. Meine Ente wurde mit einer Chili gekennzeichnet, die ich nicht als scharf empfunden habe. Eine Nachspeise haben wir uns auch gegönnt, denn wer macht sich schon zu Hause Grüntee-Eis?

Alles hat ordentlich geschmeckt und, obwohl die Speisen frisch zubereitet waren, war die Wartezeit erstaunlich kurz. Unser junger, akzentfrei sprechender Kellner gab sich alle Mühe. Aber ein großer Freund der GINGER LOUNGE werde ich nicht werden, denn mir fehlt der individuelle Charakter. Aber vielleicht Sie und dafür folgende Hinweise: Für die Mittagshungrigen wird eine Auswahl der Gerichte günstiger angeboten. Am Dienstag sind Gerichte mit Ente und Mittwochs mit Garnelen günstiger. Bei unserem Besuch gab es weitere, sehr lustige Aktionen zur Kundengewinnung: Am Montag erhalten Studenten Rabatt und am Donnerstag Frauen … Wo bleibt da die Unisex-Garnele?

Gesamtbewertung:

Nürnberg | **Goldener Stern / spoon** | Fränkisch / Bürgerlich

info@goldenerstern-nuernberg.de   www.goldenerstern-nuernberg.de.de

Goldener Löffel?

Vielleicht kennt der eine oder andere Gerhard Rippel noch aus seiner Zeit im SPOON. Als er den traditionsreichen GOLDENEN STERN vor ein paar Jahren wieder zu neuem Leben erweckte, hängte er den alten Namen einfach an: Warum nicht gleich GOLDENER LÖFFEL, wäre doch mal was …? In jedem Fall macht Herr Rippel seine Sache gut, wie uns einige Besuche zeigten. Er schenkt als Bier den hier selten erhältlichen „Augustiner Edelstoff" aus, hat eine umfangreiche und fair kalkulierte Weinkarte, glänzt mit vielen saisonalen Gerichten und einer wunderschönen Atmosphäre innen und außen.

Obwohl das frei stehende Haus schon viele Jahrhunderte auf dem Buckel hat, ist es innen trotz der relativ kleinen Fenster freundlich. Helle Hölzer, viele dezent leuchtende Lampen an den Wänden und der Decke machen die beiden Galerieräume – ein großes Nebenzimmer ist noch im ersten Stock – zu einladenden Orten. Der oft verwendete Franken-Kitsch hat hier Hausverbot. Die Bedienungen sind fix und freundlich. Ein bisschen muss ich die Stirn runzeln, als der „Caesars Salad" kam. Er bestand aus verschiedenen Blattsalaten und nicht, wie das Originalrezept, ausschließlich aus Römer-Salat. Die Vinaigrette war gut, auch wenn ich die Variante mit Sardellenfilets bevorzuge. Das war es aber schon mit Ungereimtheiten. Der ebenfalls als Vorspeise probierte Tatar vom Angusrind war tadellos. Als Hauptgericht gönnten wir uns ein knuspriges „Backhendl" mit sehr gutem Kartoffelsalat, sowie ein leckeres Wiener Schnitzel. Das letzteres mit 16,90 € bepreist ist, sehe ich gerne, denn in einigen anderen Restaurants auf diesem Niveau wird gerne auch mal die 20 €-Marke gerissen. Empfehlen möchte ich auch noch die Bauern-Ente mit Kloß und Blaukraut. Die Nachspeisen könnten nach meinem Geschmack kreativer sein – aber was will man machen, wenn sich die meisten Gästen doch wieder für die hausgemachten Apfelküchle, die über jeden Zweifel erhaben sind, entscheiden.

Jetzt hoffen wir mal, dass mit Vollblut-Gastronom Gerhard Rippel wieder Konstanz und Beständigkeit in den GOLDENEN STERN eingezogen ist. Schließlich gab es in den letzten zwei Jahrzehnten einige „Unfälle" – nicht nur mit der Straßenbahnlinie 8, die gerne mal beim Abbiegen aneckt.

Goldener Stern / spoon
Erlenstegenstraße 95
90491 Nürnberg

Herr Gerhard Rippel

0911 / 5889815

Mo: 17:30–23:00
Do–Sa: 17:30–23:00
Küche:
Mo: 17:30–22:00
Do–Sa: 17:30–22:00
Di, Mi Ruhetag

60, Nebenräume:
120, Außenplätze: 100

Abends empfohlen

€ 25 € – 50 €

★★★ ·
★★★ ·
★★★ ·
★★★★
★★★ ·
★★★★
★★★ ·

Gesamtbewertung:

Fränkisch / Bürgerlich **Goldener Stern** Schwabach

www.trutschel-goldstern.de   trutschel.goldstern@t-online.de

Goldgräberstimmung

Goldener Stern
Königsplatz 12
91126 Schwabach

Herr Dieter Trutschel

09122 / 2335

Mo–So: 10:30–00:00
Küche:
Mo–So: 11:00–22:30
kein Ruhetag

50, Nebenräume: 30,
Außenplätze: 40 / 30

Abends & am Wochenende empfohlen

20 € – 50 €

★★★ ·
★★ · ·
★★★ ·
★★★ ·
★★ · ·
★★ · ·
★★ · ·

Der GOLDENE STERN in Schwabach ist sehr umtriebig. Die Kinder von Küchenmeister Dieter Trutschel eröffneten vor drei Jahren im gleichen Haus ihre Bar STERN LOUNGE (geöffnet von Donnerstag bis Samstag ab 20 Uhr), die über einen sehenswerten Innenhofgarten verfügt und innen hell und freundlich eingerichtet. Herr Trutschel hingegen scheint in den letzten Jahren vermehrt in Goldgräberstimmung zu sein, spielt er doch kulinarisch die ganze Klaviatur von Schwabachs Vergangenheit als Stadt der Goldschläger. Warum auch nicht ein „Goldschläger-Menü", eingenommen im „Goldschlägerzimmer" mit ein paar wenigen Exponaten zu eben jenen historischen Wurzeln.

Zuerst war ich verwundert, als zum „goldigen Menü" eine Kürbissuppe kommt. Nicht wegen den darauf dekorierten, hauchdünnen Scheiben Blattgold, sondern weil die Karte eine Wildbouillon als Vorspeise ankündigte. Die Bedienung, im Laufe des Abends hatten wir drei verschiedene und unterschiedlich freundliche, war gleich wieder weg, also probierte ich erst einmal. Richtig gut – kann man auslöffeln ... Als Hauptgang folgte eine Barbarie-Entenbrust mit Himbeeressig-Jus, Gemüse (Zucchini, Brokkoli und Karotten) und Kartoffelgratin, das mir zu viel Sahne enthielt. Wieder wunderte ich mich ein wenig, denn das Gericht war nicht richtig heiß – vielleicht musste es auf das Tagesgericht meiner Begleitung warten. Diese nahm eine halbe Ente mit leckeren Klößen und schön aromatischem Zimt-Rotkohl und stellte sich als gute Wahl heraus, wie auch die hausgemachten Apfelküchle. Mir hingegen waren die das Menü abschließende Zwetschgenknödel mit brauner Butter und Zimtzucker dann wieder zu trocken.

Die Preisgestaltung ist fair! In der Karte finden sich noch viele kleine Gerichte, Steak-Spezialitäten und Gerichte für Kinder. Mir persönlich waren die qualitativen Schwankungen der Küche eine Spur zu groß und die Einrichtung der historischen Gastzimmer zu überdekoriert. Aber das ist ja, wie so vieles Geschmackssache! Um den stets gut gefüllten GOLDENEN STERN muss man sich zumindest keine Sorgen machen und die junge Generation steht mit innovativen Ideen bereits in den Startlöchern.

Gesamtbewertung:

🍲🍲 · ·

Nürnberg | **Goldenes Posthorn** | Fränkisch / Bürgerlich

info@goldenes-posthorn.de   www.goldenes-posthorn.de

Ein Herz für „Züngerl"

Das BRATWURSTHÄUSLE ist das BRATWURSTHÄUSLE ist das BRATWURSTHÄUSLE ... Aber da der „König der Nürnberger" Werner Behringer nur einen Bratwurstwurf entfernt das GOLDENE POSTHORN wiederbelebte, ist die älteste Weinstube Deutschlands eine sehr empfehlenswerte Alternative. Logisch, dass es hier die original „Behringer-Würste" gibt, die ebenfalls am Buchenholz-Grill, wie man besonders im Erdgeschoss riechen kann, gegrillt werden. Albrecht Dürer, Hans Sachs und Richard Wagner waren hier schon Stammgäste – und ich könnte es auch werden.

Die verschieden großen Stuben auf dem in zwei Etagen gelegenen Restaurant wurden geschmackvoll renoviert und auf eine angenehme Art dekoriert. Viel ist zu entdecken, aber es ist nicht überladen. Auf den Holztischen stehen schon mal Brezen und so werfen wir mal einen Blick in die erstaunlich umfangreiche Speisenkarte. Es gibt, um nur einige zu nennen, selten gewordene Innereien wie „Züngerl", Herz und Ochsenbäckchen, „Knöchle" (Eisbein) und einige Gerichte für Kinder – neben den Klassikern der Bratwürstküche natürlich. Die Preisgestaltung ist innenstadtuntypisch oder Werner Behringer kalkuliert anders als der Wettbewerb: Ein Schäufele z.B. bleibt unter 10 € und das Schnitzel „Wiener Art" aus der Pfanne und mit sehr gutem Kartoffel-Gurken-Salat schlägt mit 8,30 € zu Buche.

Der freundliche Service ist flink unterwegs und heute nehme ich mal oben erwähntes Schäufele. Es ist zwar nicht das beste meines Lebens, aber durchaus ein gustatorisches Vergnügen. Zum Dessert passt noch ein empfehlenswerter Apfelstrudel mit Lebkuchen-Eis rein. Ich nehme mir fest vor, das GOLDENE POSTHORN auf meine Erinnerungsliste guter Restaurants mit fränkischer Küche zu angemessenen Preisen oben zu platzieren. Dies gilt ganz besonders in den Sommermonaten, wenn der Blick von der schön bestuhlten Terrasse auf St. Sebald fällt und sich Postkartenidylle einstellt.

Goldenes Posthorn
Glöckleinsgasse 2
90403 Nürnberg

Herr Werner Behringer

0911 / 225153

Mo–So: 11:00–23:00
Küche:
Mo–So: 11:00–22:00
kein Ruhetag

130, Nebenräume: 8 / 30, Außenplätze: 50

Für Gruppen empfohlen, für die Terrasse nötig

18 € – 35 €

 ★★★·
 ★★★·
 ★★★·
 ★★★★
 ★★··
 ★★★★
 ★★★·

Gesamtbewertung:

Chinesisch **Gourmet Tempel** Nürnberg

www.gourmet-tempel-nuernberg.de   info@gourmet-tempel-nuernberg.de

China, ganz nah

Gourmet Tempel
Frauentorgraben 39
90402 Nürnberg

Herr Duong A-Ban

0911 / 9288982

Mo–So: 11:30–00:00
Küche:
Mo–So: 11:30–23:00
kein Ruhetag

100, Nebenräume: 20

Abends empfohlen

15 € – 25 €

★★★·
★★★·
★★★·
★★★·
★★··
★★··
★★··

Den GOURMET-TEMPEL kennen wohl viele vom Vorbeifahren. Fast in der Mitte zwischen Plärrer und Hauptbahnhof gelegen, ist er dank der großen Glasfront nicht zu übersehen. Beim Betreten fällt mir gleich am Eingang ein kleiner Tempel mit Räucherstäbchen auf. Man hat sich große Mühe gegeben, dass das Lokal so aussieht, wie sich „Lieschen Müller" wohl ein chinesisches Lokal vorstellt. Da gibt es chinesische Schriftzeichen an einer Spiegelsäule (sicher gut fürs Feng-Shui), die hölzerne Decke ist mit goldenen Drachen verziert und über dem Tresen hängt eine Art Dach aus chinesischen Ziegeln, wie sie auf Tempeln zu sehen sind. Üppige Stühle mit Ornamenten in der Lehne stehen vor einigen runden Tischen mit Drehplatte in der Mitte – billig war das alles sicher nicht. Allerdings verblasst dies nach der ersten Schrecksekunde, denn dann muss man auf das Aquarium blicken. Es nimmt auf der einen Seite die ganze Länge des Raumes ein! Wenn Sie mit ihrer Begleitung reden wollen, setzen sie sich weit weg und mit dem Rücken zu dem Becken. Sollten Sie schon seit 30 Jahre ein Paar sein, dann genau davor ...

Die Speisenkarte ist so ein Monster mit unzähligen Gerichten. Zudem gibt es als Menü drei verschiedene Reistafeln ab 2 Personen. Ab vier Personen gibt es eine Pekingente, die natürlich einen Tag vorbestellt werden muss. Wir entscheiden uns für eine Dim-Sum-Platte als Vorspeise; Teigtäschchen mit Shrimps, Hack in Wan-Tans, Frühlingsrolle und noch etwas Kurzgebratenes. Serviert wird in Dämpferkörben auf einem Bananenblatt. Die folgende Kunpo-Ente kommt auf einem Rechaud und in einer gusseisernen Form und erhält den letzten Schliff am Tisch: flambiert. Sie wird als pikant in der Karte beschrieben, war jedoch mild. Alles ist recht gut – genauso, wie man es sich bei einem Chinesen vorstellt. Ein bisschen Glibber in der Soße, allerlei Gemüse, große Portionen, lächelnde Kellner. Erstaunlich ist die relativ große Auswahl an Weinen. Vielleicht ist dies der Grund, dass das Restaurant GOURMET TEMPEL heißt – andere Gründe waren uns nicht ersichtlich.

Gesamtbewertung:

Nürnberg | **Graf Moltke** : Griechisch

Kannst du rutschen?
Kommen noch ein paar!

Die Überschrift ist ein Satz des GRAF MOLTKE-Wirts und geht mir nicht mehr aus dem Kopf. Vor 27 Jahren hat er ihn zu anderen Gäste gesagt, als ich zum ersten Mal mit ein paar Freunden im MOLTKE war. Nun, mein letzter Besuch ist gut und gerne fünf Jahre her, und noch immer scheiden sich beim MOLTKE die Geister. Fakt ist, den GRAF MOLTKE gibt es seit annähernd 30 Jahren und dies muss einem Gastronomen erst einmal gelingen. Zudem ist der einstige „Alternativ-Grieche" nach wie vor sehr gut besucht. Außer dass mal an der Einrichtung gebastelt wurde und das Lokal etwas heller und freundlicher wurde, hat sich seitdem nichts verändert.

Was gibt's im MOLTKE zu essen? Griechisch rauf und runter, also genau so, wie man es sich vor 30 Jahren vorgestellt hat. Der Service ist, sagen wir rustikal, und je nach Kellner auch schon mal einsilbig. Ich würde sagen: Der Grieche hat sich gut in Franken integriert! Nachdem wir die Speisekarte erhielten, gab es gleich den obligatorischen Ouzo aufs Haus. Die Karte ist umfangreich: Vorspeisen, Kalamaris, Gyros, Souflaki, Köfte, Fisch und diverse gemischte Platten. Meine Auberginencreme vorneweg war durchaus lecker. Kurz darauf kam ein gemischter Teller mit diversem Fleisch, Reis und Pommes Frites sowie Salat dazu. Es war bei diesem Besuch wirklich gut, selbst das Gyros war nicht vertrocknet, wie man es öfter mal bekommt, sondern saftig. Ebenso die Kalamaris, kross und genau richtig. Das Tsatsiki hatte „Biss". Die Pommes waren, wie zu erwarten, aus dem Tiefkühlregal. Der Service agierte zügig: kein Grund zur Beanstandung.

Irgendwie war der Besuch im MOLTKE eine Art Zeitreise. Ich erinnerte mich an meine Kindheit und wie wir genau so in Griechenland essen waren. Beim MOLTKE kommt hinzu, dass die Größe der Portionen immer eine Herausforderung ist und wohl niemand hungrig nach Hause geht, im Gegenteil. Wer das (auch) mag, ist hier gut aufgehoben und rutscht auch mal zur Seite.

Graf Moltke
Hochstrasse 27
90429 Nürnberg

Herr Anastasiou Fotini

0911 / 265555

Mo-So: 11:00–01:00
Küche:
Mo-So: 11:00–00:00
kein Ruhetag

50, Außenplätze: 8

Empfohlen

15 € – 25 €

★★★·
★★··
★★··
★★★·
★★··
★★··
★★··

Graf Moltke

Gesamtbewertung:

Fränkisch / Bürgerlich | **Grauer Wolf** | Erlangen

www.grauer-wolf.de   hotel@grauer-wolf.de

Mit den Wölfen heulen

Grauer Wolf
Hauptstraße 80
91054 Erlangen

Kathrin und Robert Langhammer"

09131 / 810646

Mo: 11:30–14:00, 18:00–22:00
Mi–Sa: 11:30–14:00, 18:00–22:00
Küche:
Mo: 11:30–14:00, 18:00–21:30
Mi–Sa: 11:30–14:00, 18:00–21:30
Di Ruhetag

40, Nebenräume: 18

Abends empfohlen

25 € – 60 €

** · ·
*** ·
*** ·
*** ·
** · ·
** · ·
*** ·

Die Wurzeln des GRAUEN WOLF reichen bis anno 1773 zurück. In früheren Ausgaben des „Bissig-Almanach", und das ist ja bekanntlich auch schon wieder eine Weile her, lobten wir das damals noch KALEIDOSKOP genannte Restaurant im Hotel GRAUER WOLF in den höchsten Tönen. Heute können wir es nicht mehr recht empfehlen.

Im Sommer 2012 wurde das kleine Lokal im Erdgeschoss in zentraler Lage in Erlangen kräftig renoviert. Es ist modern und sehr hell, sowie funktional eingerichtet. Für mich hat es an Charakter verloren und erinnert mich mehr an den Frühstücksraum eines anspruchsvollen Hotels, denn an ein Restaurant, das nach höheren Weihen strebt, wie es der „Gruß aus der Küche", ein Stück geräuchertes Forellenfilet mit Sahnemeerrettich, belegt. Die Speisekarte ist vergleichsweise klein, was mich jedoch nicht stört. Als Vorspeise kommt ein „Zwetschgenbammes" auf den Tisch. Das geräucherte Rinderfilet an Apfel-Walnuss und Salat ist mir zu dick geschnitten und zu arm an Aromen. Wir nehmen weiterhin „Kraut & Rüben" genannte Steinpilznudeln mit Gemüse, sowie ein Rump steak mit Bratkartoffeln zu uns und notieren, alles ganz okay, aber nichts, was wir uns ein zweites Mal bestellen würden. Zum Schluss gibt es noch „Schokolade & Orange", was Schokoladenküchle mit flüssiger, warmer Schokolade als Kern plus „Winterorange" ist. Auch für das Dessert gilt der Kommentar wie zu den Hauptgerichten. Erschwerend hinzu kommt, dass die Weinkarte sehr dünn ausgefallen ist, was noch höflich formuliert ist.

Die an unserem Abend verantwortliche Service-Kraft ist noch in der Ausbildung, macht ihre Sache aber sehr gut. Ihre jugendliche Frische und Leidenschaft für ihre Tätigkeit würde ich mir auch von der Küche wünschen.

Gesamtbewertung:

Fürth | **Gasthof Grüner Baum** | Fränkisch / Bürgerlich

info@gruenerbaum-fuerth.de   www.gruenerbaum-fuerth.de

Latente Talente

Der GRÜNE BAUM, den Heidi Sänger vor gut 25 Jahren über Fürth hinaus bekannt machte und schon 380 Jahre auf dem Buckel hat, zählt sicher zu den stimmungsvollsten Lokalen der Kleeblatt-Stadt. Sofern man unter Stimmung ein etwas rustikaleres Vergnügen zählt. Der Gastraum mit einem kleinen Deko-Baum in der Mitte ist mit dunklen Hölzern vertäfelt, die Tische sind aus hellem Holz und die Holzstühle wiederum dunkel mit ausgeschnittenem Herz in der Lehne. Da der GRÜNE BAUM augenscheinlich vielen gefällt, ist es meist gut voll und entsprechend laut. Die Gespräche übertönen zum Glück auch einen musikalisch komplett talentfreien Trupp, die um ein paar Euro aufspielen und schnell wieder weiter ziehen. Mir fallen noch helle Gardinen auf, eine Wanduhr wie bei Oma und Opa, schmucke Deckenleuchter und die historische Ansicht von Fürth im Breitwandformat. Außerdem gibt es noch verschieden große Nebenzimmer und einen großen Saal für bis zu 240 Gäste, in dem auch die Hausband z. B. beim Starkbierfest auftritt. Außerdem gibt es die Veranstaltungsreihe „Latente Talente", was man zumindest von unserer Bedienung nicht sagen kann, denn diese ist trotz „voller Hütte" schnell und nach fränkischen Kriterien durchaus freundlich.

Mit den probierten Speisen waren wir jedoch nicht ganz glücklich zu machen. Die Kürbiscremesuppe war nicht cremig, sondern von der Konsistenz eher fester, fast so wie eine fränkische Kartoffelsuppe. Außerdem schmeckte sie nach Heu, was mich ratlos hinterließ. Als Hauptspeise wählten wir einen gebackenen Pfefferkarpfen mit Kartoffelsalat. Der Karpfen hätte ruhig stärker gewürzt sein dürfen, der Kartoffelsalat mit Mayonnaise zubereitet, letzteres ist natürlich Geschmackssache! Außerdem kam ein „Frauen-Schäufele" auf den Tisch, also eine kleinere Portion, die immer noch groß genug ausfiel und mit 7,50 € preislich in Ordnung ist. Das Fleisch jedoch hätte zarter sein dürfen und auch hier hätte ich gern mehr Gewürze rausgeschmeckt. Der Kloß war mehr mehlig denn fest. Wir hatten außerdem vegetarische Röstkloßscheiben mit Maronenpilzrahmsoße, die meine Begleitung abnickte. Die Nachspeise, eine „Bayerische Creme mit Waldbeeren", war ebenfalls fluffiger als fest, aber geschmacklich sehr gut. Insgesamt zu wenig, um Nürnberger nach Fürth zu lotsen. Aber für Fürther sicher eine interessante Adresse, besonders im Sommer, wenn außen und im Innenhof die Sonne lockt.

Gasthof Grüner Baum
Gustavstraße 34
90762 Fürth

Herr Michael Barth

0911 / 770554

Mo-Do: 11:30–14:00, 17:00–01:00
Fr-So: 11:30–01:00
Küche:
Mo-Do: 11:30–14:00, 17:00–23:00
Fr-So: 11:30–23:00
kein Ruhetag

45, Nebenräume: 240 / 90 / 50 / 20

Abends empfohlen

20 € – 50 €

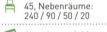 ★★★·
 ★★★·
 ★★★·
 ★★★★
 ★★··
 ★★··
 ★★★·

Gesamtbewertung:

67

Fränkisch / Bürgerlich · **Gasthof Grüner Baum** · Nürnberg

www.gasthof-bloedel.de   info@gasthof-bloedel.de

Von Doldis, Grampfbolln & Diddlasbadschern

Gasthof Grüner Baum
Venatoriusstraße 7
90455 Nürnberg

Herr Werner Blödel

09129 / 5060

Di–So: 08:00–00:00
Küche:
Di–So: 08:00–21:00
Mo Ruhetag

50 / 60, Nebenräume: 30 / 40, Außenplätze: 200

Abends empfohlen

18 € – 30 €

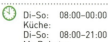 ★★★★
 ★★★ ·
 ★★ · ·
 ★★★★
 ★★ · ·
 ★★ · ·
 ★★★ ·

Gesamtbewertung:

Nein, die Überschrift soll keine Anspielung auf den Namen der Inhaberfamilie Blödel sein – vielmehr geht es im Gasthof GRÜNER BAUM im südlichsten Teil Nürnbergs zuweilen recht zünftig-rustikal zu und da kann man schon mal mit Hans Sachs sprechen. Dies gilt besonders donnerstags, wenn es Schlachtschüssel gibt, oder zur Kärwazeit, wenn sich an die 1000 Kornburger Burschen und Mädels in dem für 200 Personen angelegten Garten sehr nahekommen. Der mit hellen Hölzern etwas bieder eingerichtete BLÖDEL jedenfalls – kein Mensch aus der Gegend spricht vom GRÜNEN BAUM – ist ein Ort, wo ein wenig die Zeit stehen geblieben ist, und dies ist gut so – nicht nur, wenn, wie man heute sagt, am Ende des Tages die Rechnung zu zahlen ist.

Also, den Vorgänger vom Blödel scheint es seit 1555 zu geben – nur gegen Wallensteins Truppen hat er 1632 aufgegeben ...   Ulrich Blödel kam erst 1913 ins Spiel und er brachte eine Metzgerei mit, die es heute noch rechter Hand gibt. Na dann, feiern wir mal 2013 das 100-jährige Blödel-Jubiläum – dafür gibt es viele gute Gründe. Zum Beispiel einen wirklich guten Sauerbraten mit zwei wunderbaren und offensichtlich handgerollten Kartoffelklößen und Preiselbeeren für 9 €, oder Schweinelendchen mit pikanter Pfefferrahmsoße und ebenfalls handgeschabten Rösti für 11,80 €, oder das Furcht einflößend große Schäufele ab 8,80 €. Fisch gibt es übrigens auch. Als Vorspeise hatten wir z.B. ein „Carpaccio vom Räucherlachs" (5,80 €), und da merkt man, dass sogar das BLÖDELS manchmal ein wenig spinnt, denn dies war kein Carpaccio, sondern einfach vier ordentlich dicke Scheiben vom Räucherlachs. Die süße Senfsoße obendrauf war fein, wie auch der Räucherlachs an sich. Dass dazu vier verloren wirkende Toastecken serviert wurden, erinnerte mich an allererste Testerfahrungen Mitte der 80er-Jahre in Berufsschul-Bistros, wie auch die dunkle, überaus feste Schokoladenmousse zum Dessert altmodisch, aber gut war!

Ein Tipp ist noch die jüngste Blödel-Generation: Schräg gegenüber ist die Bar s'BLÖDELS, die wir im Anhang unter unseren Bar-Empfehlungen beschreiben.

IHR GARTEN

...in guten Händen:
- Neu- und Umgestaltung Ihres Gartens
- Garten- und Rasenberatung
- Fachgerechte Teichpflege
- Automatische Bewässerung
- Obstbaum-, Strauch- und Heckenschnitt mit Schnittgutabfuhr
- Pflanz- und Pflegearbeiten, Pflanzenschutz
- Terrassenbeläge, Pflasterarbeiten, Trockenmauern und Zäune
- Pflanzen und Torf-freie Erden aus eigener Produktion
- Kübelpflanzen-Überwinterung

Früchte & Pflanzen **Tomaten** aus eigener Aufzucht auch alter Sorten.

Ihr Experte für Garten & Landschaft

HOLZMANN GARTEN KULTUR

Garten- und Landschaftsbau · Fachbetrieb für Pflanzen & Gartenbedarf
Steinbach 53 · 91077 Kleinsendelbach · Tel. (0 91 26) 27 90-20 · Fax 27 90-22 · www.holzmann-galabau.de

IT-einfach – einfach sicher

Im Mittelpunkt das perfekte Zusammenspiel von Mensch und Technik:
Seit über **25 Jahren** ist die **MCM** der Ansprechpartner in Nürnberg für **IT-Lösungen** für Unternehmen jeder Größe und in allen Bereichen. Wir übernehmen für Sie als Dienstleister zu fest budgetierten Kosten die Pflege ihrer **gesamten IT-Infrastruktur** von der Schwachstellenanalyse bis hin zum Online-Backup. Dabei ist die **Sicherheit Ihrer IT** unser Heimspiel – vom Konzept bis zur laufenden Kontrolle.

Danke für Ihre Aufmerksamkeit!

MCM MicroComputerManaging GmbH
Ludwig-Feuerbach-Straße 69, 90489 Nürnberg
Tel.: 09 11/94 67 90, www.mcm.de

MICRO COMPUTER MANAGING

Fränkisch / Bürgerlich | **Gustavson** | Fürth

www.gustavson-fuerth.de   info@gustavson-fuerth.de

Gusto-vson

Gustavson
Gustavstraße 15
90762 Fürth

Herr Michael Tillmann

0911 / 97957154

Di–Sa: 17:00–00:00
So: 09:00–00:00
Küche:
Di–Sa: 17:30–22:30
So: 09:00–00:00
Mo Ruhetag

120, Außenplätze: 64

Erbeten

25 € – 50 €

★★★ ·
★★★ ·
★★★ ·
★★★ ·
★★ · ·
★★★ ·
★★★ ·

Die Promilledichte der Gustavstraße dürfte die höchste Konzentration in Mittelfranken aufweisen – Kneipe an Kneipe, Restaurant an Restaurant, ist die Straße reich an kulinarischen Verführungen gesegnet. Als hochwertigstes Angebot der Gustavstraße blieb mir das GUSTAVSON in Erinnerung. Hinweis: Erst im Herbst 2012 wurde das Restaurant-Konzept umgestellt und die ersten Schritte konnten wir noch mitgehen.

Früher gab es, ohne räumliche Trennung, zwei Karten: eine mit Bistroküche und eine für gehobene Ansprüche. Nun fand das Restaurant seinen Platz im hinteren Teil nach der Theke, stimmungsvoll eingerahmt von Bücher-Weinregalen. Überhaupt die Stimmung. Das GUSTAVSON ist in jedem Fall ein „Wohlfühl-Ort". Die alten Wände aus Sandstein, der dunkle Holzdielenboden, helle Holztische, die modernen Lampen und vieles andere mehr – alles mit Geschmack ausgewählt und stimmungsvoll arrangiert, zumindest nach meinem Gusto. Dem Koch kann man übrigens bei der Arbeit beobachten, was ich immer interessant finde. Er ist beim Weg auf die Toilette, aber ausreichend davor, nicht zu übersehen.

Als Vorspeise werden u. a. verschiedene hausgemachte Brotaufstriche angeboten und wir nahmen Tomatenfrischkäse, sowie eine sehr gute Kürbissuppe. Der Zander hatte ein paar Momente zu viel auf der Uhr des Kochs und war eine Spur zu trocken, Kartoffelpüree war ordentlich. Die außerdem getestete Barbarie-Entenbrust schmeckte wunderbar. Dazu Himbeer-Jus, prima, und Rösti, die ganz gut waren, aber aufgewärmt schmeckten. Ganz versöhnlich fiel die Panna Cotta mit Beeren und zerbröseltem Spekulatius, ein Hammer war der leckere Espresso. Alles in allem würden wir für die Küche derzeit zwei von unseren vier Punkten vergeben, für Atmosphäre und Service gerne vier von vier. Also ausnahmsweise eine Gesamtnote mit drei von vier für das schmucke GUSTAVSON.

Gesamtbewertung:

70

Nürnberg | **Gutmann** | Fränkisch / Bürgerlich

info@gutmann-am-dutzendteich.de   www.gutmann-am-dutzendteich.de

Nicht wirklich gut, Mann

Die Umgebung des WANNER mit Blick auf den Dutzendteich und auf das Doku-Zentrum, ist einer der schönsten Plätze Nürnbergs. Pardon, gemeint ist natürlich das GUTMANN, aber ich sage noch immer WANNER dazu. In jedem Fall ist der Familie Gutmann ihr Engagement im Jahr 2007 hoch anzurechnen, als sie das vom Abriss bedrohte Haus übernahmen und wieder zurück in die Spur brachten. Es gibt viele reizvolle Veranstaltungen hier und am tollsten ist natürlich der große Garten mit loungigem „Strand-Bereich", Biergarten und von Bedienungen umhegter Terrasse. Die Liebe zum Detail zeigt sich z.B. bei Lesebrillen zum Ausleihen – an der großen Speisen- und Getränkekarte hat man auch lange zum Lesen. Innen ist das Lokal eher modern-fränkisch-schlicht eingerichtet – das Gegenteil von romantisch. Mir gefällt das GUTMANN in seiner etwas nüchternen Art mit den viel verwendeten hellen Hölzern durchaus.

Da ich nicht weit vom GUTMANN wohne und arbeite, findet man mich dort oft. Meine Erfahrung: Je schöner der Biergarten-Tag, desto weniger klappt alles und desto weniger sorgfältig fällt die Zubereitung in der Küche aus. Zwischen Herbst und Frühjahr, wenn weitaus weniger los ist, kann man sich auf die auf hohe Kapazitäten ausgelegte Küche verlassen. Nur, am schönsten ist es im GUTMANN nun mal an sonnigen Tagen.

Ein Beispiel: Für das Buch wollte ich mir ein komplettes Menü auf der Terrasse gönnen. Die Wartezeit auf die Vorspeise wurde länger und länger, die Bedienung agierte zunehmend gestresster auf höfliche Nachfragen, und dann kam schon – die Hauptspeise. Aus der „Auf der Haut gebratenen Rosmarin-Makrele" aus der Saisonkarte wurde es also leider nichts. Also gleich ran an das „Braumeister-Gulasch vom Rind mit Semmeltalern". Ich notierte mir dazu: „geschmacklicher Durchschnitt, Semmeltaler etwas zu fest, Soße zu dick gebunden". Mein Begleiter wählte ein gebackenes Seelachsfilet mit Kartoffelsalat und einer „hausgemachten Senf-Bier-Remoulade". Der Preis von 7,80 € war erfreulich, der Geschmack eher gehobenes Kantinenniveau. Ein anderes Mal, abends im Restaurant, probierte ich einen Rehbraten mit Cassis-Sauce und Dörrobstnockerl, der meine o. g. Theorie unterstrich. Ich werde weiterhin im GUTMANN zu Gast sein – jedoch eher im Biergarten bei Breze und Bier.

Gutmann
Bayernstraße 150
90478 Nürnberg

Herr Hermann Hüttinger

0911 / 988187710

Mo–So: 10:00–00:00
Küche:
Mo–So: 11:00–14:30,
17:00–22:00
kein Ruhetag

200, Nebenräume: 100 / 190, Außenplätze: 120 / 500

Für größere Gruppen erwünscht, für die Terrasse empfohlen

20 € – 50 €

⚖ ✶✶··
👨‍🍳 ✶✶··
🍲 ✶✶✶·
🍔 ✶✶✶✶
🍷 ✶✶··
🍷 ✶✶··
🥃 ✶✶✶✶

Gesamtbewertung:

Griechisch **Hallerschloß**   Nürnberg

hallerschloss.com   nikos@hallerschloss.com

Imposante Erscheinung

Hallerschloß
Herbartstraße 71
90461 Nürnberg

Herr Nikos Maniadakis

0911 / 492671

Mo–Fr: 11:00–15:00,
         17:00–01:00
Sa–So: 11:00–01:00
Küche:
Mo–Fr: 11:00–14:30,
         17:00–00:00
Sa–So: 11:00–00:00
kein Ruhetag

60, Außenplätze: 40

Am Wochenende empfohlen

20 € – 45 €

★★★ ·
★★★ ·
★★★ ·
★★★★
★★ · ·
★★★ ·
★★★ ·

Schon 33 Jahre alt ist das HALLERSCHLOSS von Herrn Maniadakis, den alle beim Vornamen Nikos nennen. Nikos ist eine imposante Erscheinung, der Gegenentwurf zu einer asketischen Mittelmeer-Diät, umwerfend jung aussehend und ein angenehm höflicher Gastgeber. Unglaublich gefreut habe ich mich, als ich in seiner Speisenkarte die Empfehlung unseres „Bissig-Almanach" aus dem Jahr 1990 für sein HALLERSCHLOSS entdecke – und ich möchte diesen Tipp erneuern.

Als Kind der Südstadt kehre ich hin und wieder im HALLERSCHLOSS ein. Manchmal vergehen auch ein paar Monate mehr als gedacht, aber immer wieder freue mich ich auf ein Spezialitäten-Lokal mit Preisen, die auf dem Teppich bleiben. Die Gerichte, insbesondere die der Wochenkarte, laden zu Entdeckungen ein. Angesicht der der doch relativ geringen Anzahl an Sitzplätzen ist die Auswahl auf der „Immerwährenden-Karte" fast schon gigantisch zu nennen. Der Hauptgrund für unsere obige Empfehlung ist der Reichtum an anderswo nicht oder nicht oft zu findenden Gerichten wie z.B. eine kretische Fischsuppe, zahlreiche Omelett- und Nudel-Variationen und die große Auswahl an Gerichten mit Käse. Außerdem sind die, ich wiederhole mich fast, vielen Gerichte mit Fisch sehr zu loben. Was immer wir probierten, schmeckte ausgezeichnet.

Meine aktuelle Empfehlung, da gerade probiert, wäre zuerst „Fete Piperati" (Gebackener Schafskäse mit Tomate, Zwiebeln, Pepperoni und Knoblauch). Danach „Gavros ke Garides" – wie der Name schon sagt sind es Sardinen und Garnelen – die Pommes dazu würde ich weglassen und durch einen Salat, wenn der Hunger groß ist dann plus Fladenbrot, ersetzen. Als Nachspeise würde ich immer diejenige von der Wochenkarte wählen, da die anderen etwas beliebig sind. Natürlich können Sie es auch ganz anders machen. Bei Nikos gibt es auch das, was alle anderen haben – inklusive Pommes. Aber hier Gyros oder Bifteki zu empfehlen, hieße ja Eulen nach Athen zu tragen.

Gesamtbewertung:

Erlangen | **Haru** : Japanisch

www.haru-sushi.de

Im Angesicht der Samurais

Das HARU, das zwei Deutsche betreiben, gibt es seit 13 Jahren in Nürnberg und seit 8 Jahren in Erlangen. Das Nürnberger Urgestein liegt in Johannis und ist sehr klein – man könnte auch sagen romantisch-stimmungsvoll. Was mich dort jedoch nervt sind die telefonischen Take-Away-Bestellungen, die ich aufgrund der Enge mitstenografieren könnte. Ganz anders der Ableger in Erlangen gleich neben dem FIFTY-FIFTY: Fast schon urban ist hier die Atmosphäre – ein Ort, in dem ich mich gleich wohl und wie Zuhause fühlen, was auch an den drei „Stills" aus Kurosawas Klassiker „Die sieben Samurais" liegen könnte. Der vergleichsweise große Raum mit einer kleinen Empore auf der einen Seite und dem Arbeitsplatz für die Sushi-Köche auf der anderen Seite ist japanisch schlicht eingerichtet und wird von der natürlichen roten Farbe der gemauerten Wände sowie der großen Glasfront dominiert.

Die Sushis sind ausgezeichnet. Ich kann keine geschmacklichen Unterschiede zu anderen renommierten Sushi-Meistern, wie z.B. denen aus dem SUSHI GLAS oder dem HIRO SAKAO, heraus schmecken. Was mir hervorragend gefällt, sind die mir neue Kombinationen, wie z.B. eine Inside-Out-Rolle, die in Tempura frittiert wurde und mir ein jungfräuliches Geschmackserlebnis bot („Inside-Out" sind eine Sushi-Variante aus Kalifornien, bei denen der Reis außen und das „Nori" genannte Seetang-Blatt, das ansonsten dem Sushi seine Form gibt, in der Mitte ist. „Tempura" ist ein mit Reismehl frittiertes Gericht). Jederzeit wiederbestellen würde ich mir den Tartar vom Thunfisch, der mit Avocado, Chili, Knoblauch und Sesam veredelt wurde. Außerdem probierten wir mit großer Freude „Udon Tempura", das ist eine Suppe mit relativ dicke Weizennudeln, die Cineasten aus dem köstlichen Film „Tampopo" kennen könnten. Kaum sind wir fertig, satt und zufrieden, schaut noch ein japanisch aussehender Herr vorbei, bestellt eine üppig portionierte Sushi-Platte und guckt glücklich. Wir können ihn verstehen.

Haru
Südliche Stadttormauer 1
91054 Erlangen

Herr Florian Dittmeyer, Axel Müller

09131 / 5301460

Mo–Fr: 11:30–14:30, 17:30–00:00
Sa–So: 17:30–00:00
Küche:
Mo–Fr: 11:30–14:00, 17:30–22:00
Sa–So: 17:30–22:00
kein Ruhetag

60, Außenplätze: 60

Immer empfohlen

20 € – 50 €

 ★★★·
 ★★★·
 ★★★·
 ★★★★
 ★★··
 ★★★·
★★★·

Gesamtbewertung:

Japanisch | **Hiro Sakao** | Fürth
www.hirosakao.com

Ein Rätsel, ein Wunder

Hiro Sakao
Waldstraße 105
90763 Fürth

Herr Atsuhiko Suzuki

0911 / 7871240

Mo–Fr: 11:30–14:30, 18:00–00:00
Sa–So: 18:00–00:00
Küche:
Mo–Fr: 11:30–14:00, 18:00–23:00
Sa–So: 18:00–23:00
kein Ruhetag

100, Außenplätze: 80

Immer empfohlen

30 € – 70 €

★★ · ·
★★★ ·
★★★★
★★★★
★★★ ·
★★★ ·
★★★★

Für viele ist das HIRO SAKAO, das vor kurzem einen Ableger in Erlangen eröffnete, der beste Sushi-Japaner der Region. Immer wieder animierten mich gute Freunde zu einem Abstecher in den ehemals amerikanischen Sektor im damaligen Niemandsland zwischen Fürth und Nürnberg. Wissend, dass das HIRO SAKAO sehr viele Fans hat, würde ich vom besten Sushi-Japaner in Fürth sprechen – denn mein Herz kann dieses wie ein Citizen-Uhrwerk präzise laufende Restaurant nicht gewinnen.

Mich stört die Lage. Umzingelt von Spielhallen und Supermärkten ist die Waldstraße 105 ein unwirklicher Ort. Mich stört der große Parkplatz mit dem offen zur Schau gestelltem Reichtum an PS der anwesenden Gäste. Die Kennzeichen der Porsches reichen bis nach Bamberg. Mich beengt, wie gut der an sich viel Platz bietende Raum immer gefüllt ist und wie lang die Schlange der „Take away"-Abholer ist. Mich ärgert das zuweilen zu dominant-selbstbewusste Agieren der Bedienungen. Wenn ich all dies zur Seite schieben könnte, dann würde ich das HIRO SAKAO, wie alle anderen in den höchsten Tönen loben können, denn die angebotenen Speisen sind perfekt und köstlich.

Halten wir fest: Schon früh füllt sich das HIRO SAKAO mit Gästen, die die „Happy hour" von 18 bis 20 Uhr mitnehmen oder eine auf von 20 € auf 12,80 € reduzierte „Bento Box" mit einer Auswahl an Sushi, Sashimi, Yakitori-Spießen, Lachs und Salat. Man sitzt an länglichen Tischen und nimmt dabei Tuchfühlung mit anderen Gästen auf. Empfehlenswert sind, neben dem vorzüglichem Sushi und Sashemi, auch die „Ramen"- oder „Udon"-Suppen. Von der Kalkulation utopisch bepreist finde ich beispielsweise sechs Garnelen im Tempura-Teig für 15 €. Der Lachs mit Teriyake-Soße für 10,50 € geht dann wieder in Ordnung. Zwischendurch erfreuen wir uns an einem der Cocktails, die gut gemixt sind. Sensationell gut ist „Matcha", Grüntee-Eis mit frischem Obst. Abschließend machen wir noch ein kleines „Sake-Tasting", rund zehn verschiedene Qualitäten werden angeboten. Fazit: ich erkenne an, dass das HIRO SAKAO in der Liga „Japanische Küche" in der Champions League spielt. Die Nürnberg-Redaktion der „BILD"-Zeitung hat hier übrigens schon öfter die Mannschaft vom 1. FCN gesichtet. Wenn Kiyotake kommt, Bescheid geben.

Gesamtbewertung:

Erlangen | **House of India** : Indisch

info@houseofindia.de   www.houseofindia.de

Scharfer Zahn mit Murgh

Die Speisenkarte des über 20 Jahre alten HOUSE OF INDIA gleicht einer Enzyklopädie der indischen Küche: Nach 100 Gerichten haben wir zu zählen aufgehört. Die hohe Anzahl macht insofern schwindlig, da das unscheinbar in einer Seitenstraße im Herzen Erlangens gelegene Restaurant maximal 35 Gästen verköstigen kann. Und der schmale Einblick in die Küche – hinterm kleinen Tresen – löst bei Hobbyköchen sicher klaustrophobische Reflexe aus. Es könnte auch sein, dass Inhaberin Guna Aploka und ihr Partner Pal Singh Dosanjh, die auch einen Imbiss und Pizza-Lieferdienst betreiben, einfach Traditionalisten sind: Als das HOUSE OF INDIA bis Januar 2012 noch in der Luitpoldstraße residierte, gab es 75 Plätze und einen Garten für rund 100 Gäste. Jetzt ist alles ein bisschen heimeliger. Nur noch ein Pavillon im indischen Kamasutra-Stil rechts vom Tresen lädt zu intimen Augenblicken ein, nur noch ein farbenfrohes Bild eines Inders im currygelben Maharadscha-Gewand nebst Frau und weitere wenige Dekoelemente machen aus der ehemals urdeutschen Kneipe einen indischen Tempel im Bonsai-Format.

Zurück zur Speisenkarte. Wir lernen, „Murgh" ist immer irgendwas mit Hühnchen, sehr viel wird im indischen Allzwecklehmofen „Tandoor" zubereitet und das Fladenbrot „Naan" ist auch mit hausgemachtem Frischkäse zu haben. Letzteres war schon mal sehr lecker und wir bestellten es zum gemischten Vorspeisenteller („Mix Tandoori") mit herrlich würzig marinierten Hühnerbruststücken und Lammwürfel sowie Gemüse und Salat. Es ging weiter mit „Murgh Tikka Masala" (Hühnchen, wissen Sie ja schon, mit einer erstaunlich gefährlich aussehenden roten Spezialsoße, die sich als angenehm mild und würzig entpuppte), „Mutton Vindaloo" (Lammfleischstückchen mit Kartoffeln und einer an Gewürzen unglaublich reichen scharfen Soße) und „House of India's Special Tandoori" (also von allem und gut … wobei die in Zitronensoße marinierten Stücke vom Seelachs eine feine Überraschung waren).

Nicht nur Vegetarier wissen, dass die indische Aromaküche besonders bei fleischlosen Genüssen zu Recht punktet. Nur eines hinterließ uns im HOUSE OF INDIA ratlos. Die Redensart vom „scharfen Zahn" auf der Speisekarte: *„Von unten scharfer Zahn und scharfer Zahn von oben; o weh dem Bissen, der dazwischen wird geschoben."* Vielleicht weiß ja die nächste Version von Googles Übersetzungsprogramm bald mehr …

House of India
Dreikönigstraße 2
91054 Erlangen

Frau Guna Aploka

09131 / 207958

Di–So: 17:30–23:30
Küche:
Di–So: 17:30–23:00
Mo Ruhetag

35

Am Wochenende empfohlen

20 € – 40 €

✶✶✶·
✶✶✶·
✶✶✶✶
✶✶✶✶
✶···
✶✶··
✶✶✶·

HOUSE OF INDIA

Gesamtbewertung:

Spezialitäten & Kuriositäten | **Hunger & Durst** | Nürnberg

www.hungerunddurst.info   reservierung@hungerunddurst.info

Gut abhängen

Hunger & Durst
Rilkestraße 16
90419 Nürnberg

Herr Harald Zimmermann

0911 / 3677508

Mo-Fr: 12:00-00:00
Sa: 18:00-00:00
Küche:
Mo-Fr: 12:00-22:00
Sa: 18:00-22:00
So Ruhetag

50, Außenplätze: 25

Abends nötig

25 € – 60 €

★★★ ·
★★★ ·
★★★ ·
★★★★
★★ · ·
★★★ ·
★★★ ·

Seit der legendären WAX LOUNGE im noch legendäreren AMERICAN BAVARIAN HOTEL kann Harald Zimmermann nicht von der Gastronomie lassen – und wir nicht von ihm. Das HUNGER & DURST in der Nähe des Nordklinikums ist sicher der Höhepunkt seiner an Ereignissen reichen Karriere als Wirt. Gemeinsam mit seinem Side-Kick Thomas Reichel in der Küche bzw. am Lava-Grill ist er so etwas wie der Küchenbulle aus Nürnberg, auch wenn er mit leisem Lächeln hinter seinem langen Tresen sehr viel bescheidener als Tim Mälzer auftritt. Jedoch ähnlich trendig – gilt doch das HUNGER & DURST als das EKU-INN des 21. Jahrhunderts. Was dort in der Einrichtung als vorherrschende Farbe das 70er-Jahre-Orange ist, ist im HUNGER & DURST ein Rot wie das eines guten Rindertatars. Da es zudem loungig-dunkel ist, sieht man fast nichts von den lustigen Bildern von der Fleischeslust an den Wänden, den modisch-leger gekleideten Gästen und vom Charme der ehemaligen Elektrofabrik – denn die Decke ist nicht so gut abgehangen wie das „Bœuf de Hohenlohe", das am liebsten „medium rare" serviert wird.

Wir haben es als „Männerstück" – das sind gut 300 g zu aktuell 28 € – sehr genossen. Vorher ging es um die Wurst mit einer gegrillten Salsiccia. Der Klassiker aus Italien kam mit Balsamico-Linsen – eine wunderbar einfache Vorspeise für 5 €. Etwas enttäuschend jedoch war die Dorade vom Grill, die unterschiedlich heiß temperiert war – an einigen Stellen höchstens lauwarm. Dafür gab es – nach einer freundlich aufgenommenen „Beschwerde" meinerseits – von der Servicekraft eine Nachspeise aufs Haus. Da hier das HUNGER & DURST nur zwei zur Auswahl anbietet, entschieden wir uns für den warmen Malvenpudding mit Vanilleeis, der uns versöhnt zurückließ. Mittags – wenn es wöchentlich wechselnde Angebote gibt – kamen wir noch auf eine sehr gute Maronensuppe vorbei und probierten den „HUDU Burger aus Bio-Rind" mit Chips. Der Klassiker hatte zwei gewaltige Vorzüge gegenüber seiner Konkurrenz: Er war richtig heiß (was Burger selten sind) und schmeckte, wie es Männer wollen: rauchig frisch vom Grill. Also: „well done, Harry!" – ich fahre dann bald mal wieder mit dem Wagen vor!

Gesamtbewertung:

 ·

Nürnberg | **Hütt'n** Fränkisch / Bürgerlich

etzertla@aol.com www.huettn-nuernberg.de

Bier und Kniedla gut!

Im Frühling 2012 ist die HÜTT'N von der Burg in die Bergstraße in das frühere und deutlich größere SUDHAUS umgezogen. Es besteht also eine größere Chance ohne Reservierung einen Tisch zu bekommen als früher. Das größte Manko der alten HÜTT'N war, zumindest im Sommer, dass man nicht außen sitzen konnte. Dies ist nun geritzt, denn vor der Wirtschaft gibt es Bänke und man kann das Schäufele nun im Freien genießen. Der Service ist routiniert und das geordnete Essen kommt in der Regel zügig zu den hungrigen Gästen.

Da man ja Erfolgreiches nicht ändern sollte, hat sich bei der Auswahl der Gerichte nichts getan. In der HÜTT'N gibt es all die „Highlights", die gemeinhin als fränkisches Essen verstanden werden: Bratwürste (Nürnberger oder Fränkische), Schweinebraten, Krustenbraten, aber auch Schnitzel oder Cordon Bleu. Dazu wird noch eine Tageskarte mit meist saisonalen Speisen angeboten, also Spargel oder Karpfen in den entsprechenden Monaten. Auch die Wochentage stehen unter einem Motto: Montag und Dienstag sind Fleischküchle dran, Mittwoch Steaks, am Donnerstag Schäufele und am Freitag natürlich Fisch. Am Samstag gibt es Spanferkel und der Sonntag ist der Schäufele- und Braten-Tag. Für die besseren Hälften gibt es auch noch sieben Sorten Salat.

Mein Favorit ist seit Jahren der Krustenbraten, Kloß dazu und Kraut, normalerweise kommt er mit einer Pfefferrahmsoße, aber man darf als Sonderwunsch stattdessen auch Schweinebratensoße dazu nehmen, was meine erste Wahl ist. Alles, was ich bisher gegessen habe war gut, und von gleichbleibender verlässlicher Qualität. In der Karte findet sich folgender Hinweis: „Ausgewählte Gerichte können auf Wunsch auch als XXL-Portion bestellt werden". Wer nun glaubt, normal wäre in der HÜTT'N eine normale Portion, der irrt. Ich kann an einer Hand abzählen, wie oft ich es schaffte, „meinen" Krustenbraten aufzuessen. Ein weiteres „Highlight" ist zudem die Bierauswahl: Fränkisch vom Feinsten mit etwas über 15 verschiedenen Sorten. Was mir in der HÜTT'N außerdem gut gefällt: Hier trifft der Einheimische den Touristen – und umgekehrt.

Hütt'n
Bergstrasse 20
90403 Nürnberg

Herr Udo Deppisch

0911 / 2019881

Mo–Fr: 11:00–00:00
Sa–So: 11:00–00:30
Küche:
Mo–Fr: 11:00–23:00
Sa–So: 11:00–23:00
kein Ruhetag

100, Außenplätze: 70

Empfohlen

10 € – 20 €

★★★★
★★★·
★★··
★★★★
★★··
★★··
★★★★

Gesamtbewertung:

Spezialitäten & Kuriositäten | **IKEA Restaurant** | Fürth

www.ikea.de/fuerth.de

Billy and the kids

IKEA Restaurant
Hans-Vogel-Straße 110
90765 Fürth

Herr Bernd Schwerdtner

01805 / 353435

Mo–Sa: 09:30–20:00
Küche:
Mo–Sa: 09:30–19:30
So Ruhetag

400

Nicht möglich

8 € – 25 €

★★★★

★ · · ·

★★ · ·

★★★ ·

★★ · ·

★ · · ·

★★★ ·

Gesamtbewertung:

Wohnst Du noch oder isst Du schon …? Sicher erwartet kaum jemand das IKEA-Restaurant im Bissig-Almanach, aber wir konnten es uns nicht verkneifen, das größte Restaurant der Region einem Elch-Test zu unterziehen. Schon um 9:30 Uhr, eine halbe Stunde vor Öffnung des unmöglichen Möbelhauses, versammeln sich hier Scharen von Rentnern zum Frühstück, viele Mitarbeiter nahe gelegener Firmen verbringen hier später ihre Mittagspause, und den ganzen Tag über treffen sich in einem separaten Kinderbereich scheinbar alle Eltern-Kind-Gruppen der Region – Windeln und Hipp-Gläschen gibt es neben speziellen Angeboten für die Kids nämlich gratis.

„**Trostig**", „**Kaustby**", „**Raff**" – über Einrichtung und Atmosphäre des gut 400 Personen fassenden Selbstbedienungsrestaurants muss man keine Worte verlieren. Alles wie im IKEA-Katalog. Man kann sich aussuchen, in welchem von den ungefähr zehn unterschiedlichen Einrichtungsstilen man sich „spar-satt" essen will. Vorneweg nehme ich einen „Graved Lachs" (3,90 €) mit süßer Senfsoße, der unter der Frischhaltefolie Kondenswasser zieht, aber besser schmeckt, als er aussieht. Wie dumm, dass ich nicht Teil der IKEA-Family bin. Dann hätte ich den Bestseller „Köttbullar" (10 Mini-Hackfleischbällchen mit Rahmsoße und Kartoffeln) für 2,50 € (statt 4,50 €) genommen. Doch „Köttbullar" kenne ich inzwischen genauso gut wie die Aufbauanleitung von „BILLY". Also kam ein anderes Angebot an die Reihe. Ein Rumpsteak (200 g) mit Pommes und Salat für unmögliche 6,90 €. Das Steak war – Konzession an die Selbstbedienung – natürlich durchgebraten, dennoch von guter Fleisch-Qualität, und die etwas zu dicken und nicht knusprigen Pommes weit entfernt von den guten Stäbchen vom Fast-Food-König mit dem gelben „M". Dennoch, für 6,90 € plus Erfrischungsgetränke zum kostenlosen Nachfüllen, so günstig bekommt man es zuhause fast nicht hin. Besonders wenn man, wie hier bei erstaunlich vielen Gerichten, Nahrungsmittel in Bio-Qualität wählt.

Da ich so viel gespart habe, marschiere ich vergnügt die nötigen 10 Minuten durch das ganze Einrichtungshaus in Richtung Ausgang. So vergnügt, dass mich Geschenkpapier, Kerzen, Sammelordner und Co magnetisch anziehen – und ich zum superBILLYgen Restaurantbesuch noch 34,20 € mehr ausgebe … Am Ende gewinnt immer der Elch!

Nürnberg | **Ishihara** | Japanisch

mail@ishihara.de   www.ishihara.de

Aug' in Aug' mit den Samurais

Japanische Küche ist heute ja fast immer mit Sushi & Sashimi gleichzusetzen, wobei die besseren Sushi-Restaurants zu meiner Freude auch eine reiche Auswahl an typischen Nudelgerichten anbieten. Und dann gibt es noch, auch schon seit über 20 Jahren, das ISHIHARA mit seiner Teppanyaki-Küche zu empfehlen. „Teppanyaki" ist ein „heißer Tisch" aus Edelstahl, auf dem vor den Augen der Gäste live gekocht wird. Sie sitzen also ganz nah dran und dies ist ein besonderes Erlebnis.

Der japanische Koch erhitzt die Platte und schaltet seine Turbo-Abzugshaube ein, damit Sie danach nicht nach dem Fischmarkt von Tokio riechen. Je nachdem was gleich gegrillt wird, wird z. B. Butter geschmolzen, Sojasoße und Knoblauch hinzugefügt und dann Fleisch oder Fisch am „Teppan" klein geschnitten und kurz gebraten. Je nach Lust und Laune des Samurai-Kochs fliegen dabei Messer durch die Luft und drehen Garnelen und Jakobsmuscheln Loopings. Bei meinen Besuchen ist noch nie etwas passiert – dennoch bekommen Sie zu Beginn eine Art Schürze vor den Latz und können die Vorstellung unbesorgt genießen. Dies ist so hübsch anzusehen, dass man ins ISHIHARA nicht mit der neuen Flamme gehen sollte – sie wird nur Augen für den Koch haben.

Neben ausgesprochen preiswerten Mittagsmenüs werden abends drei Menüs zwischen 35 und 49 € angeboten. Zentrale Bausteine der Menüs sind Garnelen, Lachs, Entenbrust und Rinderfilet, die zwar japanisch zubereitet und gewürzt werden, aber dem mitteleuropäischen Gaumen sehr entgegen kommen. Alle Ausgangsprodukte sind von ausgesuchter Qualität, wie es auch das Sushi und Sashimi ist, das im ISHIHARA ebenfalls angeboten wird. Wenn man es sich gut gehen lässt, einen „Samurai"-Cocktail (interessanter Mix mit Gin) als Mutmacher vorher trinkt, einen der exzellenten Weine auswählt und sich das fünfgängige Menü „Ise" gönnt, dann erreicht man schnell die Preisregion von Gourmet-Restaurants. Dies ist jedoch stimmig, ist doch das ISHIHARA nicht nur „großes Kino", sondern ein Ort in dem Feinschmecker sich wohl fühlen. Die geschmackvolle Atmosphäre und die vielen japanischen Gäste lassen einen wirklich glauben, man wäre irgendwo in Japan und nicht in Nürnbergs Schottengasse.

Ishihara
Schottengasse 3
90402 Nürnberg

Herr Kenji Ishihara

0911 / 226395

Mo–Sa: 12:00–14:30,
        18:00–22:00
Küche:
Mo–Sa: 12:00–14:30,
        18:00–22:00
So Ruhetag

60

Abends empfohlen

30 € – 70 €

★★ · ·
★★★★
★★★★
★★★★
★★ · ·
★★★★
★★★★

JAPAN RESTAURANT ISHIHARA
TEPPANYAKI

Gesamtbewertung:

Thailändisch : **Io & On** — Nürnberg

www.io-on.de   mail@io-on.de

Ned neu, aber gut

Io & On
Roritzerstraße 10
90419 Nürnberg

Frau Io & On Harirak

0911 / 336767

Mi–So: 12:00–14:30,
          18:00–00:00
Küche:
Mi–So: 12:00–14:00,
          18:00–22:30
Mo, Di Ruhetag

50, Außenplätze: 30

Immer empfohlen

€ 30 € – 65 €
⚖ ★★★·
👤 ★★★★
🍲 ★★★★
🍗 ★★★★
🍷 ★★··
🍷 ★★★★
🥛 ★★★★

Noch gut erinnere mich an das Nɪᴅ Nᴏɪ vom Albrecht-Dürer-Platz. Roland Kraus hieß der damalige Inhaber. Er war etwas verrückt und verdünnisierte sich unter merkwürdigen Umständen nach Thailand … In seinem damals deutschlandweit ersten Thai-Restaurant werkelten bereits die Schwestern Io und On in der winzig kleinen Küche. Wenn man nicht zu streng ist, kann man somit das Iᴏ & Oɴ als das älteste thailändische Restaurant hierzulande bezeichnen – was die Schwestern gerne tun.

Mit dem Iᴏ & Oɴ erwartet Sie nicht nur eine lange Geschichte, sondern auch einer der besten Thailänder der Region. Der Klassiker unter den „Tom Yams" sozusagen. Die sauerscharfe Garnelensuppe findet sich denn auch gerne unter den 3-Gänge-Menüs zu 38,50 €. Wann immer möglich, bestelle ich dort „Laab Nuea", was ein zitronig-scharfer Salat aus kleingehackten Rinderfiletstreifen, Kräutern und Klebreis ist. Köstlich! Die Karte mit gut einem Dutzend Gerichten wechselt wöchentlich. Einige Gerichte, wie z.B. „Yam Plamük" (scharf angemachter Oktopus-Salat), scheinen nicht in der Rotationsschleife zu sein und haben ein Dauer-Abo. Was können wir sonst noch loben? Ganz sicher den nur leicht gebratenen Thunfisch („Nam Tok" zu 19,50 €), das Filet von der Entenbrust („Keow Wan Ped", ebenfalls 19,50 €) und den hausgemachten Thai-Pudding mit schwarzem Reis auch. Was können wir kritisieren? Von den Gerichten nichts! Die Auswahl an guten Weinen ist ebenfalls überraschend groß! Den Service? Ibo versieht den Dienst am Gast mit Freundlichkeit und Rückgrat. Die Preise? Ja, tatsächlich sind sie mir persönlich einen Tick zu hoch. Sie sorgen dafür, dass ich nur ein Beinahe-Stammgast bin. Andererseits ist das Iᴏ & Oɴ sehr zurückhaltend, aber geschmackvoll und elegant eingerichtet, die Tische perfekt eingedeckt und die wenige moderne Kunst an den Wänden war sicher kein Schnäppchen. Insofern: Wir sehen uns bald wieder im kleinen aber feinen Iᴏ & Oɴ.

Gesamtbewertung:

Nürnberg | **Kaiserburg** : Böhmisch

info@diekaiserburg.de   www.diekaiserburg.de

Handfest statt kafkaesk

„**Also, nach'm Krieg** treffen wir uns um sechs Uhr Abend in der Krone" – dieser berühmte Ausspruch aus „Der brave Soldat Schwejk" von Jaroslav Hašek passt perfekt zur KAISERBURG. Die KAISERBURG ist in einem Fachwerkhaus von 1452 unterhalb der Burg untergebracht. Das Lokal ist rustikal eingerichtet mit einem Dielenholzboden und zweigeteilt – neben dem ebenerdigen Gastraum gibt es noch einen großzügigen Gewölbekeller. An der rotbemalten Wand hängt ein Schwarz-Weiß-Bild von Franz Kafka.

Die Wirtschaft oben ist voll als wir kommen und es geht relativ laut zu. Das Publikum ist eher jünger als älter. Gekocht wird ausschließlich Böhmisch. Dazu gibt es außerdem Bier aus Tschechien, leider ist das „Velkopopovický Kozel"-Bier gerade leer getrunken, so gibt's Budweiser vom Fass, auch nicht schlecht, Fränkische Biere gibt es aber auch. Wahrscheinlich ist es zudem das Lokal mit dem höchsten Absatz an Becherovka in Nürnberg. Die umfangreiche Karte bietet die bekanntermaßen „leichten" Gerichte Böhmens: Kartoffelsuppe mit Waldpilzen und Knoblauchsuppe z.B. als Vorspeisen. Für Vegetarier gibt es ebenfalls eine kleine Auswahl, aber ansonsten dominiert, bis auf eine gebratene Forelle, Fleisch die Speisenkarte: Böhmischer Rindersauerbraten, Steinpilzsahne Braten, Szegediner Gulasch oder „Brauers Schweinsbradl". Letzteren nahmen wir und die Portion ist erschreckend groß. Das Fleisch ist zart und schmeckt, dazu gibt es das süß-saure böhmische Kraut und die unverzichtbaren Knödel. Über die Knödel kann man streiten, ich fand sie etwas fad, aber das ist eine Art der Zubereitung, die in Ordnung geht. Allerdings kam mir die Wartezeit bis zum Hauptgericht lange vor, denn das erste Bier hatte ich schon ausgetrunken, bevor der Braten serviert wurde. Obwohl ich gut gesättigt war, fiel mein Blick auf den Palatschinken in der Karte. Dieser war innen mit Marmelade gefüllt, dazu Sahne, Schokosoße und eine Kugel Eis. Gut und günstig war er zudem. Die zuvorkommende Bedienung begeisterte mich noch lange mit ihrem liebevollen tschechischen Akzent …

Kaiserburg
Obere Krämersgasse 20
90403 Nürnberg

 Frau Pauline Krizek

 0911 / 6400586

Di–Do: 17:00–00:00
Fr–Sa: 17:00–01:00
Küche:
Di–Sa: 17:00–23:00
So, Mo Ruhetag

 30, Nebenräume: 40

 Abends empfohlen

 10 € – 20 €

 ★★★·
 ★★★·
 ★★··
 ★★★·
 ★★··
 ★★··
 ★★★·

Gesamtbewertung:

Fränkisch / Bürgerlich **Kartoffel** Nürnberg

www.nuernberger-kartoffel.de   mail@nuernberger-kartoffel.de

Knolle, satt

Kartoffel
Südliche Fürther Strasse 29
90429 Nürnberg

Herr Thilo Riedl

0911 / 261698

Mo–Sa: 17:00–01:00
So: 11:30–23:00
Küche:
Mo–Sa: 17:00–23:00
So: 11:30–22:00
kein Ruhetag

50, Außenplätze: 20

Empfohlen

15 € – 25 €

★★★ ·
★★★ ·
★★ · ·
★★★ ·
★★ · ·
★★ · ·
★★★ ·

Nun schließen wir mal die Augen und stellen uns vor, wir wären Michaela Mustermann. Und dann überlegen wir, wie sie sich wohl eine Almhütte vorstellt … So ungefähr war mein Eindruck beim Betreten der KARTOFFEL. Allerdings eine Almhütte de luxe mit einem „Overkill" an Dekoration. Überall hängt etwas, steht etwas herum oder liegt auf den Fensterbänken. Eigentlich fehlt nur ein großer Kamin. In sich stimmig, aber das nächste Mal komme ich im Janker.

Die Begrüßung durch den jungen Kellner war freundlich, der Umgangston salopp. Die KARTOFFEL, 1985 Keimzelle eines Konzepts der legendären Heidi Sänger, wird seit dem Jahr 2000 von Thilo Riedl betrieben; der Name KARTOFFEL deutet ja schon unmissverständlich an, worum es hier geht, eben um die Knolle aus Südamerika. Diese wird in allerlei Variationen angeboten. Dazu wählt man dann die „Beilage". Fleisch zum Beispiel oder Matjes oder auch nur Kräuterquark. Die Karte nennt sich wie früher „Kartoffel-Zeitung" und wird in einem Zeitungshalter gebracht. Neben den „Stammgerichten" findet sich darin auch ein „Extrablatt". Hier wechseln die Gerichte öfter und ist für all jene gedacht, die sich das Privileg „Stammgast" er-essen haben und nach Abwechslung streben. An drei Tagen in der Woche gibt es Braten nebst Schäufele. Das „Steirische Schnitzel in Kürbiskernpanade" lachte mich an. Problemlos konnte ich die Beilage tauschen. Das Fleisch war in Ordnung, allerdings hatte ich mir bei der Panade mehr als vielleicht 10 Kürbiskerne erwartet – da könnte man doch etwas großzügiger sein. Außerdem bestellten wir Kartoffelsalat, der extra in einer Suppenterrine kam. Die Portion war üppig, aber auch hier Abzüge in der „B-Note": alles ein bisschen durchweicht, wohl weil die Kartoffelscheiben in der eigenen Hitze nachgarten. Die Pellkartoffeln mit Matjes waren so wie man sie erwarten hatte. Im Sommer lockt hinter dem Haus ein kleinen Garten, der im Winter zur Raucherlounge umfunktioniert wird. Alles in allem: Das Konzept ist in sich schlüssig, die Kellner sind nett und servierten schnell – recht so!

Gesamtbewertung:

Fürth **Rotisserie Keops** Exklusiv

info@pyramide.de   www.keops-restaurant.de

Kalter Kamin im Keops

Wer kennt sie nicht, die vollverglaste Pyramide an der „EuromedClinic"? Uns interessierte natürlich die für jedermann geöffnete Gastronomie. Tagsüber das SETOS, inklusive Sonntagsbrunch und Bambusgarten bei schönem Wetter, und ab 18 Uhr die Restaurant-Rôtisserie KEOPS. Von einem sich drehenden Grillspieß – wie es für eine Rôtisserie typisch wäre – ist nicht viel zu sehen, dafür aber ein „Front-Cooking" genannter Grillarbeitsplatz, der in den der Brücke des Raumschiffes Enterprise ähnelnden, kreisrunden Tresen integriert ist. Darum gruppieren sich die Sitzgelegenheiten. Auch wenn es bei unserem Besuch voll gewesen wäre, sitzt man relativ ungestört in einem 90er-Jahre-Ambiente. Davor durchquert man eine Lobby-Bar, die verwaist war, und wenn man links abbiegen würde, käme man in die ENOTECA genannte Weinhandlung. Die Tische sind aufwendig gedeckt und die Stoffservietten signalisieren höhere Ansprüche.

Das macht alles einen durchkonzipierten Eindruck, doch scheint es, dass der Zahn der Zeit dem KEOPS zugesetzt haben könnte. Die Speisenkarte bietet von allem ein bisschen was: Von Nürnberger Bratwürsten bis zum 4-Gang-Menü für 42 €. Für 9,80 € ließen wir uns vorab „Tranchen von der Entenbrust auf geschmortem Orangen-Balsamico-Chicoree" bringen, dazu gab es hausgemachtes Bio-Dinkel-Vollkornbrot in Pyramidenform. Das Brot war sensationell gut, die vier Scheibchen Entenbrust zu durchgebraten, der Chicoree interessant. Weiter ging es mit einem „Wildragout in Zartbitter-Schokosauce" für preiswert aussehende 16,50 €. Das Wild war mürb, die Schokosauce vielleicht erahnbar, die dazu servierten Spätzle schmeckten nicht hausgemacht. Das kleine Filetsteak (150 g) bestellten wir mit Kartoffelgratin und Gemüse (23,50 €). Das Filetsteak war in Ordnung, das Kartoffelgratin so staubtrocken wie die Wüste von Gizeh. Wenig Vergnügen bereitete auch das Dessert: Die „Schokoladenpyramide" (5,20 €) schmeckte nicht mehr frisch, der – völlig unbedenkliche und durch zu warme Lagerung entstandene – leichte Grauschleier unterstrich dies. Und tja, auf der Rückwand des Tresens ist dann doch noch Grill-Feuer zu sehen: Als Bildschirmschoner.

Rotisserie Keops
Europa-Allee 1
90763 Fürth

Herr Lars Straube

0911 / 97100

Mo–So: 18:00–23:00
Küche:
Mo–So: 18:00–22:00
kein Ruhetag

40

Zu Messezeiten empfohlen

25 € – 70 €

★ · · ·
★★★ ·
★★★ ·
★★★ ·
★★ · ·
★★★★
★★★ ·

Gesamtbewertung:

Exklusiv **Koch und Kellner** — Nürnberg

www.kochundkellner.de   info@kochundkellner.de

Fabian & Frank

Koch und Kellner
Obere Seitenstraße 4
90429 Nürnberg

Herr Frank Mackert

0911 / 266166

Mo–Sa: 12:00–14:30,
18:30–00:00
Küche:
Mo–Sa: 00:00–14:00,
18:30–21:30
So Ruhetag

40

Immer empfohlen

40 € – 120 €

★★★·
★★★★
★★★★
★★★★
★★★·
★★★★
★★★·

An einer der eher unfreundlichen Stellen in Gostenhof erwartet man nicht unbedingt eines der besten Restaurants in Nürnberg. Doch das 15 Jahre alte KOCH & KELLNER von Fabian Denninger & Frank Mackert lohnt jede Anfahrt, überrascht es doch mit ausgesprochen kreativen und modernen Zubereitungen! Fabian Denninger ist noch vergleichsweise neu an Bord und kochte vorher u.a. im ADLON und im WALDHOTEL SONNORA, das mit drei Michelin-Sternen glänzt.

Wir sind entzückt von der ca. alle drei bis fünf Tage wechselnden Karte mit einem guten Dutzend an Gerichten. Wo sonst findet man beispielsweise auf einer Karte „Fränkisches Reh mit Pak Choy, Graupen und Soja-Soße" oder „Kalbsbries mit Feldsalat, Kirschen und Zimt", das uns ebenso verführte wie die „Kalbszunge mit Senf-Eis und Steinpilzen". Schön, dass KOCH & KELLNER so viele Innereien anbietet! Sehr gerne erinnere mich zudem an den getrüffelten Heilbutt, an das Entrecôte vom US-Rind mit köstlichen Mohn-Riegeln und an das Dessert: Kardamom-Eis mit „Pina Colada"-Gelee und einer Art Pumpernickel.

Das Vergnügen hat seinen Preis: Das 4-Gang-Menü liegt um die 56 €, mittags kann man sich drei Gänge für ca. 40 € gönnen. Angesichts der hervorragenden Ausgangsprodukte und der phänomenalen Art der Zubereitung war jedes der probierten Gerichte seinen Preis wert! Hinzu kommt, dass „Kellner" und Inhaber Frank Mackert den Service mit angenehmer Leichtigkeit führt. Die Weinauswahl lässt keine Wünsche offen und der Espresso beispielsweise ist mit 3 € für ein Feinschmecker-Restaurant fast als ein Angebot zu bezeichnen, insbesondere mit drei dazu gereichten kleinen Kuchenstücken. Gerne kommen wir alsbald wieder in dieses schlicht-gemütlich eingerichtete Lokal. Am besten gefällt es mir, rechts vom Eingang gegenüber des langen Tresens zu sitzen. Man kann einen Blick auf die Küche erheischen – und mit einem Feldstecher versehen, einiges dazu lernen.

Gesamtbewertung:

Schwabach | **Konstantin** Griechisch

info@konstantin-schwabach.de   www.konstantin-schwabach.de

Es rumort im Gewölbe

Seit fünf Jahren gibt es das griechische Lokal KONSTANTIN in einem historischen Kellergewölbe. Wer zum ersten Mal die Treppen in das Reich von Gyros und Co hinabsteigt, mag sich vielleicht verwundert die Augen reiben: Habe ich mich in der Adresse geirrt und bin in einer vorstädtischen Cocktail-Disco gelandet? Keine Sorge, alles in bester Ordnung. Tatsächlich finden ab und zu im KONSTANTIN „Clubbing Zone" mit DJ Onzone genannte Partys statt. Die Cocktail-Bar ist gut und eine schöne Ergänzung der guten Auswahl an Getränken. Ein bisschen Party-Stimmung vermittelt die die Farben wechselnde Wandbeleuchtung, die mich, je länger der Abend dauert, zunehmend verstört. Auch die Musik ist mir eine Umdrehung zu laut. Ansonsten ist die Atmosphäre in dem sich lang hinziehenden Keller jedoch angenehm modern und von jugendlicher Lässigkeit.

Highlight sind die angebotenen Speisen vom griechischen Olymp, besonders die Vorspeisen wie der gegrillte Oktopus auf Rucola sind zu loben. Wie überall gibt es die typischen Klassiker wie Gyros und Bifteki, jedoch auch Fischspezialitäten wie gegrillten Zander oder Seeteufel. Die Speisen kommen aufwändig angerichtet und sind alle tadellos zubereitet. Außerdem gibt es argentinische Steaks, die nichts mit Griechenland am Hut haben und wir deshalb nicht probierten.

Es ist Samstagabend und ich lasse meinen Blick schweifen. Einige Familien haben den Einkaufsbummel beendet und lassen den Abend ausklingen. Viele Frauen freuen sich auf Cocktails plus Salat. Je später der Abend, desto schicker und jünger sind die Gäste. Wirt Konstantin scheint eine feste Größe im Schwabacher Nachtleben geworden zu sein und die Musik legt an Beats zu. Zeit zu gehen und mir für mein Langzeitgedächtnis eine Notiz zu hinterlassen: Unbedingt mal im Sommer kommen und auf einer der beiden schönen Terrassen das Leben in Schwabach genießen.

Konstantin
Königsplatz 21
91126 Schwabach

Herr Konstantin Nastos

09122 / 6318504

Di–Do, So: 17:00–01:00
Fr–Sa: 17:00–02:00
Küche:
Di–So: 17:00–00:00
Mo Ruhetag

120, Außenplätze: 40 / 20

Abends empfohlen

20 € – 55 €

★★★·
★★★·
★★★★
★★★★
★★★·
★★★·
★★★★

Gesamtbewertung:

Exklusiv **Kontiki** — Nürnberg

kontiki.de   info@kontiki.de

Italienische Piraten der Karibik

Kontiki
Untere Wörth-
straße 10-14
90403 Nürnberg

Herr Luca Fratoni,
Alessandro Selce

0911 / 221139

So–Mi: 18:00–01:00
Do–Sa: 18:00–02:00
Küche:
Mo–So: 18:00–00:00
kein Ruhetag

140

Immer empfohlen,
am Wochenende
nötig

30 € – 65 €
★★··
★★★·
★★★★
★★★★
★★★·
★★★·
★★★★

Seit 1979 bietet das KONTIKI Südseeflair an der Pegnitz. Anfang 2002 ist es mal ziemlich abgebrannt, sieht aber heute dennoch genauso aus wie früher, und auch die Gerichte sind ziemlich 80er Jahre … Schön so, jubeln hingegen die zahlreichen Fans des ungewöhnlichen Restaurants, das von den Machern des ambitionierten Italieners CIAO in der Südstadt geführt wird.

Mir persönlich macht die Karibik-Stimmung keine Freude. Mir ist es im KONTIKI zudem zu dunkel und die unfassbar vielen Einrichtungsgegenstände, die den verwinkelten Raum sehr viel kleiner machen, deutlich zu viel. Aber wie gesagt: Das KONTIKI hat viele Fans, die mit dem Restaurant im Lauf der Jahre gemeinsam älter geworden sind oder die einen durchaus gut zubereiteten Cocktail an der Bar links vom Eingang genießen.

Die von uns probierten Speisen waren mal überraschend gut, mal weniger vorzüglich. Der „Ohau" genannte Vorspeisenteller (9,90 €) kam u.a. mit einem Krabbencocktail, den ich seit meiner Schulzeit nicht mehr aufgetischt bekam, sowie mit Lachs und gefüllten Teigtaschen, die an die chinesische Küche erinnerten. Warum „Boston Clam Chowder" die berühmteste Suppe der Welt sein soll, erschließt sich mir nicht, als Muschelsuppe war sie aber in Ordnung. Sehr zu loben sind die Steaks! Wiederum leicht ratlos hinterlässt mich der hierzulande als Goldmakrele besser bekannte „Mahi Mahi"-Fisch, der manchmal für 3,79 € für fünf Filets bei Aldi im Angebot ist. Mir war er zu trocken zubereitet. Salat hätte ich mir am Buffet selbst holen können – auch so eine Verbeugung in Richtung 80er Jahre. Außerdem gibt es noch „exotisches" Fleisch vom Strauß und vom Känguru. Vielleicht noch zwei Antworten auf nicht gestellte Fragen: Wir haben das KONTIKI unter der Kochrubrik „Exklusiv" eingruppiert, da ein Abend für zwei Personen locker die 100 €-Marke übersteigen kann. Man kann aber auch deutlich darunter bleiben! Außerdem schwankten wir wie bei flottem Seegang zwischen zwei oder drei Punkten hin und her. Da das KONTIKI laut der „Bild"-Zeitung eines der Lieblingslokale der Spieler vom 1. FCN ist, haben wir uns für einen Dreier entschieden.

Gesamtbewertung:

Nürnberg | **Kopernikus im Krakauer Turm** | Fränkisch / Bürgerlich

info@restaurant-kopernikus.de   www.restaurant-kopernikus.de

Am liebsten zu zweit

Zu meinem Bedauern ist das KOPERNIKUS im „Krakauer Haus", auch als „Krakauer Turm" bekannt, längst kein Geheimtipp mehr. Für mich gibt es kaum einen schöneren Augenblick, als am Abend im Wehrgang zu sitzen und die Sonne hinter der Burg verschwinden zu sehen. Dieses Vergnügen hat man leider nur im Sommer, nur an Zweier-Tischen und nur nach Reservierung. Ein lauschiger, aber oft überfüllter Ort ist außerdem der herrliche Biergarten.

Da ja über Franken nicht immer die Sonne scheint, gehen wir mal besser rein. Das eher kleine Restaurant KOPERNIKUS liegt im ersten Stock des Turmes und erinnert eher an eine Wirtschaft, was nicht abwertend gemeint ist, sondern ein Hinweis auf eher legere Atmosphäre bei Landbier und einfacheren Gerichten. Der Raum hat eine gewölbte Decke, einfache Holztische und -stühle bzw. eine durchgängige Bank an der Wand. Der Tresen ist immer im Blick und ermöglicht schnelle Getränkebestellungen. Die Küche bietet, passend zum Haus, fränkisch-polnische Spezialitäten. Bei den Vorspeisen reichen sich beispielsweise die Rote Bete-Suppe „Borschtsch" (mit Piroggen, also Teigtaschen) und eine fränkische Kartoffelsuppe versöhnlich die Hand. Riesig sind die Schnitzel Wiener Art, klein der Preis von 8,80 €. Ein Schäufele steht leider nur am Sonntag auf der nicht zu umfangreichen Karte – Schweinebraten (7,90 €) und Rinderroulade (10,60 €) gibt es immer, außerdem saisonal wechselnde Angebote. Meistens bestelle ich mir gebratene Piroggen „russischer Art" auf Salat, die angenehm pikant schmecken (8,80 €). Dazu am besten ein dunkles Bier von Krug oder Meister – oder ein Helles Tyskie aus Polen. So sieht für mich Lebensfreude aus. Wenn man will, kann man auch noch in der BAR EUROPA im Erdgeschoss ein paar mehr Umdrehungen für den Nachhauseweg tanken.

Kopernikus im Krakauer Turm
Hintere Insel Schütt
90403 Nürnberg

Herr Richard Graf

0911 / 2427740

Mo–Sa: 17:00–00:00
So: 12:00–00:00
Küche:
Mo–Sa: 17:00–23:00
So: 12:00–23:00
kein Ruhetag

40, Nebenräume: 40,
Außenplätze: 300

Abends immer empfohlen

20 € – 40 €

 ★★★·

 ★★★·

 ★★★·

 ★★★★

 ★★··

 ★★··

 ★★★★

Gesamtbewertung:

Exklusiv **Restaurant Kupferpfanne** Fürth

www.ew-kupferpfanne.de restaurant@ew-kupferpfanne.de

Fürth führt

Restaurant Kupferpfanne
Königstraße 85
90762 Fürth

Herr Erwin Weidenhiller

0911 / 771277

Mo–Mo: 11:30–14:00, 18:00–23:00
Küche:
Mo–Sa: 11:30–13:30, 18:00–21:00
So Ruhetag

30, Nebenräume: 30

Immer empfohlen, Abends nötig

40 € – 120 €

★★··
★★★★
★★★·
★★★★
★★★·
★★★★
★★★★

Schickedanz, Grundig, Triumph-Adler – was waren das noch für goldene Zeiten, damals Ende der 70er Jahre in Fürth, und damals, als Erwin Weidenhiller in seiner KUPFERPFANNE bald einen der ersten Michelin-Sterne nach Franken holte. Ein ähnlicher Zeuge jener Zeit ist übrigens die Fürther BRASSERIE BAUMANN, die noch immer klassische französische Hoch-Küche anbietet. Doch Erwin Weidenhiller ließ zugunsten von weniger Stress vor einigen Jahren seinen Stern einfach „verglühen". Angesichts des „Strukturwandels" ist es ein kleines Wirtschaftswunder, dass wir das in zwei Räumen (einer zutiefst fränkisch, einer modern-heimelig) untergebrachte Feinschmecker-Restaurant im 35-jährigen Jubiläumsjahr als gut besucht erlebten. Man könnte auch sagen: Der Laden brummt nach wie vor!

Nun, es liegt sicher daran, dass der Franke nicht zu Experimenten neigt. Und es liegt an dem charmanten Gastgeber Erwin Weidenhiller, der, knapp über 60, so jugendlich frisch und intellektuell abgeklärt wirkt wie Dieter Meier von „Yello". Woran es meines Erachtens nicht liegen kann: an Schnäppchen-Angeboten. Für ein 3-Gang-Menü sind 65 € fällig, ein Hauptgericht à la carte reicht bis an die 40 €-Schmerzgrenze, Mittags jedoch kommt man für drei (einfacher komponierte) Gänge mit 30 € vergleichsweise günstig an Weidenhillers Kupferpfanne. Die Weinkarte ist mehr als umfassend und die Servicekräfte sind jung oder jung geblieben, herzlich und kompetent.

Wir probierten zwei Menüs und „á la carte". Der „Gruß aus der Küche" mit Lachstatar, Wachtelei und Entenleber auf Roter Bete ließ uns freundlich in die einsehbare Küche zurückgrüßen. Beim Gans-Menü war die Vorspeise mit „Viererlei von der Gans" – u.a. einer „Praline von der Gänsestopfleber – der kreativste Teil. Die eigentliche Gans tadellos, aber irgendwie auch langweilig. Meine Mitstreiter lobten den Seeteufel mit Spinat, angebratenem Sellerie und „nackigen" Kartoffeln, wie auch den Bio-Lachs, ebenfalls mit Spinat sowie mit Kartoffelpüree mit Ingwer-Aroma. Zum Schluss noch ein sagenhaft guter, glasierter Apfelpfannkuchen mit Calvados (11,50 €) und wir verließen, trotz 90 € pro Nase ärmer, Fürth mit sehr guter Laune.

Gesamtbewertung:

Nürnberg | **Lavash** : Türkisch

info@lavash-restaurant.de   lavash-restaurant.de

Die Entdeckung der Langsamkeit

Seit Mitte des Jahres 2012 betreibt Cenk Aksu, der auch am PEGNITZTAL beteiligt ist, das türkische Feinschmeckerlokal LAVASH. Herr Aksu hat auch schon auf dem „Traumschiff" und im EKU-INN gekocht bzw. gebruzzelt. „Lavash" ist übrigens türkisches bzw. armenisches Fladenbrot und wird hausgemacht zu jeder Speise gereicht. Da ich mir in meiner Beurteilung des LAVASH anfangs nicht sicher war, besuchte ich es insgesamt drei Mal – und drei Mal musste ich sehr viel Geduld mitbringen. Die Wartezeit betrug teilweise über eine Stunde und dies ist mir bei aller mediterranen Lebensfreude und Gelassenheit viel zu lang. Außerdem hat der Service auf Nachfragen zunehmend genervt und hilflos reagiert. Besteck habe ich mir auch schon mal selbst geholt. Wir hoffen, dass sich beides im Lauf der Zeit verbessert, denn an sich macht die Küche viel Freude.

Alles von mir Probierte kann ich grundsätzlich empfehlen. Z. B. die gebackenen Teigtaschen „Paçanga Böreği" (6,90 €), die mit Schinken, Käse und Tomaten gefüllt waren. Der Salat mit Minze und Granatapfelsirup schmeckte frisch und gut. Erneut bestellen würde ich mir auch den gegarten Wolfsbarsch „Kağıtta Levrek" für 15,90 € und u.a. mit Tomaten, Zwiebeln und Champignons. Einzig die Fleischvariationen vom Grill (Lamm, Hühnchen und Köfte) war mir zu wenig gewürzt und zu lange auf dem Grill (17,90 €). Ganz ehrlich: Zu einer Nachspeise kam es leider nie – der Abend war längst schon zu weit fortgeschritten … Das Angebot ist auch eher gering.

Da wir ja viel Zeit hatten, konnten wir die zwei Gasträume, die durch einen Tresen geteilt sind, sowie die mittelgroße Terrasse ausgiebig in Augenschein nehmen. Letztere ist aufgrund der Verkehrslage weniger lauschig, aber immerhin. Innen ist es aufgrund der hellen Böden und Wände angenehm hell und freundlich. Der Aufwand für Dekoration wie ein paar große Bilder oder einem Wandspiegel hält sich in angenehmen Grenzen und man sitzt bequem auf Holzstühlen vor ebensolchen Tischen. Der hintere Raum gefällt mir besser als der vordere, dort hatte ich das Gefühl, ein wenig wie auf den Präsentierteller zu sitzen. Probieren Sie das LAVASH ruhig mal aus und berichten Sie, ob wieder mal jemand an der Uhr gedreht hat.

Lavash
Richthofenstraße 4
90478 Nürnberg

Herr Cenk Aksu

0911 / 406206

Mo-Fr: 11:30–14:30, 17:30–23:00
Sa-So: 17:30–23:00
Küche:
Mo-Fr: 11:30–14:00, 17:30–22:00
Sa-So: 17:30–22:00
kein Ruhetag

50, Nebenräume: 70, Außenplätze: 40

Abends und Sonntagmittag empfohlen

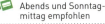
25 € – 50 €

 ★★··
 ★★··
 ★★★·
 ★★★★
 ★★··
 ★★★·
 ★★★·

Gesamtbewertung:

Fränkisch / Bürgerlich | **Lederer KulturBrauerei** | Nürnberg

erlebnisgastronomie-nuernberg.de   info@lederer-kulturbrauerei.de

Da kann man was erleben ...

Lederer KulturBrauerei
Sielstraße 12
90429 Nürnberg

Herr Karl Krestel

0911 / 80100

So–Fr: 11:00–00:00
Sa: 11:00–01:00
Küche:
So–Fr: 11:00–22:30
Sa: 11:00–22:30
kein Ruhetag

200, Nebenräume:
90 / 90 / 50 / 40,
Außenplätze: 350

Im Sommer im Bedienbereich empfohlen

 18 € – 45 €

⚖ ** · ·
🧑 ** · ·
☕ *** ·
🍲 *** ·
🍷 ** · ·
🍷 *** ·
🥃 *** ·

Die LEDERER KULTURBRAUEREI hat schon einige Pächter kommen und gehen sehen. Aktuell ist Urgestein Karl „Charly" Krestel mit Frau Karla am Ruder. Wer, wenn nicht er, der ehemalige König des Burgberges (u. a. ZUM SUDHAUS und SCHALANDER), hat das Zeug dazu, eines der größten Lokale der Region zu meistern? Quasi als Krönung einer langen, meist sehr erfolgreichen Karriere als Gastronom, die wir oft bewunderten.

Es wird schwierig werden – zumindest aus unserer Sicht, denn wir waren nicht zufrieden. Nicht zufrieden mit Semmelklößen (viel zu klein, viel zu hart) in einer Pilz-Rahm-Soße (nichtssagend, herausragendste Eigenschaft war: flüssig). Nicht zufrieden mit der Braumeisterpfanne (Schweinemedaillons mit Spätzle, 13,50 €). Nicht zufrieden mit der distanzlosen Bedienung, die uns mit unwitzigen Witzen zutextete. Und auch nicht zufrieden, wie lautstark Herr Krestel mit einigen Bedienungen umgegangen ist; als Gast möchte ich von – höflich ausgedrückt – Mitarbeitergesprächen nichts mitbekommen. Die gegrillten Nürnberger Bratwürste (von der Metzgerei Kraft) waren gut, der Kartoffelsalat akzeptabel, aber insgesamt ist das doch etwas wenig.

Nun, bei dem Aushängeschild der „Tucher Bräu" in Sachen Erlebnisgastronomie kann man nun leider auch nicht mehr so viel erleben. Früher, als noch gebraut wurde, war meines Erachtens viel mehr los. Aktuell gibt es einen Heurigen-Abend und einen Frühschoppen mit „Zoiglmusik". Woran es wohl liegt, dass das Lederer-Krokodil im Schankraum einen ermatteten Eindruck auf uns macht? An sich ist das riesige Restaurant mit noch riesigerem Biergarten doch prädestiniert für Erfolg. Die Einrichtung ist stimmig und die Sudkessel und die Dampfmaschine „Georg" sind blitzblank geputzt. So eine große Auswahl an thematischen Zimmern gibt es meines Wissens und vor allen Dingen in diesen Größenordnungen nirgendwo sonst. Aber vielleicht ist alles doch eine Spur zu groß dimensioniert für Nürnberg ... Schade eigentlich, denn Krokodilstränen hat das LEDERER nicht verdient, und „Charly" Krestel aufgrund seiner Lebensleistung erst recht nicht.

Gesamtbewertung:

Erlangen | **Lennox** : Spezialitäten & Kuriositäten

kontakt@lennox-erlangen.de   lennox-erlangen..de

Abnehmen?
Aufhängen!

Und es war Sommer ... Das schöne Wetter lädt uns dazu ein, draußen im Lennox Platz zu nehmen. Die Fußgängerzone wird zum Garten und gut beschirmt sitzen wir an weiß gedeckten Tischen. Dazu erst mal einen Aperitif: „Lillet mit Limonade und Erdbeeren", so eine Art Anti-Hugo. Da das Lennox im Untertitel „Steak & Seafood" führt, gab es bei unserem Besuch Lachs, Schwertfisch und Riesengarnelen. Unter „Seafood" habe ich mir „meer" vorgestellt, als nur das Schnitzel unter den Fischen plus Schwertfisch und Garnelen. Also, wenn mal wieder eine neue Karte gemacht wird, dann sollte es vielleicht „Steak & Steak" heißen ...

Dann eben Fleisch vom Lavasteingrill. Es gibt „Dry Aged" vom fränkischen Weiderind, sowie Ware aus Argentinien und den USA, sowie Lamm, Hähnchen und Schwein. Als „Special" im Sommer werden noch Kalbsrückensteak mit Pfifferlingen und Kartoffelgratin und Rinderfiletspitzen mit Pfifferlingen und Semmelknödeln angeboten. Ich überlege: trocken gealtertes Rind aus Franken? In der Karte ist zu lesen, dass das Fleisch am Knochen bei 1-2°C und 90% Luftfeuchtigkeit 10 Wochen gelangweilt rumhängt und dabei 30% an Gewicht verliert. Klingt gut, nehme ich. Das Fleisch kommt und ist exakt so gegrillt wie bestellt, schmeckt intensiv und gut. Aber es beißt sich irgendwie zu „kompakt", was jedoch gerade in Mode zu sein scheint.

Das von außen etwas unscheinbar aussehende Lokal selbst ist innen recht großzügig, hell, modern und freundlich eingerichtet. Rechter Hand ist eine entspannt aussehende Bar mit langem Tresen und links das eigentliche Restaurant. Unser Service war auf Zack, routiniert und recht nett. Auf dem Nachhauseweg komme ich ins Grübeln. Ich hätte fragen sollen, ob ich mich mal zum „Dry Aged"-Rind dazu hängen hätte können. Ganz entspannt 30% abnehmen in nur 10 Wochen? Das wäre auch eine vielversprechende Geschäftsidee!

Lennox
Martin-Luther-Platz 10
91054 Erlangen

Herr Thomas Sczepansky

09131 / 209989

Mo–Sa: 17:00–01:00
So: 17:00–00:00
Küche:
Mo–So: 17:00–22:00
kein Ruhetag

50, Nebenräume: 50, Außenplätze: 30

Immer empfohlen

30 € – 50 €

★★ · ·
★★★ ·
★★ · ·
★★★ ·
★★ · ·
★★ · ·
★★ · ·

Gesamtbewertung:

Französisch | **Restaurant-Café im Literaturhaus** | Nürnberg

www.restaurant-im-literaturhaus.de   info@restaurant-im-literaturhaus.de

Gut gedacht, gut gemacht

Restaurant-Café im Literaturhaus
Luitpoldstraße 6
90402 Nürnberg

Herr Bernhard Rings & Jörg Schuster

0911 / 2342658

Mo–Sa: 09:00–00:00
So: 09:00–23:00
Küche:
Mo–Sa: 09:00–23:00
So: 09:00–22:00
kein Ruhetag

120, Nebenräume: 80, Außenplätze: 80

Immer empfohlen

22 € – 45 €

★★★ ·
★★★ ·
★★★ ·
★★★★
★★★ ·
★★★★
★★★★

Restaurant im Literaturhaus

Gesamtbewertung:

 ·

Das Literaturhaus Nürnberg ist – so wie die Mobilia neben dem Neuen Museum – so etwas wie die Knautschzone zwischen der guten und der grellen Seite der Luitpoldstraße. Zur Knutschzone wird das Café und Restaurant höchstens mal im Sommer, wenn es außen an Bistrotischen wie in einem Pariser Straßencafé großstädtisch wird. Innen ist es in dem großen Raum mit dem Tresen linkerhand, den Bücherregalen als Raumteiler und der hellen Beleuchtung fast ein wenig zu bieder. Aber das ist ja stimmig für ein Haus, das schon Martin Walser, Hilde Domin, Arno Geiger, António Lobo Antunes, Ulla Hahn, Louis Begley und viele andere literarische Edelfedern in die Frankenmetropole holte. Zu lesen gibt es mehr als reichlich – auch viele Tageszeitungen. Dies alles ist das Verdienst von Dr. Manfred Boos, dem ehemaligen Leiter der Fernsehredaktion des BR in Nürnberg, und seinen Mitstreitern im gemeinnützigen LiteraturClub.

Von gutem Essen und französischer Lebensart scheinen die „Büchermenschen" vom LiteraturClub auch etwas zu verstehen, denn seit das Restaurant-Café an Bernhard Rings vermietet ist, geht mein Daumen immer öfter nach oben. Enttäuscht wurde ich dort nie – bis auf eine kleine Ausnahme – sondern zunehmend angenehm überrascht. Sehr zu loben sind auch die Auswahl und das Angebot für Vegetarier oder bio-bewusste Esser sowie die leckeren Kuchen aus der Vitrine, auch die Kennzeichnung von lactose- oder glutenfreier Kost ist zeitgemäß. Und, früh übt sich: Kinder bekommen alles aus der Karte in kleinerer Portion – auf Wunsch auch Extra-Würste mit Kinderbuch.

Wenn schon französisch, dann richtig: Nach der gut abgeschmeckten und gratinierten Zwiebelsuppe folgte aus der „Kokotte" (ein feuerfester Topf) ein Bœuf Bourguignon. Dieses traditionelle Gericht aus in Rotwein geschmorten Rindfleischstücken war butterzart, die Soße ein Gedicht und dazu passte das gut gewürzte und nicht zu schwere Kartoffelgratin perfekt. Meine Begleitung erfreute sich an Seeteufelmedaillons von der Wochenkarte, die mit Speck umwickelt wurden – dazu gab es Gemüsereis mit Safransoße. Und dann, ja dann kam eine Crème Brûlée – eiskalt … Grand malheur? Die überaus zerknirschte, sehr freundliche Bedienung besorgte eilends ein heißes Pendant und entschuldigte sich mit zwei Espressos. Wir kommen wieder – vielleicht mal zum Frühstück bis 15 Uhr – und Arno Geiger hoffentlich auch.

Nürnberg | **Lorenz** Exklusiv

info@cafelorenz.net   www.cafelorenz.net

Bio Bio

Das von Helmut Schmelzer vor 20 Jahren gegründete LORENZ wurde von seinem Nachfolger Martin Hattenbach vom Nudel-Restaurant zum ersten Bio-Restaurant Nürnbergs umgemodelt. Nürnbergs neuer Gastro-König Christian Wagner hat das schmucke Café-Restaurant am leider immer noch nicht so schmucken Lorenzer Platz vor gut zwei Jahren übernommen. Unter dem Motto „Wir sind kurz für Sie angebraten" wird ein nicht immer zu durchschauender Mix an hochwertigen Gerichten in Bio-Qualität angeboten. An einem Abend stehen beispielsweise Steaks im Vordergrund, am anderen Sushi. Auch Pizzen aus dem Steinofen habe ich auf einer Tageskarte gesehen. Mich verwirrt das.

Eine klare Sache sind Steaks. Ich wählte, auch wegen dem neuen Motto, ein Filet mit „Paris-Butter", die ich als „Sauce Café de Paris" kenne, plus Gemüse vom Grill. Man kann sich „sein Steak" also selbst „pimpen" und ist schnell bei über 30 €. Steak und Co waren tadellos. Vorher gab es von der Tageskarte Rigatonelli mit Rinderfiletspitzen in einer Auberginensoße (13,50 €). Ebenfalls sehr gut, wie auch die Nachspeise. Gerade noch so passte ein leichtes Brombeermousse mit „Chambord"-Gelee („Chambord" ist ein französischer Beerenlikör) für 7 € in mich hinein.

Noch wie vor 20 Jahren besticht das LORENZ mit jungen Kellnern und noch immer ist der Anteil an erfolgreich aussehenden Frauen und Frauen mit Kindern auffallend hoch. Ein Ort für Erfolgreiche und Erfolgsverwöhnte. Die einstmals recht strenge Inneneinrichtung wurde durch weitere, farbenfrohe Kunstwerke aufgebrochen und der große Raum anders bestuhlt. Man könnte auch sagen, dass das LORENZ freundlicher geworden. Dennoch, so recht konnte ich noch keinen roten Faden bei der Art der Zusammenstellung der Auswahl an Speisen erkennen. Aber aufgrund des großen Zuspruchs – untertags mehr als Abends – sehe wahrscheinlich nur ich darin ein Problem.

Lorenz
Lorenzer Platz 23
90402 Nürnberg

Herr Christian Wagner

0911 / 2059390

Mo–Sa: 08:30–01:00
So: 10:00–19:00
Küche:
Mo–Sa: 12:00–23:00
So: 12:00–17:00
kein Ruhetag

100, Außenplätze: 70

Am Wochenende empfohlen

30 € – 80 €

★★ · ·
★★★ ·
★★★ ·
★★★★
★★★ ·
★★★★
★★★★

Gesamtbewertung:

Fränkisch / Bürgerlich | **Lutzgarten** | Nürnberg

www.lutzgarten.de   lutzgarten@aol.com

Ein Fall für die Putzfee

Lutzgarten
Großreuther Straße 113
90425 Nürnberg

Herr Rüdiger Kortum

0911 / 358000

Di–So: 11:30–14:30, 17:30–23:00
Küche:
Di–So: 11:30–14:00, 17:30–21:30
Mo Ruhetag

50, Außenplätze: 200

Bei größeren Gruppen erbeten

25 € – 50 €

★★★ ·
★★★ ·
★★★ ·
★★★ ·
★★ · ·
★★★ ·
★★★ ·

Historisches Gasthaus Lutzgarten

Der LUTZGARTEN am Marienbergpark blickt zurecht mit Stolz auf seine Geschichte zurück, die bis ins Jahr 1705 reicht. Dass er nicht altbacken ist, zeigt sich u.a. daran, dass Junior-Chef Thorsten Kortum einen „Facebook-Account" angelegt hat. Vielleicht könnte der neue Chef bei Gelegenheit auch die ein wenig arg überladende Innendekoration im Hauptzimmer mit dem großen Kachelofen und der schwer wirkenden Holzdecke ein wenig schlanker gestalten. Die Putzfrau wäre wahrscheinlich für immer dankbar … Vermutlich aber findet gerade dies das schon etwas betagtere Stammpublikum genau stimmig – bei meinen Großeltern sah es früher ähnlich aus. Aber warum dann „Facebook"?

Wo wir schon am kritisieren sind – die Weinauswahl ist gering und die Speisenauswahl könnte kreativer ausfallen. Wir probierten ein gute, aber zu heiß servierte (Mikrowelle?) Pfannkuchensuppe. Die Putenmedaillons mit einer Pfeffer-Hollandaise waren stellenweise etwas zäh. Dazu gab es Röstinchen mit Pfifferlingen von der Saisonkarte, die ein Gedicht waren. Die Schweinelendchen „altfränkisch" wurden von etwas zu weich schmeckenden Bratkartoffeln begleitet. Die abschließende Rote Grütze schmeckte frisch und sehr gut. Gut gefällt mir, dass die Auswahl an Saisongerichten groß ausfällt.

Der LUTZGARTEN empfiehlt sich insbesondere bei Feiern, verfügt er doch über schmucke, „historisch" eingerichtete Nebenzimmer im Erdgeschoss und im 1. Stock. Eine Augenweide ist auch der große Garten mit den schattigen Kastanienbäumen und die Terrasse vor dem Lokal mit dem schönen Brunnen. Nach wenigen Minuten vergisst man hier, dass man sich noch immer innerhalb der Stadtgrenzen befindet. Fazit: Je mehr Sommer, desto LUTZGARTEN.

Gesamtbewertung:

 ·

Nürnberg | **Maharaja Palace** : Indisch

info@www.maharaja-palace-nuernberg.com   www.maharaja-palace-nuernberg.com

Schärfe, maßgeschneidert

Dai dai ... Als ich in das MAHARAJA PALACE einbiege, fällt mir Peter Sellers alias Hrundi V. Bakshi aus dem Film „Der Partyschreck" ein, der das immer sagt. Ja, und als unser Kellner mit irgendjemandem auf Englisch telefoniert, spricht er auch genauso ... Authentisch also? Mal sehen!

Da nicht jeder „Spicy Indian Kitchen" verträgt, wird man beim Bestellen gefragt, wie man das Essen möchte. Mild, etwas würziger, gerne schärfer oder sehr scharf – wie beim Schneider – „Made to measure", sehr schön! Das Lokal selbst ist natürlich ein wenig kitschig eingerichtet, indisch für Anfänger quasi, aber alles in allem passt es gut zusammen. Geschwungene Verblendungen vor den Fenstern, alles recht farbenfroh und mit nicht näher definierbaren indischen Bildern an den Wänden. Bestellen wird leicht gemacht: einmal die 47, dazu 24 und vorher die 14. Über 120 Gerichte stehen auf der Karte. Wie beim indischen Essen üblich, wird eine große Auswahl vegetarischer Speisen angeboten. Hinter der 47 verbirgt sich der „Maharaja Tandoori Mix" mit Fleisch, Fisch und frittiertem Gemüse. Tandoori ist im Original ein indischer zylindrischer Holzkohleofen. Ob so einer in der Küche steht konnte ich nicht nachprüfen ... Aber geschmeckt hat es gut. Ausgesprochen zum Reinbeißen war das „Naan", ein fladenförmiges Weizenbrot aus dem Tandoor-Ofen. Freundlicher Hinweis: Die Variante mit Knoblauch auf jeden Fall paarweise essen, sonst fällt die Begleitung später in Ohnmacht.

Namensgeber des Lokals ist Maharaja Ranjit Singh, der frühere Herrscher des Punjabs anno 18. bzw. 19. Jahrhundert in Nord-Indien und ein wilder Hund. Ob die Gerichte nun typisch für diese Region sind, kann ich nicht beurteilen. Zumindest gibt es kein Schwein und auch kein Rind, sondern Lamm, Geflügel, Fisch sowie eben viel Vegetarisches. Wir hatten zudem diverse Vorspeisen und zum Testen ein Hauptgericht in „mild" und eines in „scharf". Und scharf ist hier wirklich scharf. Zum Glück ist mild aber auch mild. Unser Kellner gab sich übrigens Mühe, ist freundlich und erklärte gerne das Essen. Für kleines Geld wird Mittags außerdem ein „All you can eat"-Buffet angeboten.

 Maharaja Palace
Regensburger Strasse 41
90487 Nürnberg

 Herr Bhupinder Singh

 0911 / 4244914

So–Fr: 11:30–14:30, 17:30–23:00
Sa: 16:00–23:00
Küche:
So–Fr: 11:30–14:00, 17:30–23:00
Sa: 16:00–22:00
kein Ruhetag

 50

 Abends empfohlen

 20 € – 30 €

 ★★★ ·

 ★★ · ·

 ★★★ ·

 ★★★★

 ★★ · ·

 ★ · · ·

 ★★★ ·

Gesamtbewertung:

Italienisch | **Trattoria Mamma Leone** | Nürnberg

Heilige Maria, ihm schmeckt's!

Trattoria Mamma Leone
Allersberger Straße 145
90461 Nürnberg

Frau Monika Feri

0911 / 89641119

Do–Di: 11:00–00:00
Küche:
Do–Di: 11:00–14:00,
17:00–23:00
Mi Ruhetag

45, Außenplätze: 30

Am Abend empfohlen

20 € – 50 €
★★★★
★★★·
★★★·
★★★★
★★··
★★··
★★★·

Gesamtbewertung:

Fertigpizzas sind hierzulande das beliebteste Tiefkühlgericht und die italienische Küche ist immer noch die am meisten frequentierte. Dennoch liegen nach wie vor Welten zwischen Italienern und Deutschen. Jan Weiler hat aus dieser besonderen Liebe den doch recht vergnüglichen Bestseller „Maria, ihm schmeckt's nicht!" gemacht. Da gibt es die wunderbare Szene, wo Jan an der Üppigkeit der italienischen Gastfreundschaft scheitert und mit „ich bin satt" der Mamma des Hauses ein Ende signalisieren möchte. Doch für „satt" scheint es kein italienisches Wort zu geben und das große Fressen nimmt kein Ende …

Nun, auch MAMMA LEONE, die eigentlich Monika Feri heißt, tischt in ihrer kleinen und bis auf die Poster italienischer Filmklassiker aus den 60er Jahren eigentlich sehr deutsch eingerichteten Trattoria in der Nähe des „süd.stadt.bad" Portionen auf, die entweder japsen lassen oder trainierte Vielschmecker glücklich machen. Dass bei all der Völlerei der Kontostand nicht aus dem Ruder läuft, scheint immer mehr Gäste anzulocken. Wir erfreuten uns beispielsweise von der immerwährenden Karte an einer kochtopfgroßen Insalata Mista, einer zitronigfruchtig schmeckenden Tomatensuppe mit reichlich Tomatenstückchen, zarten Involtini, Tagliatelle mit ein klein bisschen zu fettem Lachs in einer Sahnesoße und einer – jetzt wird es kritisch – betonharten Panna Cotta, die ich reklamierte. Da es die letzte war, gab's als Wiedergutmachung einen Espresso, wie er im Buche steht. Natürlich gibt es auch reichlich und gute Pizzas, die mit 30 cm im Durchmesser der DIN-Norm entsprechen. Besonders hervorzuheben ist das große Entgegenkommen der Küche bei Nahrungsmittelintoleranzen. Gluten- und laktosefrei, fruktose- und histaminarm – für „Intolerante" gibt es sogar eine eigene Speisenkarte. Bei uns lief allerdings das volle Programm und nicht nur wir lassen noch fast halbvolle Teller zurückgehen, sondern auch viele Nachbartische. Die sehr aufmerksame und sympathische Dame des Hauses erkundigte sich jedes Mal mit glaubhaftem Interesse, ob es denn nicht geschmeckt hätte. Ich suche noch immer nach der richtigen italienischen Vokabel für „satt". Bis zum nächsten Besuch dürfte es klappen!

Nürnberg | **Mannis Weinwirtschaft** | Spezialitäten & Kuriositäten

Hier geht's Wild zu

Seit 1991 betreibt Manfred Sing seine Weinwirtschaft, bekannt als MANNIS WEINWIRTSCHAFT. Eigentlich hätte er ja nur eine Weinstube machen wollen, aber ohne Essen geht das nicht, fand er, und so wird also gekocht. Die Wirtschaft wird am Eingang von einem massiven Tresen dominiert, dann schließt sich der Gastraum an. Lachsfarbene Tischdecken liegen auf den Tischen, das Publikum ist nicht mehr ganz jung und bunt gemischt. Manfred Sing selbst steht in der Küche.

Neben Vorspeisen mit kalten Schnabuliereien (Wurst, Käse und Gemüse) informiert eine Kreidetafel an der Wand über die Tagesgerichte. Wild hat es dem Betreiber offensichtlich angetan, denn es gibt mal Wildschwein, mal Hirsch oder Reh. Auch wenn der Wirt manchmal fränkisch mürrisch aus seiner Küche zu linsen scheint, tut dies dem Ess- und Trinkvergnügen keinen Abbruch, im Gegenteil. Er versteht sein Handwerk und wir haben hier immer gut gegessen.

Unsere Bedienung ist souverän und berät auch gerne beim Wein. Wie der Name nahelegt, ist die Auswahl groß. Weine aus Deutschland haben einen hohen Stellenwert, aber einen echten Schwerpunkt bilden sie nicht. Drei- bis viermal im Jahr lädt Herr Sing Winzer ein und dann gibt es immer ein auf die Weine abgestimmtes Menü dazu. In der WEINWIRTSCHAFT finden sich Tropfen, die nicht so oft in Nürnberg zu finden sind. „Manni" holt direkt ab Winzer. Knapp 80 Weine stehen auf der Karte, davon knapp 20 auch offen. Allesamt zu bezahlbaren Preisen. „Wichtigtuer Weine gibt es bei mir nicht", so Sing. Wer möchte, bekommt aber auch ein frisch gezapftes Bier. Wer Salat bestellt oder zum Essen dazubekommt, der wird immer gefragt ob mit oder ohne Knoblauch, das finde ich gut, rate aber dazu „mit" zu nehmen. Im Sommermonat August hat die WEINWIRTSCHAFT in der Regel geschlossen, ansonsten stehen außen vier kleine Tische auf dem Trottoir. Aber richtig gemütlich ist das nicht, Sie finden uns also eher in der kühleren Zeit in MANNIS WEINWIRTSCHAFT.

Mannis Weinwirtschaft
Friedrichstrasse 11
90408 Nürnberg

Herr Manfred Sing

0911 / 353357

Mo–Sa: 17:00–01:00
Küche:
Mo–Sa: 17:00–23:00
So Ruhetag

30, Nebenräume: 15, Außenplätze: 8

Immer empfohlen

€ 15 € – 25 €
⚖ ★★★·
👤 ★★··
🍲 ★★··
🍖 ★★★·
🍷 ★★··
🍸 ★★★★
🥤 ★★★·

Gesamtbewertung:

Fränkisch / Bürgerlich **Marientorzwinger** Nürnberg

www.marientorzwinger.de   info@wirtshaus-marientorzwinger.de

Sauber mit Waltraut & Mariechen

Marientorzwinger
Lorenzer Straße 33
90402 Nürnberg

Herr Tim Hartinger

0911 / 24274040

Mo–So: 11:00–01:00
Küche:
Mo–So: 11:00–00:00
kein Ruhetag

170, Außenplätze: 300

Abends empfohlen

14 € – 40 €

★★★ ·
★★ · ·
★★★ ·
★★★★
★★ · ·
★ · · ·
★★★★

Vor gar nicht allzu langer Zeit übernahm der junge aber dennoch erfahrene Gastronom Tim Hartinger den als „schwierig" geltenden MARIENTORZWINGER. Die Inneneinrichtung der zwei Google wurde ziemlich aufgehübscht – die schlichte, aber dennoch erkennbare, „fränkische Art" gefällt. Etwas gemütlicher finde ich das kleinere Zimmer im Zwischengeschoss. Die Toiletten sind ebenfalls wieder ein freundlicher Ort; „Waltraut & Mariechen" aus dem Lautsprecher laden zum längeren Verweilen ein … Viel Geld und Geschmack wurde auch in einen stimmigen Werbeauftritt investiert (Nebenbei: das neue Logo lässt mich sofort an die „Autostadt" von VW denken). Als nächstes sollen Angebote für Menschen folgen, die unter Lebensmittelintoleranzen leiden. Woran nach unserer Meinung noch gearbeitet werden muss: an der Konstanz der Leistungen der Küche.

Nicht gefallen haben uns das Wiener Schnitzel mit Bratkartoffeln. Es schmeckte nicht nach Pfanne, die Bratkartoffeln waren „lätschig" und zu fettig. Das Schäufele sollte größer ausfallen, die Klöße auch und die Soße könnte origineller schmecken. Keinen Applaus bekamen auch die Käsespätzle, die ebenfalls zu viel Fett angesetzt hatten. Gefallen haben uns die Matjes mit einer guten Joghurtsoße und auch das Pfefferkrustensteak mit Ofenkartoffel wurde wohlwollend abgenickt. Totaler Reinfall war eine völlig falsch zubereitete Caipirinha. Zwar erwartete ich vorher nicht, dass der MARIENTORZWINGER überhaupt Cocktails anbietet, aber wenn, dann sollte er schon Ähnlichkeiten mit dem Originalrezept haben. Die Bedienungen sind allesamt sehr jung und engagiert bei der Sache – zumindest bei meinen Besuchen.

Den großen Biergarten finde ich ja herrlich. Ein kleines Juwel an der Marienstraße. Weil ich da gerne mal wieder einen schönen Abend verleben und mich dabei auch auf das Essen freuen möchte, wünsche ich dem sympathischen Herrn Hartinger einen längeren Atem. Noch ein Tipp für tagsüber: Das Antiquariat Deuerlein im Erdgeschoss hat einen der besten Espressos der Stadt.

Gesamtbewertung:

Nürnberg • **Minneci** Italienisch

minneci@aol.com   www.minneci-ristorante.de

Buonasera Principessa

Leonardo Minneci ist Gastgeber mit Leib und Seele. Seit gut zehn Jahren lädt er nun in ein original erhaltenes Haus aus dem 16. Jahrhundert am Jakobsmarkt ein. Im Sommer hat er die Fläche vor dem Lokal zu einer Terrasse, eingerahmt von Pflanzen, umgewandelt. Kochen liegt den Minnecis im Blut, der ältere Bruder betreibt das italienische Lokal LA PALMA in Fürth. Leonardo ist noch eine Spur „edler". Pizzen gibt es im MINNECI nicht, dafür wunderbare Fleisch-, Fisch- und Nudelgerichte. Wir beginnen mit einem „Carpaccio di Manzo", das es bei unserem Besuch nur im Menü gab, aber unser Sonderwunsch wurde erfüllt. Als Hauptgang wählten wir „Gebratene Scampis auf Safranrisotto" und „Wachtelcrepinetten mit gebratenen Waldpilzen". Das klingt nicht nur gut, sondern es schmeckte auch hervorragend. Was auch oft angeboten wird sind hausgemachte Nudeln mit Trüffeln, die in einer Art aufgeblähtem Briefumschlag aus Backpapier serviert werden – köstlich.

Leonardo Minneci ist ein Italiener wie aus dem Bilderbuch – zum Glück ohne singen. Der weibliche Gast wird schon mal als Principessa begrüßt und der Begleiter ist der Dottore. Überhaupt der Service: Freundlich, zuvorkommend und auch wenn die Gerichte „à la minute" gekocht werden, ist die Wartezeit immer im Rahmen. Die Atmosphäre ist gehoben, aber keineswegs „gespreizt" oder gestellt, hier wird einfach auf hohem Niveau gegessen und getrunken. Wie es sich für ein Lokal dieser Preisklasse gehört, gibt es mehr Wein als man kennen kann. Innen sitzt man bequem und das Sandstein-Interieur hat nicht nur was von alter Reichsstadt, sondern auch einen Hauch von Toskanischer Patrizier Villa. Unter dem Innenraum ist noch ein Gewölbe, das als CANTINA DEL VINO dient und gemietet werden kann. Seit gut 15 Jahren esse ich nun bei Leonardo Minneci, der davor in Johannis residierte, und wurde noch nie enttäuscht. Für uns einer der besten Italiener in der Region!

🏠 **Minneci**
Zirkelschmiedsgasse 28
90402 Nürnberg

👥 Herr Leonardo Minneci

📞 0911 / 209655

🕐 Di–Sa: 12:00–14:00,
          18:00–23:30
Küche:
Di–Sa: 12:00–13:30,
         18:00–22:00
So, Mo Ruhetag

🪑 32, Nebenräume: 25,
   Außenplätze: 36

🪟 Empfohlen

€ 35 € – 50 €

⚖ ★★★·
👨‍🍳 ★★★★
🥄 ★★★·
🍖 ★★★·
🍷 ★★★·
🍷 ★★★★
📋 ★★★·

Gesamtbewertung:

Ceylonesisch **Mount Lavinia** Nürnberg

www.mountlavinia.de info@mountlavinia.de

Vorsicht vor den Typen: Vata, Pitta oder Kapha!

Mount Lavinia
Jakobsplatz 22
90402 Nürnberg

Herr Shane Samson

0911 / 227009

Mo–Sa: 11:30–15:00, 18:00–00:00
So: 18:00–00:00
Küche:
Mo–Sa: 11:30–15:00, 18:00–22:30
So: 18:00–22:30
kein Ruhetag

70, Nebenräume: 20

Abends empfohlen

25 € – 35 €

★★★ •
★★★ •
★★★ •
★★★ •
★★★ •
★★ • •
★★★ •

Ceylonesische Küche ist eine Seltenheit in Nürnberg. Von Ayurveda hat inzwischen ja schon fast jeder mal etwas gehört, aber als das MOUNT LAVINIA vor über 20 Jahren eröffnete, war dies noch anders. Die Karte ist aber nicht auf Ayurveda oder Sri Lanka beschränkt, es wird auch Thai-Küche angeboten. Der Tradition dieser Küchen folgend, listet die Karte einiges an vegetarischen Gerichten auf. Sogar ganze vegetarische Menüs kann man hier genießen. In Sachen Ayurveda kann sich der Gast auch nach dem „Dosha Prinzip" vegane Speisen aussuchen. Dazu sollte man natürlich wissen, welcher Typ man ist: Vata, Pitta oder Kapha. Zu jedem dieser Typen gibt es drei Speisen. Aber keine Angst: Fleisch und Fisch sind im Repertoire dieses Restaurants ebenso vertreten. Überhaupt ist die Karte doch recht umfangreich. Was es an Ceylonesischem zu essen gibt, ist wahrlich authentisch und gut. Ein bisschen sollte man jedoch Acht geben, scharf ist scharf!

Meine „Tissamaharama"-Reistafel ist ein mildes Rindfleisch-Curry in Kokosmilch-Soße mit gerösteten Korianderkörnchen und Rampeblättern (vom Schraubenbaum, einer Art Palme), dazu wird roter Reis und Salat gereicht. Das war lecker! Weich das Fleisch und leicht gewürzt, nur der Salat war etwas fade. Je nach Gericht wird alles auf einem Stövchen serviert, damit das Essen länger warm bleibt. Mittags hat das MOUNT LAVINIA derzeit eine besondere Karte mit Gerichten zu günstigeren Preisen. Das Restaurant selbst ist in mehrere Räume unterteilt. Auf den Tischen liegen grüne Batik-Tischdecken (unsere war nicht mehr ganz frisch) und auch die Stuhlbezüge haben schon bessere Zeiten erlebt. Insgesamt ist die Atmosphäre angenehm, ein bisschen entrückt man hier schon dem fränkischen Alltag, obwohl mich persönlich die „Entspannungsmusik" im Hintergrund aufregt. Es ist die Art Musik, über die man, wenn man sie erst einmal bemerkt hat, nicht mehr hinweghören kann. Die Rechnung bringt Inhaber Shane Samson seit Jahren in einer „Trick-Holzschachtel", die der Gast erstmal öffnen muss. Wie ein kleines Kind freut sich der Wirt dann – nun auch schon seit vielen Jahren – wenn er dabei helfen darf.

Gesamtbewertung:

 •

Nürnberg · **O-Sha** · Thailändisch

info@o-sha.de   www.o-sha.de

Scoville mit Gurke

Der amerikanische Pharmakologe Wilbur Lincoln Scoville erfand einen nach ihm benannten Schärfe-Test. Reiner Cayenne-Pfeffer kann z.B. bis zu 50.000 Punkte auf seiner bis zu 7 Millionen reichenden Skala erreichen. „Thai scharf", so erklärt es die umfangreiche und schmucke Speisenkarte des O-Sha, „ist ein Schärfegrad, der die Sehnsucht des Gastes nach Thailand stillt". Schöner hätte ich es nicht sagen können, als ich nach wenigen Bissen vom traditionellen und wirklich hervorragenden Salat „Laab Nüa" (mit dünnem Rinderfilet und erfrischender Marinade u.a. mit Minze, Schalotten und Zitronenblättern) nach Luft schnappte. Dabei hatte dieser noch nicht einmal die höchste Schärfeklasse. Die immer aufmerksame Bedienung bemerkt den GAU, flitzte sofort in die Küche und brachte mir einige Scheiben roher Gurke. Und tatsächlich – sofort trat Linderung ein. Danke für den Geheimtipp!

Für uns ist das O-Sha in jedem Fall eine Entdeckung bei der diesmaligen „Tour de Almanach". Es gibt thailändische Gerichte, die mir völlig fremd waren. Zudem sind viele traditionelle Speisen als kleine und normale Portionen erhältlich, was mir als „Rumprobierer" immer gefällt. Von 15 bis 18:30 Uhr wird mit einem „Afterwork Menü" (zwischen 9 € und 12,50 €) versucht, die Zeit zwischen Mittag- und Abendgästen zu überbrücken. Was ich so auch noch nicht gesehen habe, ist das große Angebot an hausgemachten Erfrischungsgetränken, z. B. eine Zitronengras-Limonade oder das „Horapa Soda" (mit Thaibasilikum und Limette). Neben einem sehr frisch schmeckenden Thunfisch-Tatar erinnern wir uns noch gerne an ein Rotes-Kokos-Curry mit Garnelen (14,50 €) und, als eines von drei Desserts, an thailändische Crêpes mit Banane, süßer Milch und Schokosoße. Alles lecker und sehr frisch! Statt eines Desserts wäre auch ein Cocktail eine gute Idee – z. B. ein zitronenfrischer Mojito, der zwischen 21:30 und 22:30 Uhr für 5 € im Angebot ist. Das modern und geschmackvoll eingerichtete O-Sha zeigt sich seit seiner Renovierung im Frühjahr 2012 von seiner besten Seite und der sympathische Inhaber Michael Weiß wird uns sicher auch in Zukunft mit neuen Ideen begeistern. Wir sagen „O-Sha", was in Thailand für etwas steht, was man gut findet. Wir finden es richtig gut!

🏠 **O-Sha**
Jakobstraße 13-15
90402 Nürnberg

👥 Herr Michael Weiß

📞 0911 / 2429334

🕐 Mo–Fr: 11:30–23:00
Sa–So: 12:00–23:00
Küche:
Mo–Fr: 11:30–22:00
Sa–So: 12:00–22:00
kein Ruhetag

🪑 70, Außenplätze: 24

💳 Abends empfohlen, am Wochenende nötig

€ 20 € – 50 €
⚖ ★★★ ·
👨‍🍳 ★★★ ·
🍲 ★★★★
☕ ★★★★
🍷 ★★ · ·
🍸 ★★ · ·
🥤 ★★★★

Gesamtbewertung:

Türkisch **Olive** — Nürnberg

www.olive-nuernberg.de

Südstadt pikant

Olive
Gugelstrasse 148
90459 Nürnberg

Herr Ilhan Ayaz & Frau Renate Bachmann

0911 / 3226435

Mo–Fr: 12:00–14:00;
        18:00–00:00
Sa: 18:00–00:00
Küche:
Mo–Fr: 12:00–14:00,
        18:00–23:00
Sa: 18:00–23:00
So Ruhetag

30

Immer empfohlen

25 € – 35 €

⚖ ★★··
👨 ★★★·
🍲 ★★★·
🍗 ★★··
🍷 ★★··
🍷 ★★··
🥛 ★★··

Die Olive gibt es seit gut 10 Jahren in Nürnberg und jetzt in der Südstadt. Dementsprechend wirkt es innen noch recht neu und frisch. Im hinteren Raum einer ehemaligen Südstädter Eckkneipe fällt das wandfüllende Bild mit Feigen auf, die Stühle sind violett, gemustert die Bänke und die Wände eierschalfarben und lindgrün, olivenfarben eben. Schnell vergisst man, wo man isst. Betrieben wird dieses Restaurant von Ilhan Ayaz und Renate Bachmann.

„**Feine Türkische Küche**" haben sich die beiden auf die Fahne geschrieben. Ein paar Gäste sind außer uns noch da, um diese zu genießen. Der Service ist nun nicht von übertriebenem Tempo beseelt, aber noch im Rahmen. Wir nehmen gleich mal einen Vorspeisen-Teller mit vier verschiedene Sachen darauf: gegrillte Auberginen, Thunfischsalat, eine leckere Walnuss-Paste und gegrillte Paprika. Ein köstlicher Einstieg in den Abend. Dazu gibt es, wie soll es auch anders sein, Fladenbrot. Meine Begleitung wählt statt einem Hauptgang eine zweite warme Vorspeise, „Karides ton", Garnelen in Olivenöl. Würzig, Knoblauch satt, das Ganze in einem Tontöpfchen. Recht nett gemacht und gut. Ich entscheide mich für „Tavuk Tava". Dahinter verbirgt sich typisch gewürztes Hühnchenfleisch mit Gemüse, ein bisschen pikant war es, ebenfalls gut.

Unterm Strich war unser Essen schwer in Ordnung, frisch zubereitet und schmackhaft. Die Preise jedoch können mit der Innenstadt und gehobenen Lokalen mithalten! Ob das der richtige Weg ist, beurteile ich mal besser nicht. Wie wir im Nachhinein erfahren haben, war der Wirt früher Fischhändler und sie sind seine Passion. Vegetariern wird nur ein Hauptgericht angeboten, da raten wir dann im Notfall zu den vielen fleischlosen Vorspeisen. Die kleine Weinauswahl besteht aus sieben Weinen aus der Türkei. Schade, dass glasweise nur einer angeboten wird. Jetzt aber noch einen guten Mokka zum Schluss!

Gesamtbewertung:

Nürnberg **Opatija** Exklusiv

opatija-restaurant@web.de   www.merian-hotel.de

Dany plus

Ich wäre gerne Daniel „Dany" Rôskar! Der Inhaber des OPATIJA feiert laut meinen seriösen Quellen bald seinen 74. Geburtstag – dabei sieht er so frisch aus wie vor 20 Jahren und ist ebenso quirlig täglich in seinem traditionsreichen Lokal mit angeschlossenem Hotel anzutreffen. Sein Geheimrezept gegen Alterung hätte ich nur zu gerne. Außerdem kennt „Dany" Gott, die Welt und den Oberbürgermeister. Und sie kennen und schätzen ihn und halten ihm die Treue. Da seine Küche über jeden Zweifel erhaben ist, fällt letzteres ausgesprochen leicht. Der Ljubljaner war noch persönlicher Diener Titos und ist, da er das OPATIJA seit 1964 leitet, der wohl älteste Gastronom Nürnbergs (oder auf Augenhöhe mit Werner Behringer). Wir verbeugen uns!

Vor 20 Jahren schrieben wir ein wenig frech im letzten „Almanach": „So klein Daniel „Dany" Rôskar manchem erscheinen mag, bei der Kalkulation ist er der Größte". Gewachsen ist er seitdem nicht und ein „Wiener Schnitzel" kostet aktuell 21 €. Schön, dass es Konstanten im Leben gibt … Obwohl das Schnitzel sehr gut aussieht, raten wir dennoch entweder zu den von der „Balkan-Küche" getriebenen Gerichten vom Grill oder zu den Fisch-Spezialitäten. Wir hatten viel Freude mit dem „Opatija-Grillteller" mit Cevapcici, Raznjici und Lendchen. Dazu gab es mit Paprika und Erbsen angereicherten roten „Djuvec-Reis" (16 €). Die gegrillte Dorade schmeckte fangfrisch und war auf die Sekunde genau zubereitet (20 €). Vorher gab es noch ein Carpaccio vom Oktopus mit Rucola und Parmesan (15 €). Meine Begleitung ergründete das Geheimnis des „Palatschinken Spezial" – es war eine süße Nuss-Füllung. Alles wunderbar, alles gut. Überhaupt finde ich die umfangreiche Karte mit vielen Küchenklassikern verlockend – hier findet garantiert jeder etwas.

Vor 20 Jahren schrieben wir auch, dass das OPATIJA modern eingerichtet ist. Inzwischen wirkt es ein bisschen in Würde gealtert. Selbstverständlich ist es blitzblank sauber! Aber die seinerzeit verwendeten pastelligen Farben erinnern einfach an Helmut Kohl – oder noch früher. Insgesamt gibt es im OPATIJA zwei Räume: ein kleinerer gleich links vom Eingang und der eigentliche L-förmige Gastraum, im dem man schöner sitzt. Am schönsten ist jedoch die Terrasse auf dem verkehrsberuhigten Unschlittplatz. Falls man einen Platz bekommt. Herr „Dany", bitte weiter so!

Opatija
Unschlittplatz 7
90403 Nürnberg

Herr Daniel Rôskar

09111 / 227196

Mo–So: 11:30–14:30,
        17:30–23:00
Küche:
Mo–So: 11:30–14:30,
        17:30–23:00
kein Ruhetag

70, Außenplätze: 80

Abends immer empfohlen

40 € – 80 €

★★ · ·
★★★ ·
★★★ ·
★★★★
★★★ ·
★★★★
★★★★

Gesamtbewertung:

Nürnberg | L'Osteria

Italienisch

www.losteria.de   verwaltung@losteria.de

Pizza, Pasta und fast ein Porsche

L'Osteria
Pirckheimer Straße 116
90409 Nürnberg

Herr Antonio Dias

0911 / 558283

Mo–Sa: 11:00–00:00
So: 17:00–00:00
Küche:
Mo–Sa: 11:00–23:00
So: 17:00–23:00
kein Ruhetag

36, Nebenräume: 40,
Außenplätze: 30

Abends immer nötig

18 € – 45 €
★★★ ·
★★★ ·
★★★ ·
★★★★
★★ · ·
★★★ ·
★★★ ·

Gesamtbewertung:

Das Geschäft mit Pasta und Pizza ist offensichtlich eine sehr runde Sache. Ex-Porsche-Chef Wendelin Wiedeking z.B. eröffnet gerade bundesweit eine Kette für italienische Schnellkost namens VIALINO. Das wiederum finden die Jungs vom VAPIANO wegen der Namensähnlichkeit weniger lustig – und auch mit den Nürnberger Unternehmern Klaus Rader und Friedemann Findeis von der jetzt in 16 deutschen Städten vertretenen L'OSTERIA saß „Carbonara statt Carrera"-Wiedeking für eine Partnerschaft am Verhandlungstisch. Erfolglos. Eine Erfolgsstory hingegen sind die OSTERIA-Pizzas in der Größe einer Porsche Cheyenne-Alufelge: 45 cm im Durchmesser. Das macht satt! Darum kann man sich die Pizza auch hälftig belegen lassen. Was Platz lässt für eine Vor- oder Nachspeise und deshalb ruhig komisch aussehen darf: Links z. B. mit pikanter Salami, Mozzarella und Basilikum und rechts als „Hawaii" für den Sohnemann. Sicher ist die Größe für viele der Hauptgrund für eine OSTERIA-Pizza, ich finde jedoch, der hauchdünn ausgerollte Teig, im Holzofen ausgebacken, schmeckt überragend. Leider überragen die Pizzas auch deutlich den Tellerrand, so dass man am Anfang immer seine Pizza über den Holztisch schrubbt, was mich dann ein wenig ärgert.

Grund zur Freude ist jedoch der Blick über den Pizzatellerrand. In der Osteria hatte ich immer Glück mit den Antipasti-Klassikern „Vitello Tonnato" und „Carpaccio" sowie mit den Sattmachersalaten in gut zehn Versionen. Auch bei der Pasta ist alles prima und als Tipp empfehle ich „Conchiglie Granchi die Fiume", Nudeln in Muschel-Form mit Flusskrebsen in einer mit Hummer angereicherten Soße. Da die Tiramisu ziemlich viel Schwerkraft hat, ist – wenn es eines der wenigen Dolci sein soll – der „Best of"-Teller mit eben Tiramisu, Erdbeeren mit Mascarpone und Panna Cotta eine gute Wahl. Auch die Wochenkarte mit rund acht Gerichten lohnt immer einen Blick.

Für dieses Vergnügen gilt zweierlei zu beachten: Unbedingt einige Tage vorher für Abends reservieren und gelassene Lebensfreude mitbringen. Denn in der Kult-Pizzeria mit ihren zwei Gasträumen und der offenen Küche ist es immer voll, laut und eng. Ein bisschen wie in Rom halt, nur dass die DNA der OSTERIAS in der Pirckheimer Straße liegt, wo anno 1999 alles begann.

in vino veritas

Die besten Weine aus Italien

500 gute Weine zum fairen Preis!
Schneller, zuverlässiger Service

Partner & Lieferant für gute
und anspruchsvolle Gastronomie

www.invinoveritas.de

in vino veritas Gmbh & CoKG . **Weinhandlung** . Krelingstraße 44
90491 Nürnberg . Montag - Freitag 14:00 - 19:00 . Samstag 10:00 - 14:00
Telefon   0911/362660   .   info@invinoveritas.de   .   www.invinoveritas.de

Grosshandel . **Abhollager** . Muggenhoferstrasse 172 . 90429 Nürnberg
Telefon   0911/510 55 21 .   info@invinoveritas.de   .   www.invinoveritas.de

Italienisch : **La Palma** | Fürth

ristorante-lapalma.de   minneci@arcor.de

Fünf ist Trümpf

La Palma
Karlstrasse 24
90763 Fürth

Herr Gianni Minneci

0911 / 747500

Di–So: 11:30–14:00,
        17:30–22:30
Küche:
Di–So: 11:30–13:00,
        17:30–21:30
Mo Ruhetag

35, Nebenräume: 30,
Außenplätze: 30

Empfohlen

20 € – 40 €

★★★·
★★★★
★★★·
★★★·
★★★·
★★★·
★★★★
★★★·

RISTORANTE
La Palma
MINNECI

Die Familie Minneci gehört zum italienischen Urgestein in der Fürther und Nürnberger Gastronomie. Fünf Brüder sind es insgesamt, einer kocht in Sizilien, einer hat ein Lokal in Nürnberg und dem ältesten Bruder gehört das La Palma. Sonntagmittag: statt Schäufele mal Saltimbocca. Ein wenig ist hier die Zeit stehen geblieben und zwar im positiven Sinn: Kellner, die nach solchen aussehen, weiße Hemden, schwarze Westen und Schürzen, ein Patron, der sich selbst in die Schlacht wirft und aktiv am Gast ist, bravo! Ordentliche Tischdecken und Stoffservietten, die die Bezeichnung noch verdienen, liegen hier ganz unschuldig, als ob Papierservietten nur ein böser Traum sind. Gleich nach dem Eintreten werden wir an unseren Tisch geführt, so ein bisschen „bessere Fürther Gesellschaft" scheint hier zu verkehren und das La Palma ist gut gefüllt.

Die gebratenen Pfifferlinge mit Pecorino sind ein guter Beginn, ebenso wie der Oktopus-Salat. Die Zeit zwischen Bestellung und erstem Bissen ist genau richtig, es dauert weder zu lange, noch geht es so schnell, dass man annehmen müsste, alles stünde schon fertig in der Küche. Schwer zu empfehlen sind die hausgemachten Panzerotti, der Saison entsprechend mit einer Kürbis-Ricotta-Füllung. Es waren zwar „nur" drei Stück, doch damit war der Teller voll und sie waren ein Gedicht. Das Saltimbocca war mir etwas zu salzig, aber es hat gut mit den kantigen Bratkartoffeln harmoniert. Dolci gibt es natürlich: Panna Cotta, Cassata alla Siciliana, oder, und das ist mein Tipp, Zabaione al Vecchio Marsala. Wer Süßes zum Schluss nicht mag, für den gibt's entweder einen Grappa oder einen Käseteller mit vier Sorten Käse. Gut gefallen hat mir die Weinauswahl! Die gesonderte Karte bietet mehr als genug an, um den Wagen erst einmal stehen zu lassen. Das La Palma gehört völlig zu Recht zu den ersten Adressen in Fürth und auch der Weg aus Nürnberg sollte für Liebhaber der italienischen Küche nicht zu weit sein.

Gesamtbewertung:

Nürnberg | **Palmengarten** : Fränkisch / Bürgerlich

Gostenhof unter Palmen

Rolf Meyer zählt zu den erfahrensten Gastronomen Nürnbergs: MÖDL & MEYER, GRÜNER BAUM, ZWINGER und BLAUES HAUS waren die Stationen vor dem PALMENGARTEN. Dabei hat er schon so ziemlich alles von gehobener Avantgarde (im MÖDL & MEYER) bis eben bodenständig im PALMENGARTEN auf der Herdplatte gehabt. Sein aktuelles Lokal becirct mit einem schönen Innenhof, zwar ohne Palmen, aber von Pflanzen zugewachsen. Im Sommer sehr schön lauschig und im Winter stehen die rauchenden Stammgäste gerne an einem zu einem Stehtisch umfunktionierten Fass draußen.

Mit dem Lokal hat er ein kleines Juwel in Gostenhof geschaffen, nicht ganz so hip wie zum Beispiel die SCHANKWIRTSCHAFT, aber immer gleichbleibend gut. Bei Meyer gibt es solides Schäufele oder Schweinebraten zu günstigen Preisen, ebenso wie Rehbraten mit Semmelknödel oder Maispoularde mit Rosmarin-Kartoffeln. Der Schwerpunkt der Gerichte liegt schon bei Fleisch, aber auch für Vegetarier gibt es immer ein oder zwei Gerichte. Der Gastraum ist schlicht und es kann gut sein, dass am Nebentisch gerade eine Runde Schafkopf an den Holztischen gespielt wird. Neben kalten Brotzeiten gibt es immer noch eine Tageskarte. Dazu darf ein ordentliches Bier nicht fehlen! Meyer bietet immer mal wieder eine andere Sorte aus Franken zusätzlich an. Das zweite Bier kostet 20 Cent weniger als das Erste, leider geht die Staffelung dann aber nicht weiter ... Der Service ist flott und freundlich. Natürlich kann man sich ab und an auch darauf verlassen, auf nonchalante fränkische Art einen Spruch vom Kellner zu hören. Bei meinen zahlreichen Besuchen hatte ich einmal eine Gruppe internationaler Geschäftsmänner im Schlepptau und dafür sollte unbedingt reserviert werden! Ein großes Manko hat der PALMENGARTEN – wie so viele Lokale in Gostenhof, Johannis oder der Südstadt – schon: Parkplätze sind eine Rarität, aber die U-Bahn ist ja nicht weit.

Palmengarten
Untere Kanalstrasse 4
90429 Nürnberg

Herr Rolf Meyer

0911 / 3777490

Mo–So: 17:00–01:00
Küche:
Mo–So: 17:00–00:00
kein Ruhetag

80, Außenplätze: 30

Immer empfohlen

10 € – 20 €

★★★ ·
★★★ ·
★★ · ·
★★★ ·
★★ · ·
★★ · ·
★★★ ·

Gesamtbewertung:

Spezialitäten & Kuriositäten | **Paradies** | Nürnberg

www.loenneberga-paradies.de

Bilderflut mit Wild in Johannis

Paradies
Poppenreuther-
strasse 21
90419 Nürnberg

Krug & Körgel GdBr

0911 / 3777063

Mo–Sa: 17:00–01:00
So: 12:00–01:00
Küche:
Mo–Sa: 17:00–23:00
So: 12:00–23:00
kein Ruhetag

55, Außenplätze: 45

Immer empfohlen

15 € – 25 €

** · ·
*** ·
*** ·
*** ·
** · ·
** · ·
** · ·

Das Paradies ist als Ableger des Lönneberga entstanden. Leider kommen wir zu spät für einen Abstecher in den Garten, es ist bereits kalt draußen. Was sehr schade ist, denn den Garten haben die Betreiber recht nett gemacht. Außerdem gibt es noch eine „Jägerhütte" mit Kanonenofen, der aber schon geschlossen war. Innen erwartet einen ein L-förmiger schlichter Raum mit Holztischen. An der Wand hängt Kunst, wie ein übergroßes Bild eines Blumenkohls neben einem mit zwei Krügen mit Kürbissen. Ich frage mich, ob die Namensgleichheit der Künstlerin mit einem der Betreiber Zufall ist … Aber wir sind ja keine Kunstkritiker, sondern zum Essen da …

Neben den Angeboten der Standardkarte werden weitere Speisen auf einer Wandtafel feilgeboten. Leider auch schon die Nachspeisen, ich lasse mich lieber überraschen. Der Vorspeise „Auberginenscheiben mit Tomatenragout mit Schafskäse überbacken" fehlt ein wenig Salz, schmeckt aber nicht schlecht. Da Schafskäse nicht besonders fett ist, finde ich ihn prinzipiell nicht zum Überbacken geeignet. Das Paradies wirbt auf seiner Homepage mit Wild, das wir deshalb gleich mal ausprobieren: Wildhasenkeule mit hausgemachten Spätzle und kleinem Salat. Es gäbe auch Hirsch und Wildragout, oder Unvergängliches wie Cordon bleu oder Penne mit Pilzen.

Lange müssen wir nicht auf unser Essen warten. Der Hase war schmackhaft, die Soße gut und auch an den Spätzle gab es nichts auszusetzen. Wir probierten noch das große Cordon bleu, das sehr gut war. Jedoch ist es keine gute Idee, das panierte Fleisch auf den Bratkartoffeln, die kein großer Wurf waren, zu platzieren. Was mich stört sind die kleinen Tütchen mit Ketchup und Mayonnaise. Klar, weiß ich schon, die Hygiene und so, aber schön ist es eben nicht. Unser Kellner war nett und flink unterwegs. Da die Weinauswahl eher klein war, griff ich beherzt zu einem ordentlichen Weizen. Aber da war ja auch noch die Tafel mit den Desserts … Der Kellner gab sein Bestes, um mich von einer Tiramisu zu überzeugen – und gewann.

Gesamtbewertung:

Nürnberg | **Gasthaus Pegnitztal** | Fränkisch / Bürgerlich

www.gasthaus-pegnitztal.de

Franken freut sich

Im inoffiziellen Wettbewerb um das größte Schnitzel der Stadt mischt das Gasthaus Pegnitztal oben mit – geschmacklich ist der Klassiker mit tollen Bratkartoffeln (16,50 €) ebenfalls „topp". In sehr guter Erinnerung sind mir noch die „Datteln im Speckmantel, gefüllt mit Frischkäse auf Rucolasalat" (6,20 €) und gratinierte Erdbeeren an Vanillemousse (4,60 €). Aus der interessanten Wochenkarte wählten wir zudem eine Tomatensuppe mit Zucchini und Paprika, deren einziges Manko war, dass sie nicht heiß genug war. Die Schweinemedaillons mit mediterranem, scharf angebratenem Gemüse waren hingegen tadellos und blieben als Mittagsgericht unter der 10 €-Grenze. Hier wird frisch gekocht – so soll es sein. Freuen kann man sich auf verschiedene Biere vom Land.

Die Qualität des Pegnitztal hat sich längst herum gesprochen. Um auf der sicheren Seite zu sein, sollte man sogar für Mittags reservieren. Bei meinem Besuch saß mir unser zweiter Bürgermeister Horst Förther an einem der einfachen Holztische gegenüber, ein paar Geschäftsleute waren auch da, ansonsten ist das Publikum eher jenseits der 40 und guckt mehr „Arte" als „RTL2". Schön schlicht ist die Einrichtung gehalten, mit ein paar Einrichtungsgegenständen aus dem Antiquitätenladen wie ein altes Radio, große Familienfotos oder ein Kleiderständer. Vom eher kleinen Tresen links neben dem Eingang schwärmen die manchmal gestressten Bedienungen aus, in die Küche kann man auf dem Weg zur renovierungsbedürftigen Toilette reinspitzen und auch ein ein wenig verloren wirkendes Nebenzimmer ist dann zu entdecken. Recht gemütlich ist im Sommer die Terrasse.

Die beiden Inhaber Thomas Hoffmann und Cenk Aksu, der noch das Lavash betreibt, haben ihre Sache also gut gemacht. Wenn die Küche noch ein wenig schneller wäre und der Service aufmerksamer, dann wäre das Pegnitztal perfekt. Und wenn man nicht immer reservieren müsste – was aber ja auch ein Kennzeichen für ein hohes Maß an zufriedenen Gästen ist.

Gasthaus Pegnitztal
Deutschherrnstraße 31
90429 Nürnberg

Herr Thomas Hoffmann, Cenk Aksu

0911 / 264444

Mo–Fr: 11:30–15:00, 17:30–23:00
Sa–So: 17:30–23:00
Küche:
Mo–Fr: 11:30–14:30, 17:30–22:00
Sa–So: 17:30–22:00
kein Ruhetag

45, Nebenräume: 12, Außenplätze: 50

Immer nötig

20 € – 50 €

✳✳✳·
✳✳✳·
✳✳··
✳✳✳✳
✳✳✳·
✳✳··
✳✳✳·

Gesamtbewertung:

Italienisch : **Peppino** Nürnberg

Pionierarbeiter

Peppino
Maffeiplatz 16
90459 Nürnberg

Herr Domenico
Spiridigliozzi

0911 / 440137

Mo–Sa: 11:30–14:00,
17:30–22:00
Küche:
Mo–Sa: 11:30–14:00,
17:30–21:30
So Ruhetag

40, Außenplätze: 25

Nicht möglich

15 € – 25 €

★★★ ·
★★ · ·
★★★ ·
★★★ ·
★★★ ·
★★ · ·
★★ · ·

Peppino

Gleich beim Maffeiplatz ist das italienische Restaurant PEPPINO ansässig, das als das älteste in Nürnberg gilt und wohl seit der Zeit des Wirtschaftswunders Pizza und Pasta kredenzt. Die Wirtsleute sind hier auch schon seit 20 Jahren an Bord und trotzen aller Moden oder Gedanken an eine Veränderung. Konstanten braucht man halt im Leben. Der Gastraum ist hell und offen, weiße und rote Tischdecken liegen auf den Tischen. So richtig gemütlich ist er aber nicht, denn dafür ist es mir zu hell. Aber für Romantik ist die Südstadt nicht gerade bekannt – hier wird gegessen!

Zum Glück hatten wir reserviert, denn das Lokal war kurz nach unserem Eintreffen gut gefüllt, was hier eher die Regel als die Ausnahme ist. Daher war es insgesamt auch etwas laut, aber wir konnten uns noch recht gut in dem eher kleinen PEPPINO unterhalten. Es gibt, ein strapazierter Begriff, wir wissen: „ehrliche Italienische Küche". Neben allerlei bekannten italienischen Klassikern wie Saltimbocca oder „Spaghetti aglio olio" werden zudem Tagesgerichte angeboten, die seit Jahren immer mit Bleistift auf der Karte stehen. Einige Pizzen dürfen nicht fehlen, aber nicht in exzessiven Varianten mit Unsinnigem wie Ananas. Wir haben zu „Pasta Quattro Formaggi" gegriffen sowie zu Papardelle mit Ochsenschwanz-Ragout. Alles nicht raffiniert, aber gut. Richtig gelungen war meine „Crème Catalan" als Nachspeise, die ich sicher noch ein paar Tage lang auf der Hüfte spazieren trug. Bedient wurden wir nicht nur von der dafür zuständigen Dame, sondern auch von der „Chefin", und der Inhaber selbst hat auch mal nach dem Rechten gesehen. Als der Wein serviert wurde, hat uns die Bedienung freundlich und hilflos erklärt, dass alle Weinkühler schon in Gebrauch sind und sie daher für uns keinen mehr hat. Etwas enttäuschend, habe ich doch insgesamt nur einen im gesamten Lokal gesehen, allerdings war die Entschuldigung wiederum charmant vorgetragen.

Gesamtbewertung:

 ·

Nürnberg — **Per Bacco** — Italienisch

Auf's Pferd gesetzt

Da das PER BACCO in Gostenhof wahrlich kein Geheimtipp mehr ist, brummt der Laden. Und es kann schon mal passieren, wenn man zu zweit an einem Vierer-Tisch sitzt, dass der Wirt Renato Ciappetta nicht lange fackelt und noch zwei Gäste dazusetzt. Ganz schön geschäftstüchtig ... Seit rechts neben dem Eingang noch ein zweiter Raum zum PER BACCO gehört, hat sich die Situation etwas entspannt.

Hier wird italienisch gekocht inklusive Pizza. Die glatten Holzbänke deuten darauf hin, dass hier schon immer eine Kneipe war, die roten Vorhänge fallen auf, es ist gemütlich. Wenn man reinkommt, springt einem gleich die große Kaffeemaschine am Tresen in's Auge. Mitten im Lokal an der Wand prangt eine große Kreidetafel. Hier sind die Tages-/Wochen-Gerichte angeschrieben, die saisonal geprägt sind. Es kann aber ebenso gut sein, dass Renato beim Entgegennehmen der Bestellung noch etwas ganz anderes da hat, das auf keiner Karte steht. Das PER BACCO ist eines der wenigen Lokale in der Stadt, die auch, manche müssen jetzt stark sein, Pferdefleisch anbietet. Auf der Tafel ist alles auf Italienisch geschrieben und da es meist Komplizierteres als Spagetti Bolognese gibt, darf und sollte man auch fragen. Wir gehen auf Nummer sicher: Vitello Tonnato als Einstieg. Prima! Der Fisch ist ebenfalls gut im PER BACCO und die ganze Dorade vom Grill ist außen schön gebräunt und innen noch saftig. Saltimbocca ist eines meiner Lieblingsgerichte – vom Koch wohl auch, denn es ausgezeichnet. Der Begriff „ehrliche Küche" ist zwar arg ausgelutscht, trifft es hier aber gut. Mein Nachbar am Nebentisch verbeißt sich genüsslich in seine Pizza – verständlich. Die Weine sind in Ordnung, mein Lugana schmeckt mir und auch die Auswahl ist zufriedenstellend. Übrigens: Es geht das Gerücht um, dass der Chef vom Service zwischendurch mal das Singen beginnt. Ob dies dann Pech oder Glück ist ...? Und noch ein Hinweis: Für schöne Sommerabende gibt es hinter dem Haus noch einen Biergarten.

Per Bacco
Untere Kanalstrasse 16
90429 Nürnberg

Herr Renato Ciapetta

0911 / 4896743

Mo–So: 17:00–00:00
Küche:
Mo–So: 17:00–23:00
kein Ruhetag

45, Nebenräume: 20

Immer empfohlen

20 € – 35 €

★★★ ·
★★ · ·
★★ · ·
★★★ ·
★★★ ·
★★★ ·
★★ · ·

Gesamtbewertung:

Fränkisch / Bürgerlich | **Petzengarten** | Nürnberg

www.petzengarten.de   hotelinfo@petzengarten.de

Geburtstag mit Omi

Petzengarten
Wilhelm-Spaeth-Straße 47-49
90461 Nürnberg

Herr Kurt Göschel

0911 / 949560

Mo–Sa: 11:00–23:00
So: 11:00–21:00
Küche:
Mo–Sa: 11:00–22:00
So: 11:00–20:00
kein Ruhetag

120, Nebenräume: 20, Außenplätze: 50

Reservierung am Wochenende empfohlen

18 € – 45 €

⚪ ★★★·
⚪ ★★★·
⚪ ★★★·
⚪ ★★★★
⚪ ★★··
⚪ ★★··
⚪ ★★★·

Bereits die vierte Generation der Familie Göschel führt den Petzengarten und sind damit ein bisschen wie „Asterix & Obelix" in der Südstadt. Umzingelt von tristem Grau nicht unbedingt gelungener Stadtteilentwicklung, leistet der fränkisch-bürgerlich kochende Gasthof nebst angeschlossenem Hotel tapfer Widerstand und sorgt für Farbtupfer in der Wilhelm-Spaeth-Straße. Und im Sommer blüht der Laden dort mit seinem schön anzusehenden Terrassen-Biergarten regelrecht auf. Da viele Hotelgäste offenbar Halbpension buchen, ist immer etwas los und etwas internationales Flair liegt in der Luft – mit einer großen Runde an Holländern am Nebentisch.

Was dem chinesischen Restaurant das Aquarium und goldene Drachen sind, sind in nahezu allen fränkischen Stuben möglichst dunkle Wandvertäfelungen und historisches Pferdegeschirr. So auch im Petzengarten – vermutlich erwarten dies die Stammgäste im Rentneralter. Überhaupt, wann immer ich im Petzengarten war, feierte irgendjemand in höherem Alter dort seinen Geburtstag. Ich kann bestätigen, dass das Urgestein der Gastlichkeit in der Südstadt seinen guten Ruf noch immer zu Recht genießt. Das Schnitzel aus der Pfanne und das Schäuferle aus dem Ofen hauen mich zwar nicht von der Sitzbank, entpuppen sich aber als solide zubereitet. Vorher gab es eine Omelett-Suppe, wie sie gerne bei Hochzeitsmenüs eingesetzt wird, die mit 2,40 € erfreulich fair bepreist war und zudem lecker schmeckte. Nach meiner Erfahrung sollte man jedoch eher auf die saisonalen Gerichte, z.B. in der Pilz- oder Spargelzeit, setzen. Hier zeigt sich die Küche meist von einer etwas kreativeren Seite.

Falls also demnächst mal wieder ein runder Geburtstag ins Haus steht, dann ist der Petzengarten eine nahezu sichere Bank. Da der Gastraum insgesamt drei Zimmer aufweist, plus einer separaten Tenne, kann man auch unter sich bleiben.

Gesamtbewertung:

 · ·

112

Nürnberg · **Pillhofer** · Fränkisch / Bürgerlich

info@pillhofer.net   www.pillhofer.net

Peterle & bassd scho

Lange Zeit hielt ich das PILLHOFER eher für eine Touristenfalle und nicht für ein empfehlenswertes fränkisches Restaurant. Ein Fehler. Denn Nürnbergs neuer Gastro-König Christian Wagner hat dem PILLHOFER, nebst benachbartem Feinkostladen FRANKENFEIN ein stimmiges Konzept übergestülpt. In einem sehr alten Nürnberg-Kochbuch müssen sich ein paar brauchbare Rezepte gefunden haben, denn z.B. die Gulaschsuppe geht auf das Jahr 1800 zurück ... Sie schmeckte frisch – mit Kartoffeln, Lauch und Majoran. Etwas würziger hätte das Bratwurstgehäck ausfallen dürfen. Das dazu gereichte Brot von der hauseigenen Bäckerei nebenan war perfekt. Weiter ging es mit einer „Schäufelepfanne" mit geröstetem Semmelknödel und frisch gedünstetem Gemüse (Blumenkohl, Karotten, Brokkoli und Paprika), sowie einem Fisch-Grillteller (Lachs und Scholle) und Kartoffeln (als „Wedges" und normal gekocht). Beim Salat gefiel mir das Dressing auf Senf-Basis. Neben der Standard-Speisenkarte, die mit den Rezepten aus dem 17. und 18. Jahrhundert, bietet eine Wochenkarte rund zwei Dutzend weitere Speisen an. Manche Tage stehen unter einem besonderen Motto, beispielsweise „Schnitzel" oder „Federvieh".

Innen ist es genau so, wie man sich eine alte Nürnberger Wirtschaft vorstellt. Das obligatorische dunkle Holz, Schwarz-Weiß-Fotos von früher, rote Sitzpolster, Zinn-Lampen u.s.w. Der Anteil an Touristen – siehe oben – ist hoch, was den Service aber nicht davon abhält, ausgesprochen freundlich zu sein. Überhaupt scheint Christian Wagner mit dem Personal ein gutes Händchen zu haben. Die Hauszeitung „Fränkische Kulinar-Kolumne", abgekürzt FKK, stellt einige Mitarbeiter vor und die finden Christian alle super – was auch sonst hätten sie sagen sollen ... Die „FKK", die auch für das unter Herrn Wagners Regie stehende S'GÄRTLA wirbt, erklärt noch fränkischen Dialekt und wir sagen „Bassd scho". An der recht großen Terrasse vor dem PILLHOFER ist sicher schon jeder mal auf dem Weg vom Bahnhof in die City vorbei gelaufen. Dort kann man auch gut einkehren!

Pillhofer
Königstraße 78
90402 Nürnberg

Herr Christian Wagner

0911 / 214560

So–Do: 08:00–00:00
Fr–Sa: 08:00–01:00
Küche:
So–Do: 11:00–22:30
Fr–Sa: 11:00–22:30
kein Ruhetag

65, Nebenräume: 65 / 55, Außenplätze: 80

Fr-Sa empfohlen

€ 25 € – 50 €

 ★★★·
 ★★★·
 ★★★·
 ★★★★
 ★★★·
 ★★★·
 ★★★★

Gesamtbewertung:

Exklusiv **Ristorante da Pippo** — Erlangen

www.dapippo.net ristorante.da.pippo@gmx.com

Liebe meines Lebens

Ristorante da Pippo
Paulistraße 12
91054 Erlangen

Herr Guiseppe Tagliarini

09131 / 207394

Mo–Sa: 18:00–23:00
Küche:
Mo–Sa: 18:00–22:00
Mo Ruhetag

50, Außenplätze: 40

Erbeten,
Fr und Sa nötig

50 € – 120 €

★★★·
★★★★
★★★·
★★★★
★★★·
★★★★
★★★·

Ja, es gibt sie noch – die große Liebe. Guiseppe „Pippo" Tagliarini und seine Frau Anna zum Beispiel. Pippo ist der großartige Gastgeber in feinstem Zwirn als Chef der Service-Brigade, die vorbildlich und freundlich agiert, und Anna hat in der Küche das Sagen. Seit ich über ein eigenes Konto verfüge, ist Pippo die Liebe meines Lebens … Für ihn stand und stehe ich jederzeit gerne knietief im Dispo. Nie, nie habe ich dort etwas serviert bekommen, was ich nicht hätte loben können. Und, obwohl es sehr edel eingerichtet ist, fühle ich mich ein Stück wie Zuhause, also sehr wohl. Dafür sorgt vor allem Pippo mit seiner herzlichen Art. Außer mir hat er jedoch noch über 1000 andere Fans, mindestens … Davon können viele ein Lied singen, schmettert Pippo doch mit seiner beneidenswert guten Stimme so manche italienische Arie.

Ein bisschen merkt man auch im DA PIPPO, dass bei Siemens & Co strengere Richtlinien für Bewirtungen gelten. Feierten früher hier Spesenritter wie im Schlaraffenland, so sind sie heute eher die Ausnahme, und Menschen wie Sie und ich hier die Regel. Für Kinder haben Pippo und Anna übrigens auch immer etwas zum auftischen. Und da Pippo eigentlich Chemiker ist, sind Wünsche hinsichtlich von Nahrungsmitteltoleranzen eine Herausforderung, die ihn ein Lächeln kosten. Jetzt aber zum Essen, das ein bisschen anders ist, als Sie es vielleicht gewohnt sind.

Es soll eine Karte geben. Irgendwo. Aber jeder nimmt das 4-Gang-Menü (plus Amuse-Gueule), das derzeit 55 € kostet und seinen Preis wert ist. Man weiß dabei eigentlich nie, was auf den Tisch kommt. Immer gibt es köstliche Antipasti, hausgemachte Nudeln (bei uns mit Trüffeln), entweder Fisch (köstlich frischer Seeteufel) oder Fleisch (Rinderfilet in Barolo) und eine göttlich gute Nachspeise. Anna kocht übrigens eher klassisch denn neumodisch. So schön wie das im Art-Deco-Stil eingerichtete DA PIPPO ist, ist übrigens auch der Garten im Hinterhof. Hinweis: Pippo möchte in 2013 etwas kürzer treten und es ist wahrscheinlich, dass neben dem Montag noch der Sonntag zum Ruhetag wird.

Gesamtbewertung:

Alter Grieche in Gostenhof gleich links

Die Eckkneipe in Gostenhof gehört zu den Grundpfeilern dieses Stadtteils. Ihren Namen hat die PLANUNGSKNEIPE daher, dass sich Ende der 70er Jahre hier die Stadtplaner zur Modernisierung Gostenhofs trafen. Die sind nun schon lange weg, nur der Name ist geblieben, ebenso der Wirt Konstantin Charissis, der seit 1980 das Lokal betreibt. Ihn bekommt man eher selten zu Gesicht, vorne wird der Laden von seiner Frau geschmissen. Die PLANUNGSKNEIPE ist optisch eben eine Kneipe, ein langer Holztresen zieht sich über Eck, zum Essen setzt man sich aber besser an einen der Tische. An den Wänden hängen verschiedene Bilder, die von mehr oder weniger begabten Künstlern hier ausgestellt werden. Kleine Kerzen auf den blanken Holztischen geben einen, wenn auch kleinen, romantischen Touch. Wie in Gostenhof üblich, ist das Publikum bunt gemischt, Jüngere neben einer hier häufiger anzutreffenden Schar Alt-68er.

Die Karte offeriert griechisches Standardsortiment „Souvlaki und Co", das schnörkellos aber immer sehr gut zubereitet und schnell die Küche verlässt. Die PLANUNGSKNEIPE ist eigentlich immer ganz gut gefüllt, aber einen Platz findet man dennoch. An einer Tafel hinter dem Tresen stehen immer drei bis vier zusätzliche Gerichte, die nicht auf der Karte stehen. Für Vegetarier ist immer etwas dabei. Zwei Mal in der Woche wird frischer Fisch angeboten, hier sollte man zugreifen. Bei der gegrillten Dorade hat mir eigentlich nur noch das Meeresrauschen gefehlt und ich hätte vergessen, dass ich in Gostenhof sitze und nicht in Kreta am Meer.

Im Sommer kann man draußen auf dem Gehsteig sitzen, was nicht sehr gemütlich aber auch nicht schlimm ist. Wenn sich in meinem Kopf der Essenswunsch nach „Grieche" kristallisiert, dann steuere ich wie magisch die PLANUNGSKNEIPE an und wurde bis dato noch nie enttäuscht. Außer samstags, da ist geschlossen.

Planungskneipe
Kernstrasse 29
90429 Nürnberg

Herr Konstantin Charissis

0911 / 266839

So–Fr: 18:00–01:00
Küche:
So–Fr: 18:00–23:00
Sa Ruhetag

150, Außenplätze: 60

Abends empfohlen

18 € – 40 €

★★★·
★★★·
★★★·
★★★·
★★··
★★★·
★★★·

Gesamtbewertung:

Exklusiv **Gourmetrestaurant Polster** — Erlangen

www.gasthaus-polster.de   info@gasthaus-polster.de

Nimm zwei

Gourmetrestaurant Polster
Am Deckersweiher 26
91056 Erlangen

Herr Johann Polster

09131 / 75540

Mo–So: 11:00–15:00, 17:00–00:00
Küche:
Mo–So: 11:30–14:30, 17:30–22:00
kein Ruhetag

70, Nebenräume: 50, Außenplätze: 20

Immer nötig

50 € – 120 €

★★ · ·
★★★ ·
★★★ ·
★★★★
★★★ ·
★★★★
★★★ ·

Johann Polster lässt einem die Wahl: In den POLSTER-Stuben im vorderen Gebäude wird gehobene fränkische Küche geboten und nebenan residiert das POLSTER-GOURMETRESTAURANT. Wir gönnten uns das „Gourmet-Restaurant" und die folgende Kritik bezieht sich auch nur darauf.

Obwohl wir reserviert hatten, mussten wir etwas länger auf unseren Tisch warten. Der Grund: Der Kellner war aufgrund einer Feier im Nebenraum anfangs überfordert und wurde erst im Lauf des Abends richtig freundlich. Das eigentliche und fränkisch-edel eingerichtete Gastzimmer war nur zu einem Drittel gefüllt. Alle anderen Gäste sprachen Englisch, was ich lustig fand. Die Vorspeisen kosten zwischen 10 und 20 €, Hauptspeisen bis zu 35 €. Als Amuse-Gueule wurde uns Schimmelkäse, Ziegenfrischkäse und Steinpilze mit einem Rinder-Haché gebracht. Etwas verwundert über das seltsame Geschirr – Kaffee- und Untertasse – waren wir mit dem Gruß aus der Küche zufrieden. Zufrieden, und nicht begeistert, auch bei den anderen Gerichten wie der Kürbis-Ingwer-Suppe, der der „Kick" fehlte. Ordentlich auch der angebratene Thunfisch mit Mangos und Mango-Eis. Einen Tick mehr nach unserem Gusto fiel das andere Fisch-Gericht aus: Knurrhahn mit mediterranem Gemüse. Der „Rosa gebratene Hirsch mit schwarzen Walnüssen und frischen Pfifferlingen" war nicht rosa, sondern durchgebraten – ansonsten jedoch gut. Der Schokoladenflan mit halbflüssigem Kern, Nuss-Eis und Waldbeeren hinterließ uns ratlos: Das Nuss-Eis schmeckte selbstgerührt, der Flan nicht frisch gebacken und die Waldbeeren, tja, auch nicht so ganz taufrisch. Tatsächlich schwanke ich bei der Gesamtbewertung zwischen zwei und drei Punkten, erwarte ich doch von einem Restaurant in dieser Preisregion etwas mehr Sorgfalt – und auch Kreativität. Die Kollegen von „Gault Millau" sehen es wohl ähnlich und bewerteten das „Gourmet-Restaurant" in ihrer aktuellen Ausgabe mit einem Punkt weniger (14 Punkte).

Gesamtbewertung:

 ·

Erlangen | **Poseidon** : Griechisch

www.poseidon-erlangen.de

Wir freuen uns

„**Volksgarten" steht groß** auf dem schönen alten Haus des POSEIDON, einem der ältesten Griechen der Region. Und der große, schattige Biergarten mit gut 350 Plätzen und der großen weißen Außentheke lässt das „Volk" aus Erlangen schon mal in die Nürnberger Straße strömen. Schön, für Kinder gibt es einen kleinen Spielplatz.

Innen werden rund 160 Plätze angeboten, die sich auf mehrere leicht voneinander abgetrennten Räumen und Nischen verteilen. Es erscheint kleiner als es ist. Das POSEIDON der Familie Sakellariou ist durchaus gemütlich und die Inneneinrichtung mit leicht orangenen Terrakotta-Farben, hellen und dunklen Hölzern ist für griechische Verhältnisse sehr geschmackvoll. Da weniger Dekoration als bei Lokalen der Landsleute verwendet wird, muss auch nicht so viel abgestaubt werden – ich mag es sowieso lieber ein wenig reduzierter. Absolut korrekt und freundlich auch der hauptsächlich männliche Service – wir stellen uns auf einen angenehmen Abend ein.

Doch vorher musste eine sehr umfangreiche Karte studiert werden, auf der zur Einleitung „Wir freuen uns, gerade Sie heute bei uns als Gast begrüßen zu dürfen" steht … Wir schmunzeln und greifen zu „Manouri" (ein leckerer Auberginensalat, hausgemacht) und „Galotiri" (Feta-Käse mit Joghurt). Wunderbar und der Abend wird noch angenehmer mit der abwechslungsreichen Fischplatte (u.a. mit Seezunge und Sardinen) sowie der Kalbsleber mit frisch schmeckender Feigen-Soße und Reis. Mit 14,50 € für den gegrillten Fisch und 11,80 € für die Leber bleibt das POSEIDON in einer preislich fairen Euro-Zone. Zum Schluss noch frische Feigen in Cassis-Soße (5,35 €) und wir sind mehr als satt und zufrieden. Die Anreise nach Erlangen hat sich gelohnt!

Poseidon
Nürnberger Straße 108
91052 Erlangen

Herr Georgios Sakellariou

09131 / 302999

Mo–So: 11:30–14:30,
              17:00–00:00
Küche:
Mo–So: 11:30–14:00,
              17:00–22:30
kein Ruhetag

160, Außenplätze: 350

Abends empfohlen

20 € – 55 €

★★★ ·
★★★ ·
★★★★
★★★★
★★★ ·
★★★★
★★★ ·

Gesamtbewertung:

Französisch | **Prison St. Michel** | Nürnberg

Deutsch-Französische Freundschaft

Prison St. Michel
Irrerstrasse 4
90403 Nürnberg

Herr Thomas Voigt

0911 / 221191

Mo–So: 19:00–01:00
Küche:
Mo–So: 19:00–00:00
kein Ruhetag

100

Empfohlen

17 € – 35 €

★★★ ·
★★★ ·
★★★ ·
★★★ ·
★★★ ·
★★★ ·
★★★ ·

Prison St. Michel

Das Prison St. Michel liegt immer noch im Mainstream. Allerdings im Mainstream der frühen 80er, als ein klassisches französisches Essen in Nürnberg noch exotisch war. Ich finde das wunderbar! Das historische Haus ist nach modernen Gesichtspunkten so gar nicht als Restaurant geeignet: enge Gänge, kleine Räume und die Treppe in den oberen Stock müsste dem Kellner eigentlich einen Lohnzuschlag einbringen. Das Fachwerkhaus ist dabei zweigeteilt und in der Mitte vereint das ganze ein kleiner Innenhof. Dieser ist überdacht und bringt dem Gast ein paar romantische Zweiertische mit Aussicht nach unten ein.

Wirt Thomas Voigt ist schon seit über 25 Jahren hier der Patron und entsprechend gelassen und professionell am Werk. Die Ente à l'Orange mit Kartoffelgratin war natürlich ein wunderbares Gericht, zuvor gab es Knoblauchbrot und dazu ein Glas vom Hauswein. Man könnte meinen, man wurde irgendwo nach Frankreich in einen Gasthof „gebeamt", so authentisch ist die Stimmung. Dies ist eindeutig die Stärke des Prison St. Michel und dazu die schnörkellose französische Küche auf vernünftigem Niveau, nicht übertrieben, und preislich so gestaltet, dass man gerne wiederkommt. Unser Kellner war zwar kein Franzose, jedoch Algerier und so wurden auch einige Worte Französisch gewechselt. Trotz der voll besetzten Tische war der Service schnell und sehr zuvorkommend.

Man könnte Thomas Voigt durchaus vorwerfen, dass er seit über 20 Jahren sehr ähnliche Menüs z.B. mit Lachs oder mit Schweinemedaillons in Calvados-Soße anbietet. Andererseits könnte man es auch Beständigkeit nennen und gutheißen. Je nachdem. Die Karte bietet alles in allem eine schöne Auswahl an französischen Klassikern sowie eine erfreulich große Auswahl an Fischgerichten. Wer Lust auf französische Küche hat, wird hier zwar kein kulinarisches Feuerwerk auf Sterne-Niveau erleben, dafür aber solide und verlässliche Küche zu einem sehr guten Preis-Leistungsverhältnis – und das seit vielen Jahren. Das ist, finden wir, sehr viel!

Gesamtbewertung:

 ·

Nürnberg **Gasthaus Rottner** Exklusiv

info@rottner-hotel.de   www.rottner-hotel.de

Eine Verbeugung

Mit 12 historischen Menüs feierte das Gasthaus ROTTNER sein 200-jähriges Jubiläum in 2012. Das monatlich wechselnde 5-Gang-Menü notiere ich bei 76 €. Sie könnten es bald auch billiger haben! Demnächst erscheint ein Jubiläumsbuch, das alle Rezepte vorstellt – nur kochen müssen Sie dann noch selbst können (oder es sich von Stefan Rottner in seiner Kochschule zeigen lassen …). Im ROTTNER müssen Sie übrigens nicht immer so vergleichsweise kostspielig unterwegs sein – im „Weihnachts-Garten" und im herrlichen Bier-Garten gibt es auch mal Bratwürste und Co. Sonntagmittag von 12 bis 14 Uhr werden außerdem Schnitzel und Bratengerichte gereicht. Es würde Ihnen aber viel entgehen, falls Sie sehr auf's Geld achten müssten!

Der ROTTNER hat viele Plätze und Nebenzimmer, sowie einen Pavillon für größere Gesellschaften. Herzstück sind zwei alte Galsträume, edel-fränkisch eingerichtet, ein Paradies für Fans von Antiquitäten. Sehr gefällt mir, dass sparsam bestuhlt ist, sprich die Zimmer haben viel Luft zu atmen, es ist nicht laut und man bleibt unter sich. Der Service ist vorbildlich, hin und wieder empfiehlt Claudia Rottner einen Wein aus der an Raritäten reichen Karte und sucht auch sonst auf charmante wie dezente Weise das Gespräch mit dem Gast. Ich fühle mich hier immer sauwohl … Ganz besonders, als es nach drei kleinen Grüßen aus der Küche mit den Vorspeisen los geht. Neben einem Tatar von Lachsforelle, Jakobsmuschel und Thunfisch (16 €) laben wir uns an einer raffinierten Suppe: Duo von Kürbis und Roter Rübe für 12 €. Es folgen sensationelle Hirschmedaillons mit Herbsttrompeten, Maronen, Wirsing und Schupfnudeln (28 €). Die halbe Wildente mit Blaukraut und Backers war leider zu trocken und der einzige Wermutstropfen, der mir seit langem im ROTTNER widerfahren ist. Die Herbst-Sorbets und das Schoko-Törtchen mit Muskovado-Eis (Muskovado ist ein spezieller brauner Rohrzucker) stimmen mehr als versöhnlich! Schon bald werde ich wiederkommen!

Gasthaus Rottner
Winterstraße 15-17
90431 Nürnberg

Herr Stefan Rottner

0911 / 612032

Mo–Fr: 12:00–14:30, 18:30–23:00
Sa: 18:30–23:00
So: 12:00–14:30
Küche:
Mo–Fr: 12:00–14:00, 18:30–21:30
Sa: 18:30–21:30
So: 12:00–13:30
kein Ruhetag

120, Nebenräume: 80, Außenplätze: 70

Immer erbeten, Abends nötig

40 € – 120 €

*** ·
****
****
****
*** ·
****
****

Gesamtbewertung:

Italienisch **Salz + Pfeffer** — Erlangen

www.salzundpfeffer.de   info@salzundpfeffer.de

Fixes Slow-Food

Salz + Pfeffer
Hartmannstraße 19
91052 Erlangen

Herr Thomas Egelseer

09131 / 405225

Mo–Fr: 11:30–15:00,
 18:00–23:00
Küche:
Mo–Fr: 11:30–14:30,
 18:00–21:30
Sa-So Ruhetag

40, Außenplätze: 40

Abends nötig

20 € – 45 €
★★★★
★★★ ·
★★ · ·
★★★ ·
★★ · ·
★★ · ·
★★ · ·

Anna, Antonia und Ivan, der eigentlich Bonifacio heißt, müssen vollkommen verrückt sein. Täglich von Montag bis Freitag stehen sie links vom Eingang, und damit für jedermann zu sehen, in einer Küche, in der höchstens bequem Platz für einen Camping-Kocher wäre. Lege-Hennen haben mehr Auslauf. Außerdem ist es im SALZ & PFEFFER immer voll und dadurch sehr laut. Da es auch noch sehr eng bestuhlt ist, nehmen auch die Bedienungen hautnah Kontakt mit ihren Gästen auf. Die Einrichtung an sich gleicht eher einem Bistro denn einem Restaurant: einfach, praktisch, gut. Auf der Karte gibt es eine Auswahl an Gerichten, die man an einer Hand abzählen kann. Manchmal gibt es neben der italienischen Küche auch Ausflüge in die Thai-Küche. Eng, laut, schlicht eingerichtet, wenig und etwas unklare Auswahl – warum lieben wir das SALZ & PFEFFER trotzdem?

Koch, Kellner und Inhaber Tom Egelseer bietet hervorragende, frische und überwiegend italienische Küche, die gut zur Natur ist und für uns bezahlbar. Sein SALZ & PFEFFER ist das erste Fördermitglied-Restaurant Erlangens der „Slow Food"-Bewegung, auf der Karte wird bei den Fisch-Gerichten „nachhaltiger Wildfang" notiert und viele Gerichte sind „bio-bio". Ich bin auch gerne ein „Gutmensch" und deshalb nehme ich die leicht, wirklich leicht, zähe „Scaloppine von der fränkischen Angus-Rinderhüfte" locker und lobe lieber die dazu gereichte Polenta mit ihrer würzigen Kapern-Tomaten-Soße. Dazu ein Salat, wie er genau so tausendfach in Italien tagtäglich serviert wird, mit einem leichten Weißwein-Dressing. Vorher gab es noch einen Berg frische Muscheln mit dezentem Knoblauch-Wein-Tomatensud – wunderbar. Die „Linguine mit geräucherter fränkischer Forelle im Safranrahm" sind eine gewagte Komposition – aber gut! Die „hausgemachte Panna Cotta mit Mandeln" ist am Boden ist etwas grießelig, doch wunderbar die Orangen-Karamell-Soße dazu. Die offenen Weine sind zudem einfach und gut. Der Espresso ein Hammer. Die Rechnung am Ende nicht. Einige meiner Freunde gehen inzwischen öfter ins SALZ & PFEFFER als in Nürnberg aus. Ich kann sie verstehen – morgen hätte es hierzulande seltene „Strozzapreti" gegeben.

Gesamtbewertung:

 ·

Nürnberg | **San Remo** Italienisch

info@das-sanremo.de   www.das-sanremo.de

Der Kellner und ich

Im SAN REMO in Eibach rüstet sich Constanzo Perrone, was für ein schöner Name, für den Stabwechsel. Sohnemann Francesco scheint das Hotel-Restaurant nebst Cocktail-Bar in das 21. Jahrhundert zu beamen, also Facebook-Konto (sanremo.nuernberg), Vertrag mit „lieferheld.de" (für den Extra-Euro für eine gelieferte Salami-Pizza) und „Echtzeit-Tischreservierung". Seitdem füllt sich mein Spam-Ordner. In gewisser Weise erinnert mich das San Remo an das BARDOLINO und das in diesem Buch nicht vertretene CIAO – bei Pizza ist einfach die Gewinnspanne zu gut, als das man auf sie verzichten möchte, andererseits gibt man den Edel-Italiener, der mit ganz viel Amore seine Nudeln selbst zieht und natürlich nur die allerbesten Lieferanten von der Welt hat. Das klappt ganz gut!

Die Pizza, ja, haben wir auch probiert, gefällt mit ihrem mitteldünnen Teig, dem ein paar Kräuter mit auf dem Weg gegeben wurde. Zur Edel-Abteilung: Das Lachs-Carpaccio war gut. In Zukunft empfehle ich ein schärferes Messer für dünnere Scheiben und etwas weniger Salat-Deko. Eine Vorspeise muss nicht nach viel aussehen. Mein Rat: Die Vorspeisen vom Buffet sind ausgezeichnet, probierte ich vor einiger Zeit, machten Freude. Außerdem gab es als kleine Portion selbst gemachte Gnocchi mit kleinen Tomaten und Mozzarella – wunderbar. Ich frage den auf komische Weise etwas unruhig wirkenden Kellner nach der auf der annoncierten „Überraschung" der Fischplatte. Noch viel komischer war sein „Rumgedrückse" – die Seezunge, Tintenfischtuben und Garnelen waren jedenfalls prima. Die Panna Cotta war sehr fest, mag ich, hatte jedoch wenig Kontakt mit Vanille-Schoten. Die Tiramisu war sehr cremig und gut – vielleicht ein bisschen zu viel Kakao. Dem Montepulciano hätte ich ein paar mehr Muskeln gewünscht – so kräftig wie sich der Espresso präsentierte.

Damit Sie mich nicht falsch verstehen: Das SAN REMO ist grundsätzlich empfehlenswert. Das Ambiente geschmackssicher und die saisonalen Gerichte zu loben. Es gibt nicht viele Italiener in Nürnberg, die auf diesem Niveau kochen. Vielleicht stört mich nur, dass die Perrones den Mund mit zig Mal „hausgemacht" (na hoffentlich), Bio-Produkten und „Kulinarischen Feuerspielen" ziemlich voll nehmen.

San Remo
Eibacher
Hauptstraße 85
90451 Nürnberg

Herr Constanzo & Francesco Perrone

0911 / 6494685

Mo–So: 11:00–00:00
Küche:
Mo–So: 11:00–23:00
kein Ruhetag

110, Nebenräume: 40 / 60 , Außenplätze: 100

Abends empfohlen, am Wochenende nötig

20 € – 65 €

★★★ ·
★★★★
★★★★
★★★★
★★★ ·
★★★★
★★★ ·

Gesamtbewertung:

Spezialitäten & Kuriositäten | **Sanders Steakhaus** | Nürnberg

www.sanders.de

König Ludwig, rare

Sanders Steakhaus
Längenstraße 10
90491 Nürnberg

Herr Carl Sanders

0911 / 5109995

Mo–So: 11:00–23:00
Küche:

kein Ruhetag

40, Nebenräume:
18 / 20 / 20, Außenplätze: 120

Immer erwünscht,
am Wochenende
nötig

25 € – 70 €

 ★★ · ·
 ★★★ ·
 ★★★★
 ★★★★
 ★★ · ·
 ★★★ ·
 ★★★ ·

Fleisch ist ein Stück Lebenskraft! Wenn Sie uns zustimmen, dann ist das SANDERS reichlich modern – auch wenn es ein bisschen wie bei den „Waltons" aussieht. Die Gäste werden nicht in einem zusammenhängenden Raum bedient, sondern in verwinkelt gelegenen Räumen, die sich unter dem Dach von eigentlich zwei Fachwerkhäusern befinden. Die Namen der Stuben sprechen Bände: „König Ludwig"-Zimmer, „Jagdstube" und „Bauernstube". Das macht ein bisschen Angst vor dem Älterwerden. Andererseits ist man ab einem gewissen Alter, dem wir tief in die Augen blicken und zublinzeln, unter sich und vor der „Facebook"-Generation in Sicherheit …

Also retro bis Puppenstuben-Ambiente. Und es gibt immer noch „Weinbergschnecken" auf der DIN-A3-großen Karte. Empfehlen können wir die ebenso sehr selten gewordene „Consomme", die „nur" mit 3 € zu Buche schlägt. Das Carpaccio kann sich sehen lassen, katapultiert sich mit 11,50 € aber in eine absurde Preisregion. Überhaupt scheint man hier lieber auf eine Vorspeise zu verzichten: lieber mehr Gramm Steak pro Gast und dann noch eine Nachspeise. Denn das Fleisch ist wunderbar! Wir haben es nicht ganz aufdröseln können: Aber die Mädels vom EKU-INN, der Langwasser EKU-THEK sind nach unseren Informationen Geschwister – vielleicht bilden sie eine Art Einkaufsgemeinschaft. In jedem Fall bekommt man „medium-rare" genau so wie bestellt. 200 g Filetsteak notiere ich auf der aktuellen „Nasdaq"-Steak-Preisliste mit 16,50 € und damit als vergleichsweise günstig. Die Nachspeisen nimmt, so mein Eindruck, hier keiner ernst. Ansonsten darf es natürlich ein Bananensplit sein, zu 6 €.

Unschlagbar ist das SANDERS im Sommer, wenn man vor dem Haus in sehr lauschiger Atmosphäre sitzen kann. Die Steaks brauchen keinen Vergleich zu scheuen – das sonstige Angebot wäre aus unserer Sicht dringend renovierungsbedürftig. Außer Sie stehen auf Weinbergschnecken und Toastbrot zum Lachs.

Gesamtbewertung:

Nürnberg — **Sangam** | Indisch

info@sangam-nuernberg.de   www.sangam-nuernberg.de

Der Groß-Mogul fließt ...

Indische Lokale, die SANGAM heißen, was so viel wie „alles fließt zusammen" bedeutet, gibt es nahezu in jeder größeren Stadt in Deutschland – auch in Schwabach. Da uns in der Nürnberger Variante gleich die „kulinarischen Extravaganzen des Groß-Moguls" nahegebracht werden, sind wir also in die Nähe des K4 gegangen. Dort, wo sich die Königstraße erst mal von ihrer eher hektischen und preiswerten Seite zeigt, hat vor gut drei Jahren das SANGAM die große Stube eines chinesischen Restaurants übernommen. Übernommen wurde dabei auch das chinesische Mobiliar. Sogar das typische Aquarium lässt sich noch finden … Aber wir wollen nicht ungerecht sein – die in meinen Ohren nicht entspannende Säusel-Musik ist ganz neu und die typischen Bilder von sympathischen Elefanten und indischen Frauen mit erstaunlich langen Armen sind es auch.

Das Mittagsbuffet – bis 14:30 Uhr für 7,90 € p. P. erhältlich – bietet wechselnde Vor- und Hauptspeisen und hat dasselbe Problem wie alle Buffets, wenn eher wenig los ist. Schnell schmeckt es nicht mehr frisch, sondern auf kleiner Flamme warm gehalten. Wir gaben genau die gleiche Summe für eine Gemüsesuppe „Sabzi – Shorba" und für das Nationalgericht „Butter Chicken", also Hühnchen in einer Butter-Tomatensoße, aus. Erstes Fazit: Die Speisen hätten heißer sein können. Sie hätten größer sein müssen – insbesondere für die sonst bei Indern eher riesig ausfallenden Portionen. Und sie haben für die berühmte Gewürzküche Indiens eher fad geschmeckt. Das Hühnchenfleisch war, anders als ich „Butter Chicken" kenne, nicht weich genug und zu wenig mariniert. Abende später probierten wir noch den Gemischten Vorspeisenteller mit Spezialitäten aus dem Tandoori (6,90 €) – mit wenig Begeisterung. Der gleiche Eindruck bei „Haryali Malai Kabab" (Hühnchenfleisch mit Spinat und Minze) und „Sangam Thali" (verschiedene Fleischsorten mit Gemüse) – alles schmeckte so „als-ob-indisch". Hinzu kamen, um es freundlich zu formulieren, in Sachen Schnellig- und Aufmerksamkeit sehr zurückhaltende Bedienungen – etwas wenig, für eine nachhaltige Verbesserung der deutsch-indischen Freundschaft.

🏠 **Sangam**
Königstraße 83-87
90402 Nürnberg

👥 Herr Manjeet Lohra

📞 0911 / 2349418

🕐 Mo–So: 11:30–14:30,
             17:00–00:00
Küche:
Mo–So: 11:30–15:00,
             17:00–00:00
kein Ruhetag

🪑 140, Außenplätze: 36

Für Buffets erbeten

€ 20 € – 50 €

 ★★ · ·
 ★★ · ·
 ★★★ ·
 ★★★★
 ★★ · ·
 ★★ · ·
 ★★★ ·

Gesamtbewertung:

Vietnamesisch | **Sapa** | Nürnberg

www.sapa-restaurant.de info@sapa-restaurant.de

Bitte lächeln

Sapa
Regensburger Straße 63
90478 Nürnberg

Herr Thang Do Hong

0911 / 469898

So–Fr: 11:30–14:30, 18:00–00:00
Sa: 18:00–00:00
Küche:
So–Fr: 11:30–14:00, 18:00–23:00
kein Ruhetag

70, Außenplätze: 40

Abends empfohlen, am Wochenende nötig

25 € – 60 €

★★★·
★★★·
★★★★
★★★★
★★··
★★··
★★★★

SAPA
NEUE VIETNAMESISCHE KÜCHE & NEM BAR

Eine Stadt im Norden Vietnams gab dem SAPA seinen Namen. Einleuchtend, dass hier Vietnamesisch gekocht wird, jedoch wird auch reichlich Sushi angeboten, inklusive einer „Bento-Box" für 12,50 € zur „Happy-Hour" von 18-20 Uhr. Inhaber Thang Do Hong rollt übrigens auch im Running-Sushi-Imbiss SUSHIDO im „U1" des Modehauses Wöhrl am Weißen Turm.

Wem asiatischer Klimbim gefällt, für den ist das fast schon unterkühlt eingerichtete SAPA eher kein Genuss. Alles ist so sachlich, dass die beiden Räume, rechts vom Eingang ein kleinerer und links nach dem langen L-förmigen Tresen ein sehr großer, auch Zen-Mönchen zum Meditieren Freude bereiten würden. Dunkle Holzböden, helle und schnörkellose Tische und Bänke, lindgrüne Wandfarbe und interessante Lampen, die wie Quallen aussehen, machen Eindruck. Mir gefällt diese Strenge – leider auch einem an „Dr. Fu Manchu" erinnernden Kellner, der arg grimmig bedient. Die Damen im Service jedoch sind zuweilen charmant.

Was Sie im SAPA unbedingt probieren sollten, sind die „Nem" genannten Reispapier-Rollen. Mit Gemüse, Fisch oder Fleisch und vielen frischen Kräutern gefüllt, dazu meist zwei Dip-Soßen, sind sie eine wunderbar leichte und meist etwas säuerlich schmeckende Vorspeise. Das Sushi ist ebenfalls zu empfehlen – oder die Salate, die dank Limettensaft-Dressing sehr erfrischend sind. Die zahlreichen Hauptgerichte erinnern mich mehr an die thailändische Küche, denn an die chinesische. Buddhismus sei Dank, gibt es viele vegetarische Gerichte. Gerne erinnere ich mich an die pikante Ente mit Ingwer und Peperoni („Vit ca ri la chanh", 14,80 €), an das scharf gebratene Rindfleisch mit Zitronengras und Gemüse („Bo xao sa ot") oder auch an die „Sapa-Platte" mit einem reichlich portioniertem Potpourri aus der Karte, zur „Happy Hour" für 12,80 € ein günstiges Angebot. Im Dessert-Bereich herrscht, wie bei anderen asiatischen Lokalen auch, eher Dürre. Dafür gibt es gute Cocktails, die mit Alkohol nicht geizen. Lächelnd gehe ich nach Hause …

Gesamtbewertung:

 ·

Nürnberg | **Sarocha** Thailändisch

Neulich in der Seerose

Als ich als Bub mit meinem Onkel vor einem Club-Spiel in die legendäre SEEROSE mit durfte, kam ich mir unglaublich erwachsen vor. Lange ist es her und jetzt ist auch die Kneipe *ZUM STADION schräg gegenüber Geschichte. Aber kein Grund zur Traurigkeit – seit Ende September 2012 hat dort das SAROCHA den Tisch gedeckt, und, da „Sarocha" auf Thailändisch „Seerose" heißt, schließt sich der Kreis auf wundersame Weise wieder.

Dass die deutsch-thailändische Inhaberfamilie einen Sinn für die Geschichte des Hauses hat, zeigt der kleine „Schrein" mit Pokalen und Fotos der Nürnberger „Rathaus-Kickers" auf der Empore des hintersten Zimmers. Davor geht man um den rechter Hand gelegenen Tresen gleich nach dem Eingang entlang, um den sich wie ein langes „L" die Tische, Bänke und Stühle schlängeln. Obwohl reichlich meist mehr als minder geschmackvoller thailändischer Tand für dekorative Stimmung sorgt, sieht man auf den ersten Blick die deutsche DNA des SAROCHA. Auf den zweiten Blick erfreut man sich an den ausgesprochen hübsch eingedeckten Tischen, bemerkt vielleicht im Vorbeigehen die Schaufensterpuppe mit einem üppig bestickten traditionellen Kleid oder die vielen Blumenvasen.

Viel Auswahl findet man nicht auf der Speisenkarte – was kein Nachteil sein muss, ist mir doch Frische lieber als ein Zuviel an Auswahlmöglichkeiten. Zum Start probierten wir gutes „Tempura" (frittiertes Gemüse wie Brokkoli, Zucchini und Zwiebelringe), das mit einer süßen Chili-Soße gereicht wurde. Die Sate-Spieße aus Hühnchenstücken waren ebenfalls gut, nur die Erdnuss-Soße zu dünnflüssig. Um die Wartezeit zu überbrücken, brachte uns der sehr höfliche Kellner einen hausgemachten Kräuterschnaps, von dem ich mir am liebsten eine Flasche hätte einpacken lassen wollen. Etwas teuer, geschmacklich jedoch schön frisch mit Thai-Kräutern und Limettensaft, fand ich die gebratenen Nudeln mit nur drei großen Garnelen. Auch der „Red Snapper" mit einer milden roten Currysoße und Gemüse (u. a. Auberginen, Palmherzen) ging mit 17 € noch gerade in Ordnung. Gänzlich versöhnt wurde ich von einem Obstsalat mit Eis von der exotischen Taro-Frucht. Im Moment steht noch die Mama des Familienbetriebs alleine in der Küche. Doch schon bald soll ein weiterer Koch aus Thailand kommen – vielleicht wird dann das Angebot, was ich mir dann doch wünsche, etwas größer.

Sarocha
Herzogstraße 22
90478 Nürnberg

Frau Daniela Songkasi

0911 / 9991292

Di–So: 11:00–14:00, 17:00–23:00
Küche:
Di–So: 11:00–14:00, 17:00–23:00
Mo Ruhetag

60, Außenplätze: 25

Abends empfohlen

€ 40 € – 65 €

★★ ⋅ ⋅
★★★★
★★ ⋅ ⋅
★★★ ⋅
★★ ⋅ ⋅
★★ ⋅ ⋅
★★★ ⋅

Gesamtbewertung:

Fränkisch / Bürgerlich | **Schankwirtschaft** | Nürnberg

www.schanzenbraeu.de   info@schanzenbraeu.de

Vorortbier wird Kult

Schankwirtschaft
Adam-Klein-Strasse 27
90429 Nürnberg

Herr Stefan Stretz und Sebastian Köhler

0911 / 93776790

Mo–Fr: 12:00–01:00
Sa–So: 11:00–01:00
Küche:
Mo–Fr: 12:00–00:00
Sa–So: 11:00–00:00
kein Ruhetag

70, Außenplätze: 70

Immer empfohlen

15 € – 25 €

★★★ ·
★★ · ·
★★★ ·
★★ · ·
★★ · ·
★★ · ·
★★★ ·

Kein Mensch, zumindest aus meinem Bekanntenkreis, nennt die SCHANKWIRTSCHAFT SCHANKWIRTSCHAFT. Wenn man da hin geht, dann geht man in die SCHANZE. Dahinter verbirgt sich seit Juni 2008 die SCHANZENBRÄU SCHANKWIRTSCHAFT, in der früher eine mehr dahindümpelnde Stadtteilwirtschaft residierte. Viel ist im Inneren nicht verändert worden. Über dem Tresen hängt noch eine alte „Humbser Bier"-Reklame und erinnert an „bessere Zeiten". Als die Brauer vom SCHANZENBRÄU die Kneipe übernommen haben, ging es bergauf. Heute trifft man hier nicht nur eingeborene Gostenhofer und -innen, sondern auch Anzugträger, ein paar hippe Leute und Menschen wie Sie und ich. Gerne kommt am Abend mal eine Musikantentruppe vorbei und macht mehr oder weniger gute Musik, gegen einen kleinen Obolus sind sie dann aber so freundlich und ziehen weiter.

Der Garten hinter dem Haus ist im Sommer ein beliebter Treffpunkt, daher bekommt man nicht immer einen Platz. Das Essen in der SCHANKWIRTSCHAFT ist fränkisch. Also Obatzda, Wurstbrote, geräucherte Bratwurst, Stadtwurst mit Musik, oder warm mit Kartoffelsalat, und natürlich Bratengerichte. Am Samstag und Sonntag wird auch Schäufele auf die Holztische gewuchtet. Daneben gibt es in der SCHANKWIRTSCHAFT eine Tageskarte mit auch mal einem vegetarischen Gericht oder etwas aus den Kochtöpfen Italiens. Sonntags gibt es zudem ein Weißwurstfrühstück, das in einem kleinen Töpfchen serviert wird. Das Essen war bisher tadellos gut – ehrliche Kost eben. Der Service ist meist gut gelaunt und freundlich. Wenn viel los ist, kann es jedoch mit dem Essen mal länger dauern – und meistens ist viel los! Getrunken wird natürlich meistens das hauseigene Bier, als Helles oder Rotes, saisonal ergänzt durch Märzen, Schwarzbier, obergäriges Ale oder einen Weihnachtstrunk mit Kardamom und Zimt. Sonst voll des Lobes möchte ich noch kurz warnen: Das belgische Kirschbier ist zwar per se nicht schlecht, aber die angebotene Sorte ist nicht nach meinem Geschmack – da haben Belgiens Brauer mehr zu bieten.

Gesamtbewertung:

 ·

Nürnberg — **Schäufelewärtschaft** — Fränkisch / Bürgerlich

post@schaeufele.de   www.schaeufele.de

Sau, stark

Das Büchlein „Schäufeleführer" der „Freunde des fränkischen Schäufele noch nicht eingetragener Verein" gibt es bereits in der vierten Auflage. Vorstand des „Sauhaufens" ist Holger „Don Schäufele" Meesmann, der auch in der SCHÄUFELEWÄRTSCHAFT der Chef ist. „Don Schäufele" darf – unserer Meinung nach – wiedergewählt werden …

Die L-förmige SCHÄUFELEWÄRTSCHAFT mit ihrer umlaufenden Eckbank, einem langen Tresen und den blank geputzten Holztischen ist schön schlicht eingerichtet. Auf den rot-weißen Tischdecken steckt das Besteck in Bierkrügen – eine „Wärtschaft" halt. Dazu passt ein „Wochenbier" vom Land oder ein Schanzenbräu oder Meister. Wohl um Platz für später frei zu halten, gibt es nur ganz wenige Vorspeisen, die probierte Pfannkuchensuppe passt und reißt mit 2,80 € kein Loch in das Portmonee. Neben dem Schäufele – als normale Portion und in kleiner „für Bleistiftspitzer" – gibt es u.a. noch Schweine- und Sauerbraten, Schnitzel, Salate und wechselnde Mittagsgerichte um 6 €. Wie nicht anders zu erwarten war, ist das SCHÄUFELE wunderbar gewürzt, die Kruste knackt und das Fleisch ist zart. Der Kloß ist ebenfalls zu loben – nur die Soße war mir ein wenig zu dünn und hätte kräftiger schmecken können. Beim Sauerbraten und beim Schweineschnitzel aus der Pfanne ging unser Daumen ebenfalls nach oben. Über die Nachspeisen – vier Sorten Eis – legen wir großzügig den Mantel des Schweigens. Da ginge noch einiges und dass der Koch es auch könnte, sieht man bei den Menüvorschlägen für Veranstaltungen. Warum wandert die „Bayerische Creme" nicht in die Tageskarte?

Die SCHÄUFELEWÄRTSCHAFT hat sich in den sechs, sieben Jahren ihres Bestehens in der Südstadt einen guten Ruf erarbeitet. Nicht immer sind Plätze frei und deshalb sollte man besser reservieren – besonders im Sommer, wenn sich der Hinterhofgarten als Kleinod entpuppt.

🏠 **Schäufelewärtschaft**
Schweiggerstraße 19
90478 Nürnberg

👥 Herr Holger Meesmann

📞 0911 / 4597325

🕐 Mo–Fr: 12:00–14:00, 17:00–22:00
Sa: 17:00–22:00
So: 11:00–22:00
Küche:
Mo–Fr: 12:00–14:00, 17:00–22:00
Sa: 17:00–22:00
So: 11:00–22:00
kein Ruhetag

🪑 60, Außenplätze: 40

📗 Abends und Sonntagmittag empfohlen

€ 18 € – 40 €

⚖️ ★★★★
👨‍🍳 ★★★·
🍽 ★★★·
🌿 ★★★★
🍺 ★···
🍷 ★★··
🥛 ★★★★

Gesamtbewertung:

Exklusiv **Schindlerhof unvergeESSlich** Nürnberg

www.restaurant-unvergesslich-nuernberg.de   unvergesslich@schindlerhof.de

Jetzt auch als App

Schindlerhof unvergeESSlich
Steinacher Straße 6-10
90427 Nürnberg

Herr Klaus Kobjoll, Walter Springer

0911 / 9302-612

Mo–So: 11:00–01:00
Küche:
Mo–So: 12:00–15:00,
18:00–00:00
kein Ruhetag

120, Nebenräume: 90, Außenplätze: 100

Immer empfohlen

40 € – 120 €

✱✱✱·
✱✱✱✱
✱✱✱✱
✱✱✱✱
✱✱✱·
✱✱✱✱
✱✱✱·

Gesamtbewertung:

Im erfolgreichen Tagungshotel Schindlerhof von „Management-Guru" Klaus Kobjoll ist vieles anders. Wer Seminare wie „Wa(h)re Herzlichkeit" oder über die Begeisterung von Kunden anbietet, hängt die Latte hoch. Ich fühle mich ein bisschen „neurolinguistisch programmiert" wenn mir permanent ein „Verwöhnt durch …" ins Auge fällt oder alles kickt oder topp ist. Zumindest garantiert mir ein Preisversprechen, dass keiner weniger zahlt als ich – was etwas tröstet, denn ein billiges Vergnügen ist das UnvergESSlich genannte Restaurant des Schindlerhofs nicht. Aber ein Vergnügen schon, sogar ein großes!

Es gab vier verschiedene Menüs mit drei oder vier Gängen zu Preisen zwischen 39 und 59 €, darunter auch ein vegetarisches und eines „body cur" genanntes zum Schlankwerden. Außerdem werden saisonale Gerichte angeboten, sowie Klassiker von Klaus Kobjoll und Küchenchef Jean-Michel Rödl empfohlen. Wir probierten uns durch beim „Trüffel-Menü" und à la carte. Vorab grüßte die Küche wunderbar mit Gurkenröllchen mit Frischkäse, Gemüse und Passionsfrucht! Exzellent auch die Suppe vom fränkischen Kürbis mit einer in Tempura-Teig frittierten Garnele (7,50 €). Das Menü startet wunderbar mit einem pochierten Ei mit Spinat und eben Trüffel. Es folgen getrüffelte Tagliatelle mit einem auf den Punkt gegrillten Rinderfilet und eine konfierte „Cherry Valley Ente" mit Kartoffelkloß und Blaukraut (25 €) – eine Empfehlung von Klaus Kobjoll. Und ich muss gestehen, es war die beste Ente meines Lebens! Das lange, milde Garen hat sich gelohnt, Kompliment. Die Sorbetvariationen (8,50 €) waren leicht und lecker. Nur der Espresso war, wie leider so oft in der Spitzengastronomie, ein geschmacksarmes Ärgernis.

Ich komme ins Grübeln. Muss ich mein (Vor-)Urteil über den Schindlerhof revidieren? Man sitzt sehr schön in einem der drei Gasträume des ehemaligen Bauernhofs. Auch der große Garten kann sich sehen lassen. Die vielen Weine aus Franken sind fair kalkuliert. Und an die Ente werde ich mich noch jahrelang gerne zurück erinnern. Vor mir liegt ein Zettel, auf dem ich mithilfe von Smileys meine Zufriedenheit ausdrücken soll. Die gab es schon vor 20 Jahren. Ich kreuze drei Mal den Lachenden an und lud mir am nächsten Tag die Schindlerhof-App aufs Handy hoch.

Nürnberg — **Schnitzelria im Hotel Elch** — Spezialitäten & Kuriositäten

info@schnitzelria.de   www.schnitzelria.de

Gut gebröselt

„**Es könnte etwas** länger dauern", informiert mich sehr freundlich die Dame des Hauses. Tut es dann aber gar nicht. Derweil hört es sich gut an, wie der Koch hämmert und die Pfannen brutzeln. Man sitzt sehr gemütlich in der von schwerem Gebälk bestimmten SCHNITZELRIA, die im Erdgeschoss des HOTEL ELCH untergebracht ist. Das Fachwerkhaus aus dem Jahr 1342 ist natürlich ein bisschen klein und verwinkelt, dafür atmosphärisch. In Kontrast zu den dunklen Hölzern sind die Tisch hell und freundlich eingedeckt – von der Tür aus grüßt ein ausgestopfter Elch, der auch ein Hirsch sein könnte.

Das Konzept gefällt mir: Neben ein paar Vor- und Nachspeisen, sowie Salaten, konzentriert sich die SCHNITZELRIA aufs „platt machen". Klassisch als „Wiener", „Wiener Art" oder „Cordon Bleu", als XXL 400 g schwer, italienisch mit Tomaten und Mozzarella, „Brauer Art" mit Landsalami und Käse oder in vielen weiteren, z.T. gewagten Variationen. Ich bin gleich ganz begeistert vom „Wiener Schnitzel" mit hausgemachtem, sehr gutem Kartoffelsalat (zur Auswahl stehen sieben Beilagen). Das „Altbayrische Schnitzel" wurde mit süßem Senf und Brezen paniert, und war eine angenehme Entdeckung. Dazu passten hervorragend die Kartoffelrösti. Einen Freund konnte ich überreden, das spannend klingende Schnitzel „American Style" mit Käse, Speck, Spiegelei und BBQ-Soße zu probieren. Er hob den Daumen! Leider herrscht bei den Nachspeisen hinsichtlich der Auswahl eher Dürre. Im Biertieg gebackene Apfelküchle mit Vanilleeis wurden es dann aber doch – und wir sagen: alles frisch und wir kommen bald wieder!

Was ich sehr sympathisch finde: Menschen mit Nahrungsintoleranzen werden nicht in die Pfanne gehauen, sondern bekommen ihr Schnitzel auch mit Gluten-freier Panade.

**Schnitzelria
im Hotel Elch**
Irrerstraße 9
90403 Nürnberg

Frau Jessica Stark

0911 / 2492980

Di–Fr: 18:00–00:00
Sa: 17:00–22:00
So: 18:00–24:00
Küche:
Di–Fr: 18:00–22:00
Sa: 17:00–21:00
So: 18:00–22:00
Mo Ruhetag

40

Fr–Sa empfohlen

20 € – 40 €

 ★★★·

 ★★★·

 ★★··

 ★★★★

 ★···

★★★·

★★★·

Gesamtbewertung:

Exklusiv **Gasthaus Schwarzer Adler** — Nürnberg

www.schwarzeradler.de   gasthaus@schwarzeradler.de

Der Adler hebt wieder ab

**Gasthaus
Schwarzer Adler**
Kraftshofer
Hauptstraße 166
90427 Nürnberg

Herr Eduard Aßmann

0911 / 305858

Mo–So: 11:30–15:00,
18:00–00:00
Küche:
Mo–So: 11:30–14:00,
18:00–22:00
kein Ruhetag

40, Nebenräume:
48 / 48 / 14 / 14,
Außenplätze: 100

Immer empfohlen,
Abends nötig

50 € – 150 €

★★★ •
★★★★
★★★ •
★★★★
★★★ •
★★★★
★★★★

Immerhin seit 1752 und wieder stolz hängt der SCHWARZE ADLER in Kraftshof sein an die guten alten D-Mark-Zeiten erinnerndes Wappen in den Wind. Das 260-jährige Jubiläum muss natürlich gefeiert werden – schließlich ist es um dieses altehrwürdige Bollwerk des guten Geschmacks in den „Nuller Jahren" etwas still geworden. Doch seit dort der junge Eduard Aßmann kocht, geht es wieder steil aufwärts in Richtung Sterne-Küche.

Es läuft so rund, dass wir an einem Samstagabend nicht in der Gaststube Platz finden, sondern in der ca. 14 Personen fassenden, kuscheligen Weinstube. Es gibt noch drei weitere Nebenzimmer, die einen geschmackssicheren konservativ-fränkischen Rahmen für Familienfeiern bieten, sowie einen der herrlichsten Gärten Nürnbergs. Als Aperitif gönnen wir uns zwei Gläschen Prosecco – einen mit Birne-Zimt, den anderen mit Beeren-Ingwer angereichert. Sehr aromatisch, angenehm überraschend! Dazu servieren die den restlichen Abend über immer sehr zuvorkommenden Bedienungen als „Gruß aus der Küche" einen Hauch von Meeresfrüchtesalat, ein würfelzuckergroßes Stück Lachs auf roter Bete und ein XXS-Wachtelbrüstchen. So aromaintensiv schon die Aperitifs waren, so geht es in der Küche von nun an weiter. Das Degustationsmenü gibt es in fünf oder in vier Gängen (65 €) und wir probierten davon zu Beginn ein etwas zu dick aufgetragenes und eine Spur zu durchgegartes „Carpaccio vom Kaisergranat (eine Art Hummer für Preisbewusste, der wie ein zu groß geratener Scampi aussieht) mit rotem Curryschaum". Dafür war die „Langostinensuppe mit eigener Praline" (11 €) aus der Karte ein Gedicht. Im Menü folgte ein aromatisch ausgewogenes „Gröstel von Waldpilzen und Kürbis mit Senfschaum", sowie eine „Roulade von Kalbsrücken und Aprikose umhüllt von Serranoschinken und mit Perlgraupenterrine in Salbeijus". Die Roulade war, wie sie hieß: etwas des Guten zu viel. Mir persönlich ist einfach mehr Klarheit der Ausgangsprodukte auf dem Teller lieber – aber das ist Geschmackssache. Das „Duett von Steinbutt und Eismeerforelle auf Trüffelrisotto" war da schon mehr nach meinem Gusto, die „Nougatlasagne" zum Dessert etwas weniger. Wir halten fest: Der SCHWARZE ADLER ist wieder eine Adresse, die Feinschmecker im Navi einprogrammiert haben sollten.

Gesamtbewertung:

 •

Fürth · **Neubauers Schwarzes Kreuz** · Exklusiv

info@neubauers-schwarzes-kreuz.de www.neubauers-schwarzes-kreuz.de

Himmlisches in FÜ

In Sichtweite von Erwin Weidenhillers KUPFERPFANNE ein Feinschmeckerlokal zu eröffnen, dazu braucht man Mut und Können. Marco Neubauer kann mit beidem punkten. Er kochte u. a. in PFLAUMS POSTHOTEL und im SCHINDLERHOF, bis er 2008 das tradtionsreiche SCHWARZE KREUZ gegenüber dem Fürther Rathaus übernahm. Und es geht weiter aufwärts: Gerade erkochte sich Marco Neubauer die zweite Haube im „Gault Millau". Neugierig reservierten für Mittag, an dem ein 3-Gang-Menü für 35 € und mit einem Gang mehr für 45 €. Wir dachten uns: aller Gute Dinge ist vier und dann noch à la carte.
Das Menü startete mit einem aromatischen „Trüffelmozzarella mit Buchenpilzen". Ebenfalls überzeugend in Geschmack und Textur das Tatar vom Kalb, schön fruchtig dank einer Mango-Salso und pikant dank Wasabi-Majonäse (14 €). Im Menü ging es weiter mit einer Kürbisschaumsuppe, die sich als der schwächste Gang entpuppen sollte. Meine Begleitung hatte mit seinem Zwischengang, einer Jakobsmuschel mit Bohnenrisotto und Speckschaum für 15 €, mehr Glück. Das Menü ließ mir die Wahl zwischen Thunfisch und US-Beef. Der Thunfisch mit Tomaten-Safran-Risotto erwies sich als gute Wahl – perfektes, festes Fleisch und auf den Punkt gebraten, das Risotto war köstlich. Gegenüber gab es einen gleich guten Seeteufel mit Tomatenpolenta (22 €). Auch die Pâtisserie überzeugte mit zweierlei Schokoladenmousse plus Cranberry-Sorbet. Dem Anspruch des Hauses gerecht wird die schöne Weinkarte und auch der Espresso passt.
So wie das Wappen ist das Restaurant mit seinen 50 großzügig verteilten Plätzen in Schwarz-Rot-Weiß edel-klassisch eingerichtet. Es gibt noch verschiedene Nebenzimmer und einen großen Saal für gut 100 Gäste. Von seiner allerschönsten Seite zeigt sich das SCHWARZE KREUZ jedoch im Sommer: Die schmucke Dachterrasse zaubert ein klein wenig italienisches Flair nach Fürth – passend zum Rathaus-Turm.

🏠 **Neubauers Schwarzes Kreuz**
Königstraße 81
90762 Fürth

👥 Herr Marco Neubauer

📞 0911 / 740910

🕐 Mo–Sa: 12:00–14:30,
           18:00–22:30
Küche:
Mo–Mo: 12:00–14:00,
         18:00–22:00
So Ruhetag

🛏 25, Nebenräume: 20,
Außenplätze: 50

💳 Immer erbeten

€ 50 € – 120 €

⚖ ★★★ ·
👨‍🍳 ★★★★
🍽 ★★★★
☕ ★★★★
🍷 ★★★★
🥂 ★★★★
🍾 ★★★★

Gesamtbewertung:

Exklusiv **Sebald** — Nürnberg

www.restaurant-sebald.de info@restaurant-sebald.de

Platz 1669

Sebald
Weinmarkt 14
90403 Nürnberg

Herr Karl
Bernd Sperber

0911 / 381303

Mo–Mi: 11:00–00:00
Do–Sa: 11:00–01:00
Küche:
Mo–Mi: 11:30–23:00
Do–Sa: 11:30–23:00
kein Ruhetag

100, Nebenräume:
120, Außenplätze: 40

Abends immer empfohlen, am Wochenende nötig

30 € – 80 €

⚖ * · · ·
👨‍🍳 *** ·
🍲 ****
☕ ****
🍷 *** ·
🍷 *** ·
📋 ****

Das mir unbekannte Portal „restaurant-ranglisten.de" zeichnete das Sebald als eines unter den besten 3.000 in Deutschland aus. Karl-Bernd Sperber erkochte sich früher einen Michelin-Stern im Bammes – jetzt erreicht er Platz 1669 auf dem o. g. Portal. Sehr viele Menschen mit dicker Brieftasche mögen das Sebald, denn es ist dort oft sehr voll und viel los. Im Gegensatz zu Daniela Schadt und Joachim Gauck, die das Sebald zu ihrem Lieblingsrestaurant kürten, war ich enttäuscht bis verärgert.

Hinterher lese ich auf der Rechnung, dass für „Baguette mit Frischkäse" je 3,60 € berechnet wurde. Ich finde, dies hätte die Bedienung vorher sagen müssen, als sie uns diese eigentliche Selbstverständlichkeit anbot. Für Stoffservietten reichte es dennoch nicht. Bessere Papierservietten passen nicht zum an sich schön eingedeckten Tisch und dem sehr geschmackvollen Ambiente. Doch, doch – das Sebald ist wirklich ein schöner Ort. Schöne dunkle Stühle, mediterrane Farben, dezente Beleuchtung – erinnert mich an einen Edel-Italiener in Mailand.

Zum Essen waren wir Mittags da, zum Cocktail-Trinken, die gut waren, am Abend. Mit der Tomatensuppe für 5,90 € war ich zufrieden. Die geschnetzelte, gebratene Kalbsleber mit Rösti (17,80 €) machte sogar glücklich. Nicht aber das teils fettige, teils zähe Schweinekotelett mit Rosmarinkartoffeln. Es war mit Fostina-Käse überbacken, deshalb konnte man den „unglücklichen" Stellen auch nicht ausweichen. Ich empfand auch die Größe der Portionen als zu gering – oder den Preis dafür als zu hoch. Die Schokoladentarte zum Dessert war gut, aber durch zu wenig Sauternes-Sabayon staubte es doch sehr im Gaumen. Der hausgemachte Apfelstrudel konnte sich sehen lassen, aber das Vanille-Eis dazu hätte nach mehr Vanille schmecken dürfen. Auf dem großen Tresen steht unübersehbar eine schöne Wurst-Schneidemaschine. Ich wäre dafür, sie um eine ordentliche Espresso-Maschine zu ergänzen, denn der Espresso aus deutscher Produktion hatte keinen Bums. Am Freitag- und Samstagabend gibt es Live-Musik. Natürlich nicht ganz kostenlos, wie die Karte dann doch informiert …

Gesamtbewertung:

ALLES, WAS RECHT IST

Kostenlose Beratung in Rechts- und Steuerfragen rund um Ihre Immobilie

Wohnungseigentumsgesetz, Betriebskostenrecht, Energieeinsparverordnung, Nachbarrecht, Erbrecht …

Nichts ist undurchsichtiger als der deutsche Paragraphen-Dschungel. Damit Immobilienbesitzer, Vermieter und Bauwillige zu ihrem **guten Recht** kommen, gibt es die Experten des Grund- und Hausbesitzervereins.

Jetzt Mitglied werden, von einer starken Gemeinschaft und ihrer Erfahrung profitieren und mit der kostenlosen Beratung in u. a. **Rechts- und Steuerfragen** rund um Haus und Grund ein Gefühl der Sicherheit genießen!

Grund- und Hausbesitzerverein Nürnberg & Umgebung e. V.

Färberplatz 12, 90402 Nürnberg, Tel. 0911 376578-0
verein@hausundgrund-nuernberg.de

Gründlich profitieren:

Fränkisch / Bürgerlich **Zum Spießgesellen** Nürnberg

www.spiessgeselle.de   info@spiessgeselle.de

Gulasch & Gelage

Zum Spießgesellen
Rathausplatz 4
90403 Nürnberg

Frau Alexandra Urban

0911 / 23555525

Mo–So: 11:00–00:00
Küche:
Mo–So: 11:00–00:00
kein Ruhetag

230, Nebenräume: 20 / 40 / 60, Außenplätze: 40

Am Wochenende und zum Christkindlesmarkt empfohlen

25 € – 50 €

★★★ ·
★★★ ·
★★★ ·
★★★★
★★ · ·
★★★★
★★★ ·

Das im Alten Rathaus untergebrachte Restaurant ZUM SPIESSGESELLEN wirbt mit „rustikaler regionaler Küche" und „Erlebnismenüs und „Gelage". Ich mache mich auf das Allerschlimmste gefasst, erwarte übertrieben fränkische Dekoration und dergleichen – und bin angenehm überrascht. Das L-förmige Lokal mit einem riesigen Raum und einem Nebenzimmer ist dezent und geschmackvoll eingerichtet. Dank der weißen Wände und Decken ist es schön hell, die dunklen Holztische schlicht. Am besten gefällt mir der hintere Nebenraum. Wir suchen uns einen Platz in einer der Nischen am Fenster, als eine Horde Burschen in Lederhosen einfällt und das eher ältere Publikum, sowie die zahlreichen Touristen, „aufmischt". Doch noch ein Erlebnis … Ansonsten kann man diverse Führungen und Events, nebst Menüs wie der „Henkersmahlzeit" oder einen Ausflug in Nürnbergs Märchen-und Sagen-Welt buchen.

Ich zähle gut über 100 Gäste, blicke in die einsehbare Küche gegenüber dem Tresen, und denke mir, könnte länger dauern. Doch es geht erstaunlich fix – die Bedienungen machen zwar einen etwas gestressten Eindruck, sind aber präsent, und wir bestellen ein Kinder-Schnitzel, ein Schäufele und, klar, einen Spieß. Das Schnitzel „Natur" war dennoch riesig und recht zart. Die Spätzle und die Sahnesoße dazu eher enttäuschend. Das Schäufele mit Kloß ging gerade so – die Kruste war nicht sonderlich knusprig, das Fleisch war mir zu wenig gewürzt und der Kloß erinnerte mich an Kantinenküche. An sich recht ordentlich war der „Räuber-Spieß" mit Schweinefleisch, Speck und Zwiebeln. Die dazu servierten Kartoffel-Wedges waren leider schnell matschig, denn sie wurden auf das Gemüse (zerkochte Broccoli und Rosenkohl, mit Erbsen, Mais und Karotten) gelegt. Fazit: gemischte Gefühle. Nachdem ich aber heute weiß, dass unser Olympia-Sieger Max Müller seine Würste in den SPIESSGESELLEN liefert, werde ich sicher nochmals hier Rast machen.

Gesamtbewertung:

Nürnberg | **Spillmanns** : Spezialitäten & Kuriositäten

info@spillmanns.de   www.spillmanns..de

Weiße Handschuhe mit Rabatt

Der Maxtorhof gilt als schwieriges Terrain für die Gastronomie. Das SPILLMANNS hat das Beste aus der Umgebungssituation an der Rollnerstraße heraus geholt, zumindest hinsichtlich der Terrasse. Und da es mit dem Parken eine besondere Qual ist: für „à la carte"-Kunden ist drei Stunden Parken im sehr nahe gelegenen Parkhaus kostenlos. Das mit den „à la carte"-Kunden machte mich schon etwas stutzig – als ich telefonisch reserviere werde ich gefragt, ob ich einen „Groupon"-Gutschein hätte. Scheinbar sind da sehr viele Rabattmarken mit einem Nachlass von 50 % über den Tisch gegangen, denn der Ton am anderen Ende ist … eher reserviert. Als ich, anfangs verwirrt, verneine, wird es freundlich. Meine Meinung: Wer sein Angebot über diese Coupon-Firmen billiger anbietet, ist sonst zu teuer.

Nun, es ist noch nicht lange her, dass Sarah Spillmann und ihr Mann Randy ihr Steakhaus nebst Bar eröffneten. Alles sieht noch neu und frisch aus. Beim Betreten fällt mir der „Reifeschrank" auf, in dem Fleisch à la „Dry aged Beef" hängt, das der letzte Schrei zu sein scheint. Das Lokal ist großzügig bestuhlt, lichtdurchflutet und modern eingerichtet, ein Salatbüfett bestimmt die Mitte des Raumes. Wir warten kurz auf die Karte, der Service hat gut zu tun, agiert aber souverän am Gast. Als am Nebentisch Essen serviert wird, fallen mir die weißen Handschuhe der Bedienung auf … Schon lange nicht mehr gesehen und das kann ja was werden, denke ich mir. Wir machen uns die Auswahl leicht: argentinisches Filet-Steak und australisches Rib-Eye, dazu eine Flasche „Du Toitskloof" aus Südafrika. Die Weinauswahl ist übrigens ordentlich. Fleisch gibt es – wie es sich für ein Steakhaus gehört – satt: „US Black Angus Beef", „Australisches Grain Feed Beef", „Argentinisches Fleisch" und Bison. Hinzu kommen Wochenangebote und dann steht schon mal Florentiner Steak auf der Karte. Ebenso gibt es eine kleine Auswahl an Fischgerichten, Garnelen sowie Burger.

Die Küche ist fix und wir bekommen unsere Bestellungen schnell gebracht – natürlich mit weißen Handschuhen. Das Fleisch ist heiß und nicht so lauwarm, wie ich es öfter mal bei „medium-rare" erlebe. Alles schmeckt zu unserer Zufriedenheit. Nach dem Essen kommt der Chef vorbei und erkundigt sich ob, alles in Ordnung war. Was wir bejahen – aber irgendwie hat das SPILLMANNS mein Herz (noch) nicht erobern können …

Spillmanns
Rollnerstrasse 8
90408 Nürnberg

Sarah und Randy Spillmann

911 / 93783953

Di–Fr: 11:00–14:00,
        17:00–24:00
Sa: 17:00–24:00
So: 11:00–14:00,
        17:00–24:00
Küche:
Di–Fr: 12:00–14:00,
        17:00–22:00
Sa: 17:00–22:00
So: 12:00–14:00,
        17:00–22:00
Mo Ruhetag

72, Außenplätze: 70

Empfohlen

€ 30 – € 55

★★··
★★··
★★··
★★··
★★··
★★··
★★··

Gesamtbewertung:

Fränkisch / Bürgerlich | **Steichele** — Nürnberg

www.steichele.de   info@steichele.de

Soll ich STEICHELES Freund werden?

Steichele
Knorrstraße 2-8
90402 Nürnberg

Herr Bernhard Steichele

0911 / 202280

Mo–Sa: 11:00–14:00,
        17:30–00:00
Küche:
Mo–Sa: 11:00–14:00,
        17:30–22:00

So Ruhetag

85, Nebenräume: 35

Abends empfohlen

  25 € – 55 €

  ★★★ ·

  ★★ · ·

★★★ ·

★★★ ·

  ★★ · ·

  ★★★★

  ★★★ ·

1662 oder 1777 – es gibt unterschiedliche Angaben, auf welches Gründungsjahr das denkmalgeschützte „Batzenhäusle" zurückgeht. Egal, das „Hotel und Weinrestaurant" STEICHELE ist uralt und bietet eine sehenswerte Inneneinrichtung u.a. mit „Lüsterweibchen" genannten, geschnitzten Lampen. Seit 1897 führt die Familie Steichele den Betrieb und in 2012 übernahm Bernhard Steichele den Betrieb. Eine der ersten Amtshandlungen könnte gewesen sein, dass das STEICHELE jetzt bei „Facebook" Ihr Freund werden kann. Bei einem geschätzten Durchschnittsalter der Gäste von 60 bin ich da gespannt … Im Sommer wurde die Küche renoviert – die mit vielen Klassikern der Fränkischen und bürgerlichen Küche bestückte Speisenkarte hätte auch eine Aufhübschung verdient. Und noch immer steht das Curry-Huhn auf dem Speiseplan, das uns schon vor über 20 Jahren verstörte …

Wir probierten eine französische Zwiebelsuppe (4,50 €) und eine Kartoffel-Kürbissuppe. Beide waren weder besonders gut, noch schlecht. Es folgte ein Angebot von der Saison-Karte: eine halbe Ente mit Blaukraut und Kloß für 12,90 €. Sowie ein großes Wiener Schnitzel für 17,90 €. Zum Schluss die obligatorischen Apfelküchle. Auch hier galt: Hatten wir alles schon schlechter gegessen, aber auch schon besser. Was uns nicht gefällt, ist das teilweise rustikal zu nennende Auftreten des Services. Gastlichkeit geht anders. Mir scheint, dass neben den Senioren, die seit vielen Jahren dem STEICHELE die Treue halten, viele Hotelgäste hier ihre Halbpension etwas freudlos verdrücken. Zumindest bei unserem Besuch.

Die schöne Weinstube bietet übrigens eine große Auswahl an Tropfen aus Franken, der Pfalz und aus Südtirol an. Für Veranstaltungen öffnet im ersten Stock das „Elisabethenzimmer" für bis zu 40 Personen. Sehr viel mehr ist über das STEICHELE einfach nicht zu berichten, zumindest nichts Negatives.

Gesamtbewertung:
 · ·

Nürnberg · **Sua** · Italienisch

Kunst und Können

Der Betreiber des Sua Tomas Spanu kommt aus einer Gastronomen-Familie sardischen Ursprungs. Da liegt es nah, dass er seine Küche mediterran ausrichtet. An der Außenfassade des Restaurants fallen Vorbeigehenden bereits zwei große Kreidetafeln auf, die einen Vorgeschmack auf das Essen bieten. Die Atmosphäre im Sua ist hell, die dunklen Tische und die schwarzen Ledersitzbänke und Stühle bilden einen reizvollen Kontrast. An den Wänden hängt „Kunst". Alles macht einen aufgeräumten Eindruck, vielleicht eine Spur zu modern und etwas zu kühl. Aber wir sind ja nicht Einrichtungskritiker …

Der Patron des Hauses weist uns einen Tisch zu. Da es keine Weinkarte gibt, wird uns relativ nachdrücklich eine kleine Auswahl an offenen Weinen empfohlen. Das Auftreten der Bedienung ist tadellos, aber mir etwas zu „gespreizt". Nach unserer Bestellung kommt als „Gruß aus der Küche" ein Korb mit leckerem Brot, dazu ein Gläschen mit selbst gemachter, wirklich sehr guter Bärlauchpesto, und ein kleiner Tiegel mit Olivenöl, darin ein paar Körner grobes Meersalz. Allerdings hat mich die Ansage von Herrn Spanu: „Das hier ist junges Olivenöl mit Meersalz" dann doch amüsiert. Sind doch mehr Herkunft und Herstellung qualitätsentscheidend denn Alter. Nun, es war gutes Olivenöl – nicht mehr und nicht weniger.

Zum Essen: Salat mit Garnelen und „Herbstlicher Blattsalat" als Vorspeise vorneweg gehen in Ordnung. Mein Rinderrücken als Hauptgang war gut. Beim Schnitzel im Grissini-Mantel mit Mailänder Kartoffelsalat gefällt die Idee der Panade, aber das Fleisch war eine Spur zu trocken. Sehr verwirrend fand ich, dass auf den Kreidetafeln außen das Schnitzel vom Schwein für 9,40 € angeboten wurde. Auf der Karte innen stieg dann der Preis auf 10,50 € – und vom Kalb kostet es dann 15,50 €, wie wir später erfahren. Was mir auch nicht gefällt: Das stille Wasser wird schon geöffnet an den Tisch gebracht. Meines Erachtens sollte die Flasche immer vor dem Gast geöffnet werden. Unser Fazit des Abends: Im Sua sind Anspruch und Leistung nicht im Einklang. Da geht noch was!

Sua
Wurzelbauerstrasse 21
90409 Nürnberg

Herr Thomas Spanu

0911 / 56839708

Di–Sa: 11:00–14:00, 17:00–23:00
Küche:
Di–Sa: 11:00–13:30, 17:00–22:00
So, Mo Ruhetag

20

Empfohlen

€ 25 € – 35 €

✲✲ · ·
✲✲✲ ·
✲✲ · ·
✲✲✲ ·
✲✲ · ·
✲✲✲ ·
✲✲ · ·

Gesamtbewertung:

Italienisch : **südlich** Nürnberg

restaurant-suedlich.de   info@restaurant-suedlich.de

Rustikal bis sonnig

südlich
Tafelfeldstraße 73
90443 Nürnberg

Frau Anja Lenke

0911 / 4392618

Mo–Fr: 11:30–14:00,
18:00–00:00
Sa: 18:00–24:00
So: 18:00–22:00
Küche:
Mo–Fr: 11:30–14:00,
18:00–22:00
Sa: 18:00–22:00
So: 18:00–21:00
kein Ruhetag

60, Außenplätze: 60

Abends empfohlen,
am Wochenende
nötig

15 € – 50 €

★★★ ·
★★★ ·
★★★ ·
★★★ ·
★★ · ·
★★★ ·
★★★ ·

Zeit für ein Geständnis: In die Bruschetta mit marinierten Sardellenfilets (Stück 0,80 €) aus der SÜDLICH-Vorspeisenabteilung bin ich schwer verliebt. Immer wieder foltert mich mein Langzeitgedächtnis mit den leckeren Durstmachern und ich muss in die Südstadt. Meine Erlebnisse dort waren größtenteils sonnig, in der jüngsten Vergangenheit jedoch auch manchmal betrüblich.

Es gibt ein Karte mit Klassikern, die trotzdem quartalsweise wechseln, und eine Wochenkarte. Für unseren Test probierten wir „Vitello tonnatto" – und waren enttäuscht. Es war wenig zu Kalbfleisch, die Thunfischsauce wässrig, die roten Zwiebeln dazu unpassend. Viel besser die Ingwer-Karottensuppe mit Flusskrebsen, die in Wasabi mariniert gewesen sein sollten, was mein Gaumen aber nicht nachweisen konnte. Der folgende Steinbeißer war gut, zwar leicht trocken, harmonierte aber prima mit gegrilltem Fenchel. Ein Wechselbad der Gefühle auch bei den Schweinefiletmedaillons mit Spinatfüllung, die auch etwas zu trocken waren. Staubtrocken und bissresistent fiel leider die Parmesanpolenta aus. Ein Gedicht: die dickflüssige und an Aromen reiche Rotwein-Soße. Zum Dessert gab es „Zwetschenschlüpfer" mit Vanille-Eis – recht gut, besser noch fiel die mürbe Schokoladentarte aus. Was mein Herz sehr erfreut ist der kräftige Espresso für nur 0,90 € – so wie in Italien und wie es auch hierzulande öfter sein sollte. Die Weinauswahl findet ebenfalls meinen Gefallen. Den Service um Inhaberin Anja Lenke finde ich stellenweise arg robust, aber vielleicht gehört das in der Südstadt zum guten Ton. Manchmal habe ich die Wartezeiten als zu lang empfunden. Die vielen Gäste – Mittags wie Abends – scheint es nicht zu stören.

Irgendwie scheint in dem schön schlicht eingerichteten südlich mit seinen zwei Gasträumen die Sonne. Die verwendeten Wandfarben lindgrün und weiß, sowie das helle Mobiliar strahlen viel Freundlichkeit aus. Die Terrasse dürfte in 2013 nach der Renovierung der Fassade ebenfalls wieder ein gastlicher Ort sein. In jedem Fall bleibt das SÜDLICH spannend.

Gesamtbewertung:

138

Nürnberg   **Sushi Glas**   Japanisch

sushi.glas@hattenbach-gastronomie.de   www.sushi-glas.de

Es gibt Reis, Baby

Japanische Restaurants wie das HIRO SAKAO, das HARU oder eben das SUSHI GLAS haben ein Niveau erreicht, wo ich bei der Qualität der Sushis keine Unterschiede mehr wahrnehme. Das Wichtigste am Sushi ist ja – nicht der Fisch, sondern der gesäuerte Reis nebst der Zubereitung z. B. bei „Inside-Out-Rollen" natürlich. Insofern sind dann für mich andere Kriterien entscheidend wie die Atmosphäre im Lokal, Auswahl, Service und Publikum. Unterm Strich fühle ich mich im SUSHI GLAS am wohlsten und es ist deshalb mein „Liebling".

Da Mitinhaber und Gastro-Legende Martin Hattenbach, vormals u.a. LORENZ, PROUN und SEBALD, seine Zelte inzwischen in Berlin aufgeschlagen hat, übernimmt immer mehr Co Oliver Esch, der auch schon im ESSIGBRÄTLEIN arbeitete, das Ruder. Seine Handschrift und seine Leidenschaft tun gut – mir scheint, dass die Qualität in den letzten Jahren stieg, auch die Auswahl an Tagesgerichten kommt mir kreativer und vielseitiger als früher vor. Meistens mache ich es so, dass ich, wenn ich Mittags da bin, eine Nudelsuppe esse („Ramen", in der Regel mit einer kräftigen Brühe) und Abends eben Sushi, das man sich, wie in Japan, auf einem DIN A4-großen Zettel aussucht, entsprechend markiert und damit bestellt. Interessant finde ich immer die Sushi-Angebote auf der Tages- oder Wochenkarte, die oft ungewöhnlich sind. Ein Witz natürlich ist die Nürnberger Bratwurst, die man bestellen kann und auch tatsächlich bekommt …

Das SUSHI GLAS im Gewerkschaftshaus ist sehr modern eingerichtet. Die große Sushi-Theke dominiert den Raum. Man kann sich entweder dazu setzen und den Sushi-Meistern bei der Arbeit zusehen, was zu Zweit ein Vergnügen ist, oder an einen der schnörkellosen Holztische aus hellen Hölzern an der großen Fensterfront. Auffällig ist der hohe Anteil an erfolgreich aussehenden Frauen unter den Gästen – vielleicht ist dies unbewusst dann doch wohl der Hauptgrund, warum ich hier immer wieder zu finden bin. Einzig das Angebot an Bieren ist enttäuschend – darauf trinke ich einen der neuen Sakes: Kanpai!

Sushi Glas
Kornmarkt 5-7
90402 Nürnberg

Herr Martin Hattenbach, Oliver Esch

0911 / 2059901

Mo–Mi: 12:00–23:00
Do–Sa: 12:00–00:00
So: 18:00–22:00
Küche:
Mo–Mi: 12:00–22:30
Do–Sa: 12:00–23:00
So: 18:00–22:00
kein Ruhetag

50, Außenplätze: 60

Immer empfohlen

25 € – 60 €

★★★·
★★★·
★★★★
★★★★
★★··
★★··
★★★★

Gesamtbewertung:

Thailändisch | **Tafelberg** — Nürnberg

www.tafelberg-nuernberg.de — reservierung@tafelberg-nuernberg.de

Thaifood mal scharf, mal schärfer

Tafelberg
Weißgerbergasse 33
90403 Nürnberg

Herr Wolfgang Weeger

0911 / 203302

Mi-Sa: 18:00–00:00
Küche:
Mi-Sa: 18:00–23:00
So-Di Ruhetag

20

Empfohlen

20 € – 3 €

★★★ ·
★★★ ·
★★ · ·
★★★★
★★ · ·
★★★ ·
★★ · ·

Das TAFELBERG hat nichts mit Südafrika zu tun, sondern mit der Gründerin, Frau Berg. Und da sie meinte, bei ihr könne man gut tafeln – was für ein Wortspiel … Seit drei Jahren wird das Thai-Restaurant von einem neuen Wirt geführt.

Wirklich geändert hat sich nach meinen Beobachtungen nichts. Nach wie vor ist es eines der kleinsten Lokale der Stadt. Der Fußboden ist aus Pflastersteinen und die Stühle lassen sich schlecht darauf verschieben. Außerdem sind die Stühle schwer und ich finde sie unbequem. Neben der normalen Karte mit allerlei Bekanntem (es gibt eine Rubrik „Zeitloses") händigt uns die nette Bedienung eine Wochenkarte aus. Acht Gerichte fanden darauf Platz: Seehecht (als Klößchen), Tintenfisch, Huhn mit Lychee, Rind mit Süßkartoffeln, Reisnudeln mit Scampi, Rind laotische Art, Lamm mit Ingwer und gebratene Ente mit Obst und Gemüse.

Wir teilen uns die Vorspeise, kleine Frühlingsrollen mit einer Salatbeigabe. Die Form deutet auf hausgemacht hin, aber sie schmecken wie überall … Zum Hauptgang fällt unsere Wahl auf das nach laotischer Art zubereitete Rind und eine gebratene Ente mit gelbem Curry. Dazu ein Fläschchen frischen „Sancerre". Im TAFELBERG wurde man früher immer gefragt, wie scharf es denn gewürzt sein soll – und so ist es heute noch. Ehrlich gesagt, bin ich da immer hin und her gerissen, ob ich das als Dienst am Kunden und damit gut finden soll. Denn manche Rezepte verlangen doch nach authentischer Schärfe … Andererseits, wenn sich nach zwei Gabeln die Geschmacksnerven aufzulösen beginnen, haben mitteleuropäische Weicheier ja auch nichts davon. Nun, ich bestelle „mittel". Die Ente war durchaus gut und der Reis wurde auf einem Weinblatt serviert. Ebenso schmeckte das Rind gut und glänzte durch ungewöhnliche Aromen. Alles in allem gehört das TAFELBERG sicher zu den besseren Thai-Lokalen Nürnbergs.

Gesamtbewertung:

Nürnberg — **La Tapa** — Spanisch

info@latapa.de www.latapa.de

Knoblauch in Öl in der Peripherie

Espagna olé – gleich halte ich die Luft an (frei nach Asterix). Nach Spanien sieht es nicht wirklich aus im LA TAPA, die orangefarbene Einrichtung erinnert mich mehr an meine harte Kindheit in den 70ern, als an eine katalonische Tapas-Wirtschaft. Immerhin hängen ein paar der obligatorischen Schinken über dem Tresen. Der etwas gestresste, aber freundliche Kellner geleitet uns an einen Tisch nahe dem offenen Kamin. Das gut gefüllte Lokal erstreckt sich über zwei Ebenen – im Sommer kommt noch ein Biergarten dazu. Zwar ist es bei meinem Besuch draußen schon frisch, aber wenn der Kamin bollert, ist es fast schon zu warm.

Beim Blick in die Karte fällt die für ein spanisches Speiselokal geringe Weinauswahl negativ auf: Sechs rote, vier weiße, drei rosé Weine und davon lediglich ein roter, zwei weiße und ein rosé offen, dies ist mir zu wenig. Besser sieht es beim Essen aus. Neben der ordentlichen Auswahl an Tapas gibt es Paella, auch einige Hauptgerichte mit Kaninchen, sowie eine ordentliche Auswahl an Fisch und Meeresfrüchten. Wir beschränken uns auf Tapas. Vegetarier haben es übrigens schwer, denn nur fünf Sorten Tapas waren ohne Fisch oder Fleisch. Die Champignons mit Knoblauch haben nicht zu viel versprochen, ebenso wie die Aioli, die angenehm leicht und nicht so fett war, am nächsten Tag aber noch für Amüsement bei allen Sitznachbarn sorgte. Genauso sollte es sein, sonst würde ich ja kein Knoblauchgericht bestellen. Das gebratene Gemüse war noch knackig und kein Matsch. Die Portionsgrößen hatten wir allerdings unterschätzt, sechs Tapas für zwei Personen sind zu viel. Maximal fünf hätten gereicht, zumal weder das Kaninchen noch die Chorizo unter Ölarmut litten. Kurios war die Suche nach Salz und Pfeffer, denn auf dem Tisch stand nichts. Der Kellner ging dann auf die Pirsch, da es nur ein Set gibt, das er von anderen Gästen holen musste. Der Grund? Die edlen Salz- und Pfeffermühlen würden gerne mitgenommen. Schlimm, schlimm – aber kein Grund, nicht für Ersatz zu sorgen …

La Tapa
Wetzendorfer Strasse 254
90427 Nürnberg

Herr Emir Emilio Hrnjica

0911 / 5696641

Mo–Sa: 17:00–02:00
So: 11:30–15:00, 17:00–02:00
Küche:
Mo–Sa: 17:00–02:00
So: 11:30–15:00, 17:00–02:00
kein Ruhetag

110, Außenplätze: 70

Empfohlen

25 € – 30 €

★★★·
★···
★★★★
★★★·
★★··
★★··
★★··

Gesamtbewertung:

Spanisch | **La Tasca** | Fürth

werners-hotel.de   info@werners-hotel.de

Bitte machen Sie ein Kreuzchen

La Tasca
Friedrichstrasse 22
90762 Fürth

Herr Robert Reinwald

0911 / 7405619

Mo–Sa: 11:30–14:30, 17:30–22:30
Küche:
Mo–Sa: 11:30–14:00, 17:30–22:30
So Ruhetag

40, Nebenräume: 40

Empfohlen

15 € – 35 €

★★★·
★★★·
★★★★
★★★·
★★··
★★★·
★★··

Gesamtbewertung:

🍲🍲🍲· ♥

Eine Expedition, aber es geht nur nach Fürth. Samstagabend ohne Reservierung, machen Sie das nicht, denn das LA TASCA ist voll. Uns wird angeboten, dass wir nebenan in WERNERS BISTRO (gehören zusammen) auch das spanische Essen bekommen, doch wir ziehen die beiden letzten Plätze am Tresen vor. Die Speisekarte ist ein beidseitig bedrucktes Blatt in DIN A3 und als Gast kreuzt man einfach an, was man möchte. Die Speisen sind farbig codiert nach warm und kalt. Neben Tapas in drei Preiskategorien (3,50, 4 und 4,50 €) hätte ich auch noch die Auswahl aus „großen" Gerichten. An einer Tafel an der Wand werden als Tagesempfehlung ein Entrecote vom freilaufenden iberischen Hausschwein und Miesmuscheln im Weinsud angeboten. Ab zwei Personen wird frisch Paella zubereitet, was dann aber zwischen 30 und 45 Minuten dauert.

Die beiden Angestellten haben gut zu tun, kümmern sich jedoch gut um uns. Die Weinkarte ist groß, zumindest das Format, die Auswahl dann doch noch ausreichend. Wir entscheiden uns für einen süffigen Val de Uga, Somontando für 15,90 €. Gegessen werden Tapas, Chorizo wird nur als Wurstaufschnitt präsentiert, ich hoffte auf angebraten, wie ich es von der iberischen Halbinsel kenne. Die Spinatbällchen sind lecker, die „Hühnerbrüstchen aus Andalusien" zwar auch, aber leider etwas zu trocken in ihrer Sahne-Sherry-Soße und dadurch auch etwas zäh. Dafür war das Spießchen mit kleinen Tintenfischen recht lecker. Die Aioli entpuppte sich als „k. u. k."-Bombe: Knoblauch und Kalorien satt, so wie in einem Bergdorf irgendwo in Katalonien, das seit 40 Jahren keinen Kontakt zur Außenwelt mehr hatte.

Obwohl schon pappsatt, bestelle ich mir noch eine Nachspeise: Creme Katalan. Diese wird hier mit Escorial grün (ja, Sie lesen richtig) flambiert, was zu meiner Überraschung ganz gut harmoniert. Robert Reinwald, der sich hier um das Essen kümmert, ist ein Quereinsteiger in der Küche. Aber das ist schon sehr lange her und das Essen macht einen authentischen Eindruck. Die Atmosphäre ist ebenfalls gut im LA TASCA: Kacheln an der Wand mit mehr oder minder spanischem Muster, rustikale Holztische und über mir am Tresen baumeln wieder ein paar Schinken. Bei meinen Besuchen waren die Gäste immer bunt gemischt, obwohl das Jungvolk in der Unterzahl ist.

Nürnberg | **A Tavola** Italienisch

Zu Tisch,
Italienisch am Stehtisch

Direkt neben dem Feinkosthändler IL NURAGHE ist das A TAVOLA, früher war es Teil des Ladens und irgendwie gehört das auch noch zusammen. Daher sieht das Restaurant auch mehr aus wie ein Weinladen mit einer Kühltheke und Tischen, denn die Wände zieren Weinflaschen (die natürlich gerne verkauft werden). Sehr schön ist die kleine Nische mit einem handgemalten Schild „Nicht anfassen, privat". Darin sind gut 12 Grappa-Flaschen vom legendären Brenner Levi – denken wir, denn seine Etiketten sind mit der Hand bemalt ...

Als wir um 19:30 Uhr ankommen, sind nur noch drei Tische frei – zum Glück hatten wir reserviert. Der Wirt Alessandro Franco bringt die Karte schnell, doch dann dauert es, mittlerweile ist das Lokal bis auf den letzten Platz gefüllt, und einer vom Personal fehlt. Doch das bestellte Essen kam dann recht schnell. Neben der Karte stehen an Säulen weitere Gerichte angeschrieben, sowie die Tagesempfehlung. Um diese lesen zu können, muss man sich, je nach Sitzplatz, manchmal ganz schön verrenken. Überhaupt das Sitzen: Die Hälfte der gut 40 Plätze sind an hohen Tischen, die mehr zum daran stehen geeignet sind. Wir empfinden das eher als unbehaglich, besser prädestiniert für ein schnelles Gericht am Mittag als für ein Abendessen, schon gar nicht für ein romantisches. Vitello Tonnato und ein Antipasti-Teller aus der Vitrine sind unsere Vorspeisen. Mein Fleisch ist fast Carpaccio dünn und schon arg trocken. Für eine Vorspeise ist es mit 9,50 € recht teuer. Der Antipasti-Teller besteht fast nur aus Gemüse, fünf kleine Krabben haben sich noch darauf verirrt. Pasta gibt es als Hauptgericht: Cannelloni alla Bolognese und Ravioli mit Mascarpone und Walnussfüllung sowie einer Soße aus Butter und Salbei. Die Ravioli waren im Geschmack etwas, sagen wir, unterwürzt. Die Bolognese der Cannelloni hatte ein gutes sauer-süß Verhältnis, was bei den Tomatensoßen nicht immer der Fall ist. Was schade war, beide Nudeln waren nicht mehr bissfest. Die Panna Cotta als Dessert hatte mir zu viel Gelatine getankt. Alles in allem ein gemischter Eindruck – wie Italien halt so ist.

A Tavola
Theresienplatz 7
90403 Nürnberg

Herr Allesandro Franco

0911 337687

Mo–Sa: 11:00–22:00
Küche:
Mo–Sa: 11:00–21:00
So Ruhetag

35, Außenplätze: 30

Empfohlen

€ 20 € – 30 €

★★★·
★★··
★★★·
★★★·
★★··
★★★★
★★★·

Gesamtbewertung:

Spanisch | **Teatro** | Nürnberg

www.restaurant-teatro.com   kontakt@restaurant-teatro.com

Weiße Flagge gehisst

Teatro
Thumenberger Weg 18
90491 Nürnberg

Frau Jana Thienel

0911 / 599908

Mo–Sa: 18:00–23:00
So: 11:30–14:30,
             18:00–23:00
Küche:
Mo–Sa: 18:00–22:30
So: 11:00–14:00,
             18:00–22:30
kein Ruhetag

70, Nebenräume: 24,
Außenplätze: 60

Immer empfohlen

35 € – 60 €

★★★ ·

★★★ ·

★★★★

★★★★

★★ · ·

★★ · ·

★★★★

Andreas Thienel vom Teatro begleitet mich bzw. den „Bissig Almanach" von Anfang an. Ursprünglich hinter dem Plärrer zuhause, residiert sein spanisch-mexikanisches Restaurant seit gut 20 Jahren in Erlenstegen. Herr Thienel kam mir seinerzeit immer ein bisschen hyperaktiv in seiner Freundlichkeit vor – und mit dem Alter ist es augenscheinlich nicht „besser" geworden. Irgendwann sponserte er auch mal Stefan Raabs „Wok-WM" und ist außerdem auf allen „Social Media"-Kanälen schwer aktiv. Das alles ist besonders dann heiter, wenn man längere Zeit im Eingangsbereich auf seinen Tisch wartet und dabei drei Mal das seitenlange „Bekenntnis" zum Dienst am Gast in Ruhe liest und fast auswendig lernen könnte. Andererseits mögen sicher viele seine Art – wie mir scheint, besonders die zahlreich anwesenden Frauen.

Aber gemach! Die Leistung der Küche ist sehr erfreulich. Damit dies schnell klappt, soll man als Gast am Tisch eine kleine Flagge hissen, die „bestellbereit" signalisiert. Wir waren zwei Mal da, einmal war es sehr leer, das andere Mal sehr voll. Es gab im Teatro exzellente Tapas, z.B. mit Schinken ummantelte Datteln oder die Krabben in Knoblauch-Öl. Die mit Käse und Kräutern gefüllten kleinen Paprikaschoten waren aus der mexikanischen Abteilung und ebenfalls sehr gut. Großes Kino war der Fisch des Tages (oder der Woche): ein Filet vom Viktoriabarsch, sehr zart, toll gewürzt und mit gegrilltem Gemüse. Die „Plato Gringo" mit verschiedenen Sorten Fleich und mit Tacos war ebenfalls überzeugend. Die „Crema Catalana" können wir ebenfalls empfehlen, mehr noch die die gegrillte Ananas mit Orange, Apfel, Mango und einer Ingwer-Karamell-Soße. Sensationell und hört auf den Namen „Piña Caliente".

Am Ende zweier Tage hissen wir also versöhnlich die weiße Flagge zur Versöhnung. Das mit viel Holz gemütlich eingerichtete Teatro können wir empfehlen. Obwohl vergleichsweise groß, sitzt man aufgrund verschiedener Zimmer und Raumaufteilungen sehr gemütlich – im Sommer verheißt der der Garten zudem sehr schöne Abende.

Gesamtbewertung:

Nürnberg | **Vapiano** Italienisch

nuernberg@vapiano.de   www.vapiano.de

Gender-Gastronomie

Die VAPIANO-Kette ist die Erfolgsgeschichte der Systemgastronomie der letzten Jahre. Erst 2002 gegründet, erwirtschaftet sie inzwischen in 25 Ländern von Saudi-Arabien, den USA bis zu unserer Lorenz Kirche, 240 Millionen Euro – bei einer Umsatzrendite von 15 %, wie das „Manager Magazin" schätzt. Damit liegt es beispielsweise vor STARBUCKS. Respekt! Die Erben von „Tchibo" und „Wella" erwarben kürzlich Anteile, um das Wachstum voran zu treiben. Bis 2015 sollen 250 neue Filialen dazu kommen – nur Italien ist bis auf weiteres „Terra incognita".

Es ist so, dass alle Frauen in meinem Bekanntenkreis das VAPIANO supertoll finden – plus ein Freund. Das liegt m. E. daran, dass sich immer die Männer anstellen müssen, um sich die Pasta an der entsprechenden Station abzuholen – was bei Volllastbetrieb dauern kann. Es wird übrigens dadurch nicht billiger, dass Sie Küche und Service einen Teil deren Arbeit abnehmen. Aber ich will nicht unken. Das Konzept ist gut, auch wenn es nicht meinen Vorstellungen von Gastlichkeit entspricht.

Die Pasta wird in der „Manufaktur" genannten Nudelküche frisch hergestellt. Was man möchte, sagt man einem der „Köche" (hier werden sie Vapianisti genannt), äußert möglicherweise Sonderwünsche und dann wird die Pasta frisch zubereitet – was auch sonst. Wenn man eine der guten Pizzas bestellt, bekommt man so ein Bimmel-Teil mit, das hupt und blinkt, wenn die bestellte Pizza fertig ist. Kinder sind davon begeistert. Mangels Vapianisti im Service muss ich auch schon mal vom großen Gastbereich im ersten Stock wieder nach unten, um Getränke zu holen. Geschirr kann man schon auch mal selbst aufräumen. Ich muss aber zugeben, dass die Speisen hervorragend sind. Tomatensuppe, Vitello tonnato, Salate, Pizza, Pasta und auch das Tiramisu – Sie sehen, ich bin da oft, denn das VAPIANO ist das Lieblingslokal meiner Tochter – sind nicht zu tadeln. Komisch, dass ich es immer etwas stressig empfinde: freien Tisch suchen, Pasta abholen, Pizza-blinken beobachten, Chip-Karte zum Zahlen nicht verlieren – Männer sind halt doch nicht multitasking-fähig. Und da ich nicht so spontan bin und mich auch nicht mit Gott und der Welt unterhalten möchte, finde ich es bauernschlau, dass man nicht reservieren kann.

Vapiano
Königstraße 17
90402 Nürnberg

Frau Christiane Schäfer

0911 / 2146330

Mo–Sa: 11:00–00:00
So: 12:00–23:00
Küche:
Mo–Sa: 11:00–23:00
So: 12:00–23:00
kein Ruhetag

120, Außenplätze: 50

Nicht möglich

€   25 € – 50 €

 ** · ·
 ** · ·
 *** ·
 *** ·
 ** · ·
 ** · ·
 *** ·

Gesamtbewertung:

Exklusiv **Vineria** Nürnberg
www.vineria.de events@vineria.de

Rockt mit Chauffeur

Vineria
Kleinreuther Weg 87
90408 Nürnberg

Herr Peter G. Röck

0911 / 3001950

Mo–Fr: 17:00–01:00
Sa: 17:00–02:00
So: 17:00–23:00
Küche:
Mo–So: 17:00–22:00
kein Ruhetag

90, Nebenräume:
280, Außenplätze: 60

Immer erbeten, am
Wochenende nötig

50 € – 120 €

★★ · ·
★★★★
★★★★
★★★★
★★★ ·
★★★★
★★★ ·

Peter G. Rocks Vineria ist Weinhandlung nebst Bar, Online-Shop, Veranstaltungsraum und eben auch ein Edelitaliener-Restaurant mit sehr schönem „Weingarten". Und da man bei 40 offenen Weinen und rund 900 Flaschenweinen ganz schön tief ins Glas schauen könnte, bietet der umtriebige Herr Rock sogar ein Vineria-Shuttle an, das kostenlos bis zu vier Personen in einem Radius von zwei Kilometern nach Hause bringt – oder zumindest näher. Angesichts der vielen Nobelkarossen vor der Vineria ein sinnvoller Dienst am Gast.

Das große Vineria-Restaurant stellen Sie sich am besten wie eine englische Bibliothek anno 1900 vor, nur beherbergen die Bücherregale schmucke Weinflaschen. Das Licht ist romantisch herunter gedimmt – für eine Bar wäre es genau richtig, für ein Restaurant ist mir diese Kamin-Zimmer-Stimmung zu dunkel. Dabei müssten sich die geschmackvollen Möbel, die mich an noble Hotels in Saint-Tropez oder an Bàcaris in Venedig denken lassen, keineswegs verstecken. Dreh- und Angelpunkt der Vineria ist der runde Tresen, der wie eine Wagenburg den Raum geschickt unterteilt. Von dort aus schleppt der stets sehr freundliche Kellner eine große Kreidetafel mit den gut zwei Dutzend Gerichten aus der italienischen Küche an unseren Tisch.

Wir probierten u. a. ein „Duett vom Pulpo mit Tomatenchutney" (9,90 €), schön leicht, aber etwas arm an Aromen. Lecker der „Gratinierte Ziegenkäse mit Basilikumpesto und Rotweinfeigen (9,90 €), wieder etwas zu wenig gewürzt nach meinem Geschmack ist der „Beef-Tatar mit Olivenbrotchip" (11,90 €). Bei den „Tagliolini mit Trüffeln aus dem Piemont" für 17,90 € hätte die Küche spendabler mit dem Edelpilz sein dürfen. Das „Rinderfilet mit Kräuterkruste und gebratenen Steinpilzen" (19,90 €), schmeckte tadellos und war auch fair kalkuliert. Die beiden Desserts – Panna Cotta mit Fruchtspiegel und Tiramisu mit Früchten (je 8,90 €) – waren perfekt. Ich wünsche mir jedoch eine etwas kreativere Auswahl als diese Klassiker. Bei den vielen Ideen, die Peter G. Rock für die schicke Vineria schon entwickelt hat, dürfte dies für ihn unter die Rubrik „Pipifax" fallen.

Gesamtbewertung:
🍲🍲🍲 ·

Nürnberg | **La Vineria** Italienisch

www.la-vineria.de

Die Entdeckung der Langsamkeit

In Sachen „langsam Essen" steht es 1:0 für Gostenhof, denn so richtig flott war es nicht in der LA VINERIA. Seit 2000 kocht hier Jürgen Vogt in einer ehemaligen Stadtteil-Eckkneipe. Die Holzvertäfelung an den Wänden mit Sitzbänken davor legen davon Zeugnis ab. „Langsam" meint aber auch „Slow-Food", jene aus Italien stammende „Bewegung", die der diametral entgegengesetzte Entwurf zu den „schnell rein, schnell raus"-Verpflegungsstuben ist. Wobei der Toskana-Deutsche ja davon ausgeht, dass in Italien alles „Slow-Food" und toll ist. Das Haus ist außen mit allerlei Grünzeug zugewachsen, was ganz schön ist, und wenn man sich im Sommer draußen auf dem Trottoir hinpflanzt, lässt es sich schön sitzen, da in der Austraße kaum Verkehr ist. Ansonsten hat der hungrige Gast innen schön Platz, man sitzt ganz nett und nicht zu eng.

Bei meinem Besuch war ich sehr hungrig, da hat mich die beruhigende Art der Frau, die die Karte brachte, eher angestrengt, aber das wurde besser, je voller mein Bauch wurde. Wenn man öfter hingeht, lernt man den angenehmen, kompetenten, aber nie überkandidelten Service zu schätzen. Auf die Weinempfehlungen konnte ich mich immer verlassen, selbst der Hauswein ist ein leckerer Tropfen gewesen. Überhaupt, voller Bauch ... Das geht in der LA VINERIA ENOTECA – bitte nicht mit der LA VINERIA von Herrn Rock von der Seite nebenan verwechseln – ausgesprochen gut und schmackhaft. Jürgen Vogt kocht – wir würden sagen norditalienisch – mit möglichst regionalen Zutaten und zum Teil mit Bioprodukten. Natürlich gibt es reichlich Nudel-Gerichte, aber auch mal ein wildes Schwein. Wer Freude an Wein hat, ist hier sehr gut aufgehoben! Wir haben nicht gezählt, aber so um die 150 verschiedene Weine dürften es sein. Dazu passen auch einige Weinregale im vorderen Bereich des Restaurants. Wem der Wein zum Essen geschmeckt hat, kann dann gleich mal eine Flasche mitnehmen ...

La Vineria
Austrasse 102
90429 Nürnberg

Herr Jürgen Vogt

0911 / 2878286

Mo–Sa: 19:00–00:00
Küche:
Mo–Sa: 19:00–21:30
So Ruhetag

25, Außenplätze: 10

Empfohlen

25 € – 35 €

★★★·
★★★·
★★··
★★★·
★★★·
★★★★
★★★·

Gesamtbewertung:

Französisch | **Le Virage** | Nürnberg

nefkom.net/le.virage.de le.virage@nefkom.net

Parlez-vous Französisch?

Le Virage
Helmstrasse 19
90419 Nürnberg

Herr Rudolf Feeß

0911 / 9928957

Di–So: 18:00–00:00
Küche:
Di–So: 18:00–23:00
Mo Ruhetag

25

Immer nötig

34 € – 50 €

★★★·
★★★·
★★★·
★★★·
★★★·
★★★·
★★··

Warum sich das französische Lokal in Johannis den Namen „Kurve" gab, ist mir ein Rätsel, denn das Lokal ist rechteckig ... Seit 2004 gibt es das LE VIRAGE von Rudolf Feeß. „Jeder Mensch hat zwei Heimaten – seine und Frankreich" steht außen am Namensschild, was man Tucholsky zuschreibt. Wer Böses denkt, erinnert sich vielleicht an Goethe: „Ein echter deutscher Mann mag keinen Franzen leiden, doch ihre Weine trinkt er gern". Doch wir wollen heute Abend ja etwas für die Deutsch-Französische-Freundschaft tun.

Sparsam dekorierte Wände, weiß gedeckte Tische, ein dunkler Dielenboden und bequeme alte Stühle, so präsentiert sich der Gastraum. Insgesamt freundlich, aber fast ein bisschen einschüchternd, zumindest war dies mein erster Gedanke. Dieser verflog schnell, als uns die freundliche Bedienung die Karte brachte. Klein, aber fein ist das Motto, und jeweils drei Vor-, Haupt- und Nachspeisen werden feilgeboten. Man kann einzeln ordern oder sich ein Drei- oder Vier-Gang-Menü zusammenstellen. Die wechselnde Karte bietet gute französische Kost, auch mal etwas wie Kalbsbries, das ja mittlerweile schon Exotenstatus hat, und beim Hauptgang immer auch etwas mit Fisch. Mein Seeteufel zum Beispiel war ausgezeichnet, noch schön saftig, die Olivencreme harmonierte wunderbar dazu. Gut gefällt mir, dass, neben zwei süßen Nachspeisen, auch eine kleine Käseauswahl angeboten wird. Hier arbeitet der Wirt mit Käse Langer aus Mögeldorf zusammen, ein Fachgeschäft, das für guten Käse bekannt ist.

Rudolf Feeß bezeichnet seine Küche selbst als „Französische Landküche". Dies ist insofern nicht falsch, als dass er Regionales kocht, aber es ist doch sehr bescheiden formuliert. Man müsste auch in Frankreich in ein sehr gutes Lokal gehen, um auf diesem Niveau essen gehen zu können. Dogmatisch ist man hier zudem nicht, denn es gibt auch mal das eine oder andere Gericht deutschen Einschlags oder aus anderen Herren Länder. Die Weinauswahl ist nicht gerade üppig, aber etwas Passendes zum gerade angebotenen Menü lässt sich immer finden. Wunderbar finde ich die Kreidetafel an der Wand: „Wir verkaufen weder Mousse au Chocolat noch Crème brûlée ... Das gibt's an jeder Raststätte." Gut gebrüllt, Löwe. Obwohl, Einspruch! Das mag es vielleicht oft geben, aber keineswegs überall gut.

Gesamtbewertung:

Nürnberg | **Wacht am Rhein** | Fränkisch / Bürgerlich

info@die-wacht.de   www.die-wacht.de

Kinder der Nacht

Ein einsames Pärchen sitzt an einem Tisch, als wir die WACHT betreten. Es ist ein Uhr – nachts, denn das ist die Besonderheit dieses Lokals: Geöffnet ab 24 Uhr. Kitschige Teelichter versuchen ein bisschen heimelige Atmosphäre zu schaffen, richtig gelingen mag dies nicht. Möglicherweise liegt es am bunten Farbenspiel, das vom Spielautomaten „Merkur Rondo" ausgeht und das Zwielicht der Kneipe durchzuckt.

„**Wacht am Rhein, seit 1951**" steht in dicken roten Lettern über dem Tresen. Schnell ist bestellt, Schweinebraten und Gulasch, Bier dazu. Die Wandbänke sind mit krokogeprägtem weißem Kunstleder überzogen. An sich ist das ja schon kultig, passt aber nicht so recht zu den Resopalplatten der Tische. Und passt erst nicht zu dem Kachelofen, der den Raum dominiert. Im Hintergrund läuft Musik aus der „guten alten Zeit" der 70er und 80er Jahre, was ich noch gerade so erträglich finde. Zwischendurch kommt mal ein Taxifahrer vorbei, wie sich auch noch ein paar mehr Gäste im Laufe der Nacht in der WACHT einfinden.

Unser Essen kommt flott! Das Gulasch mit Nudeln ist üppig, der Schweinebraten in gewohnter Größe. Der erste Gedanke beim Probieren, der mir durch den Kopf geht, ist „Bahnhofskantine so um die Gründungszeit der WACHT". Das Fleisch ist weich und die Soßen schmecken nach Fertigprodukten. Klar, wenn man mitten in der Nacht, mit großem Hunger die WACHT zur letzten Rettung aufsucht, stellt man nicht Feinschmecker-Ansprüche. Aber insgesamt fand ich es zu fade. Früher hatte die WACHT täglich geöffnet. Mittlerweile ist jedoch von Sonntag bis Dienstag geschlossen. Geschuldet sei dies der Tatsache, dass immer weniger Lokale so lange offen haben, so unser Kellner. „Die Gäste stellen sich ja nicht den Wecker, um in die WACHT zu gehen", wie wahr. Beim Observieren erkundigen sich die Servicekräfte ja gerne einmal, ob es denn geschmeckt hat. So auch hier, mit fränkischer Gleichmütigkeit: „Ich hoff, es hadd bassd". Meine Meinung, siehe bitte rechts.

🏠 **Wacht am Rhein**
Klaragasse 22
90402 Nürnberg

👥 Frau Brigitte van Mulken

📞 0911 / 226475

🕐 Mi–Sa: 00:00–07:00
Küche:
Mi–Do: 00:00–06:00
Fr–Sa: 00:00–07:00
Mo–Di Ruhetag

🪑 35, Nebenräume: 8

💳 Am Wochenende empfohlen

€ 20 € – 25 €

 ★★ · ·
 ★★★ ·
🍽 ★★ · ·
☕ ★★★ ·
🍷 ★★ · ·
🍸 ★★ · ·
 ★★★ ·

Gesamtbewertung:

149

Asiatisch | **Wasabi Sushi** | Fürth

www.wasabi-sushi.de wasabisushi-staebchen@hotmail.com

Rennendes Sushi

Wasabi Sushi
Fronmüllerstrasse 120
90763 Fürth

Frau Hu

0911 / 7663575

Mo–Sa: 11:30–14:30,
         17:30–23:00
So: 17:30–23:00
Küche:
Mo–Sa: 11:30–14:30,
         17:30–22:00
So: 17:30–22:00
kein Ruhetag

100, Nebenräume: 30

Abends empfohlen

20 € – 30 €

★★★ ·
★★★ ·
★★ · ·
★★★ ·
★★ · ·
★★ · ·
★★ · ·

Seit eineinhalb Jahren betreibt Frau Hu das WASABI in Fürth, dort, wo früher die US-Kasernen standen und es immer noch leicht gespenstisch aussieht. Wir kamen zum Mittagessen vorbei, genauer gesagt für das „Running Sushi". Klar, das Sushi läuft natürlich nicht davon, sondern auf einem Laufband an den darbenden Essern entlang. Im WASABI gilt das Prinzip, einmal zahlen (hinterher) und essen bis man die weiße Flagge hisst. Sobald man einen Platz ergattert hat, auch Mittags sollte man besser reservieren, kann es auch schon losgehen.

Auf zwei Laufbändern, fahren warme und kalte Speisen auf bunten Plastiktellern und Schüsseln an einem vorbei. Um es vorneweg zu nehmen: Um nicht zu viel zu essen, ist ein gehöriges Maß Selbstbeherrschung nötig. Mir kommt diese immer abhanden ... Die Plastikschüsseln haben den Charme eines „VEB-Plaste und Elaste"-Produkts und passen gut zum nicht gerade preisverdächtig designten WASABI. Nicht das es absolut ungemütlich wäre, eher etwas trist. Die großen Fenster lassen einen auf die Fronmüllerstraße blicken und man könnte dabei leicht melancholisch werden.

Bei den warmen Speisen entdeckten wir u. a. gebackene Garnelen, gebratenen Lachs, in Teig frittiertes Hühnchen, knusprige Enten, Bananen in Teig oder auch einen kleinen Teller Gemüse. Kalt waren natürlich Sashimi, Sushi, „Inside-out-Rolls" oder das Obst – und ein leider gar nicht so leckerer Schokopudding. Gute Strategen versuchen übrigens einen Platz am Anfang des Laufbandes zu bekommen, um als erste die Auswahl zu haben. Man kann aber auch japanische Zen-Gelassenheit üben – von jeder Speise kommt ausreichend viel auf das Laufband. Am Abend ist das „Running Sushi" ebenfalls beliebt, die Speisenauswahl ist dann etwas größer. Daneben bietet die Karte auch „normales" asiatisches Essen, zu den Mittagsmenüs gibt es übrigens eine Miso-Suppe als Dreingabe und eine „Happy Hour"-„Bento Box" gibt es ebenfalls. Ich halte fest: Das Essen war meist gut und das Lachs- und Thunfisch-Sashimi meeresfrisch. Das Gemüse recht knackig und, wenn man den Pauschalpreis von derzeit 9,90 € bis zur Magenüberspannung ausreizt, ist das WASABI eine Empfehlung für Preisbewusste.

Gesamtbewertung:

🍱🍱 · ·

150

Nürnberg | **Weinstockwerk** Spezialitäten

info@weinstockwerk.de   www.weinstockwerk.de

Wein & Steak in Gostenhof statt in New York

Das WEINSTOCKWERK in „GoHo", so war mein allererster Eindruck vor gut vier Jahren anlässlich der Eröffnung, ist am falschen Ort. Es gehört nach London, Paris oder New York. Warum? Der Raum wirkt edel, eine grün-golden gemustertes Stoff-Tapete veredelt die Wand „loungig" und gut gesetzte Lichtakzente unterteilen den rechtwinkligen Raum inselartig. Neben den „normalen" Tischen ist gut die Hälfte des Lokals mit Sofas und Sesseln ausgestattet. Nach „Multikulti"-Gostenhof sieht es jedenfalls nicht aus, sondern urban und trendig. Der zweite Eindruck war: „Die wird es wohl nicht lange geben …". Eben am falschen Ort zur falschen Zeit. Wie gut, dass ich mich da mal gründlich geirrt habe!

Seit Jahresbeginn 2012 wird zudem „richtig" gekocht – vorher gab es nur Kleinigkeiten bzw. experimentelle Phasen mit kleinen Menüs – und zwar Fleisch. Die beiden Inhaber Martin Runge und Nils Bernau haben sich offensichtlich dem Wunsch ihrer Gäste nach Essen gefügt. Das Konzept: Steak und Burger. Man legt Wert auf die Herkunft und das Fleisch stammt von Weiderindern deutscher Rassen wie Simmentaler, Pommersches, Hohenloher und Freesisch Rind. Mein „dry aged"-Rib-Eye mit 250 g war in Ordnung, durchaus gut, aber nicht überragend. Die Pommes dazu sind hausgemacht, gibt einen Pluspunkt. Teller gab es nicht, es wird vom Holzbrett gegessen. Der „WSB", der WEINSTOCKWERK-Burger mit geschmolzenem Cheddar, war innen schön rosa aber ein klein wenig zu trocken. Dazu gönnten wir uns den Rotwein „Ursprung" vom Weingut Markus Schneider aus der Pfalz. Bei der Vorspeise griffen wir zum Tartar, das wird zwar als „klassisch" angepriesen, war es aber dann doch nicht, der Senf schmeckte mir zu dominant heraus, zudem war das Fleisch zu grob geschnitten. Bei einem Lokal, dessen Kernkompetenz Wein ist, erwarte ich eine große Auswahl. Bei 22 offenen Weinen geht mein Daumen gerne nach oben. Die Preise jedoch würde ich als „sportlich" titulieren: im Schnitt kosten ein Weißer 3 € und ein Roter 3,70 €; bei 0,1 l. Dann doch ein wenig wie in New York …

Weinstockwerk
Glockendonstrasse 30
90429 Nürnberg

Herr Nils Bernau
und Martin Runge

0911 / 2723663

Di–Sa: 18:00–01:00
Küche:
Di–Sa: 18:00–22:00
So, Mo Ruhetag

40

Empfohlen

25 € – 50 €

★★ · ·
★★★ ·
★★ · ·
★★ · ·
★★ · ·
★★★★
★★★ ·

Gesamtbewertung:

Fränkisch / Bürgerlich **Weißes Lamm** Schwabach

www.weisses-lamm.de   info@weisses-lamm.de

Mit Goethes & meinem Segen

Weißes Lamm
Königsplatz 33
91126 Schwabach

Herr Oliver Jordan

09122 / 8751004

Do–Di: 11:00–14:30,
         17:30–23:00
Mi: 11:00–14:30
Küche:
Do–Di: 11:00–14:00,
         17:30–21:30
Mi: 11:00–14:00
kein Ruhetag

40, Nebenräume: 26 / 42, Außenplätze: 50

Am Wochenende empfohlen

20 € – 55 €

★★★ ·
★★★ ·
★★★ ·
★★★★
★★ · ·
★★★ ·
★★★ ·

Wo der reiselustige Goethe sich überall herumtrieb … Die Nacht vom 5. auf den 6.11.1797 soll er im WEISSEN LAMM zugebracht haben und so verdanken wir ihm das „Goethe-Zimmer", das nach meinem Geschmack das schönste Zimmer des traditionsreichen Hauses ist und u.a. für „Candlelight-Dinner" öffnet. Bei unserem Besuch hat sich Inhaber Oliver Jordan mit seinem Laptop zurückgezogen – vielleicht um den „Faust" als E-Book zu lesen. Im Alltagsbetrieb stehen zwei „Altfränkische Gaststuben" zur Verfügung, die gar nicht auf alt getrimmt sind, sondern sich hell und freundlich präsentieren. Man hört „Bayern 1", was ganz gut zu den schon etwas gesetzteren Herrschaften passt, die dem WEISSEN LAMM die Treue halten. Verdient hat es das Lokal in jedem Fall, bietet die Küche doch – so zumindest mein Eindruck – seit Jahren Konstanz, sowie hin und wieder spannende Gerichte jenseits von dem, was alle haben.

Es kam sogar ein kleiner Gruß aus der Küche, Körnerbaguette mit Frischkäse, bevor wir bei der Karte mit erfreulich vielen saisonalen Gerichten zugriffen. Wir probierten eine „Rinderkraftbrühe mit Pfannkuchenstreifen" für günstige 2,90 € und eine „Schwarzwurzelcremesuppe mit Granatapfelkernen" für 3,90 €. Beide Vorspeisen schmeckten uns gut! Obwohl mich das „Rehschäufele" sehr interessierte, nahm ich dann mit Blick auf meinen Testerbauch ein leichteres „Fränkisches Forellenfilet in Salbeibutter gebraten mit Petersilienkartoffeln" (14,80 €). Meine Begleitung griff beherzt zur „Landente mit Blaukraut und Kartoffelkloß", die mit 12,90 € unter die Rubrik „gut und günstig" fällt. So gerne ich kritisiere, die Küche des WEISSEN LAMM überzeugt mich, auch wenn auch hier die Nachspeisen mit u. a. Apfelküchle, die hausgemacht schmeckten, einfallslos sind.

Als richtig süß erlebte ich die beiden „Azubinen" vom Service. Mit Charme und Augenzwinkern entschuldigten sie sich für vermeintliche Missgeschicke, die bei älteren Kollegen noch nicht einmal ein Achselzucken hervorrufen würde. Das WEISSE LAMM fällt mir als Erstes ein, wenn ich an gutes und ehrliches Essen in Schwabach denke – da arrangiere ich mich dann sogar mit „Bayern 1".

Gesamtbewertung:

Nürnberg | **Wittmanns bio essen + trinken** | Spezialitäten & Kuriositäten

restauraunt@wittmannsbio.de   www.wittmannsbio.de

Koch und Künstler

Eher tage- denn stundenlang könnte man sich mit Dieter Wittmann über die feinen Unterschiede beim „Bio"-Siegel, der „Bioland"-Zertifizierung oder den Richtlinien von „Demeter" unterhalten. Mit fast schon religiös zu nennendem Eifer – und Freundlichkeit – informiert er über seine gut zehn Gerichte auf der Tageskarte. Eine Standardkarte gibt es nicht, jedoch preiswerte Mittagsgerichte. Getränke und Weine sind selbstredend auch „bio-bio".

Wittmann, Künstler und Meisterschüler der Nürnberger „Akademie der Bildenden Künste", hat sein kleines Lokal mit gutem Geschmack eingerichtet. Kein Stuhl gleicht dem anderen, die lindgrüne Wandfarbe und hellen Holztische erinnern mich ein wenig an moderne thailändische Restaurants, ein Aufzug links vom langen Tresen bringt die Speisen nach unten. Mein einer Nachbar kommt mit dem E-Bike angestromert mit Baskenmütze auf dem Kopf, am anderen Nebentisch unterhalten sich gerade Mediziner über Lebensmittelallergien – klar, dass das WITTMANNS vegetarische, vegane und glutenfreie Gerichte anbietet.

Thomas Prosiegels Speisen überzeugten mich durchaus in Sachen Kreativität und Können – nur nicht hinsichtlich des Preises bzw. der Portionsgröße. Ein „Seehecht mit Haselnusspüree, Mangold, Karottengemüse und -schaum" für 19,90 € blickt in Richtung Sterne-Gastronomie. Würde ich mir ein 4-Gang-Menü selbst kombinieren, käme ich auf rund 55 €. Die Vorspeise „Forelle, Zucchinisalat, Auberginenragout, Hanfsaat" für 10,80 € war wirklich exzellent, nur eben wenig – bio hin, bio her. Mittags ist es dafür erstaunlich günstig! Die probierten Frikadellen schmeckten ausgezeichnet, für den Kartoffelsalat würde ich sogar mit dem Radl fahren … Der lauwarme Apfelkuchen ist ein lecker-luftiges Vergnügen und der Espresso dazu hervorragend. Vielleicht werde ich mir bald mal ein paar Bohnen mitnehmen – in Kürze soll noch ein „Bio-Kaufladen" bei WITTMANNS BIO ESSEN+TRINKEN hinzukommen.

Wittmanns bio essen + trinken
Beckschlagergasse 8
90403 Nürnberg

Herr Dieter Wittmann

0911 / 331088

Di–Fr: 12:00–14:00, 18:00–00:00
Sa–So: 17:30–00:00
Küche:

Mo Ruhetag

30, Außenplätze: 20

Empfohlen

40 € – 70 €

★★··
★★★★
★★··
★★★·
★★··
★★★·
★★★·

Gesamtbewertung:

153

Feinschmecker : **Wonka** — Nürnberg

www.restaurant-wonka.de

Große Küche in Johannis

Wonka
Johannisstrasse 38
90419 Nürnberg

Herr Christian Wonka

0911 / 203302

Di–Fr: 12:00–13:30, 18:30–22:00
Sa: 18:30–22:00
Küche:
Di–Fr: 12:00–13:30, 18:30–22:00
Sa–Sa: 18:30–22:00
So, Mo Ruhetag

50, Außenplätze: 22

Immer nötig

35 € – 100 €

★★★·
★★★★
★★★·
★★★·
★★★·
★★★★
★★★·

Die Selbsteinstufung des Wonka lautet „Restaurant & Kochwerkstatt". Restaurant ist klar. Für eine Werkstatt ist es jedoch viel zu sauber … Und in Werkstätten hat mir noch nie jemand so galant aus dem Mantel geholfen und diese in einen Schrank gesperrt wie der Kellner im Wonka. Eigentlich dachte ich, Friseure hätten das Monopol auf lustige Berufsbezeichnungen gepachtet … Aber klar, die angebotenen Kochkurse sind hier gemeint!

Das Lokal ist klar und schlicht eingerichtet. An den Hauptraum anschließend befindet sich eine Art Wintergarten, der ebenfalls als Gastraum genutzt wird. Nach einer gewissen Zeit empfinde ich die Atmosphäre ein wenig steril, fast zu steif. Aber ein Glas Champagner als Aperitif macht mich schnell lockerer – so oder so. Seit 2000 führt Christian Wonka nun schon sein Lokal und mittlerweile ist er öfter vorne bei seinen Gästen zu finden, als in der Küche. Zwei verschiedene Menüs bietet die Karte an: eines mit vier Gängen und das zweite mit fünf oder sechs, je nach Wahl. Es mag Zufall sein, aber wer oft kommt, stellt fest, dass das eine oder andere Gericht schon mal 14 Tage lang auf der Karte steht. Wir entscheiden uns für das kleinere Menü mit Wachtel als Vorspeise, Seeteufel mit Vanillesauerkraut und Blutwurst gefolgt vom Hirschrücken mit Feige sowie einer Preiselbeertarte mit Tonkabohnen-Parfait. Da ich für den Hirsch nicht pirschbereit war, konnte ich problemlos auf die geschmorten Kalbsbäckchen mit Pastinaken und Rotkohl aus dem Sechs-Gang-Menü ausweichen.

Das liest sich alles lecker und ich kann beim besten Willen nichts finden, woran ich mäkeln könnte. Bei den Menüs wird auch die Variante „Weinmenü" angeboten, hier sucht der Patron dann immer passend zum Gang einen Wein aus. Wir entschieden uns aber einfach für eine Flasche „Château Bel Air la Royère", ein reiner Sauvignon Blanc von der Côtes de Blaye. In der Weinkarte werden die Weine zusätzlich mit kleinen Icons gekennzeichnet, da steht dann „S" oder „L" oder „XL". Damit ist nicht die Glasgröße gemeint, sondern wie „schwer" der Wein ist. Auch eine schöne Idee!

Gesamtbewertung:

Nürnberg · **Würzhaus** Feinschmecker

info@wuerzhaus.info   www.wuerzhaus.info

„Oh là là" & „So lala"

Über das WÜRZHAUS hat man schon viel gehört, der „Gault Millau" empfiehlt es und auch im „Michelin" ist es aufgeführt. Dunkle Tische und helle Wände empfangen den Gast, das freundliche Personal nimmt mir meinen Mantel ab und bringt mich zu meinem reservierten Tisch. Man sitzt relativ eng, aufgrund der kahlen Wände hallt es etwas. Da die Gäste in der Altersregion „35 +" liegen, ist der Geräuschpegel etwas gedämpft, fast ehrfürchtig still sind die Esser. Ich erinnere mich mit Freuden an Drei-Sterne-Lokale in Frankreich, in denen auch auf sehr hohem Niveau einfach nur gegessen wird.

Die Karte führt Vor-, Haupt- und Nachspeisen auf. Die kann man „à la carte" zu sich nehmen oder als vier-, fünf- und sechsgängiges Menü. Warum kein dreigängiges Menü angeboten wird, bleibt ein Rätsel. Bei den vier Gängen gibt es zwei Vorspeisen, ebenso bei den fünf – mehr frage ich nicht, denn würde ich sechs Gänge ordern, dann bekäme ich wohl drei von den insgesamt fünf Vorspeisen ... Die Menüs werden gegen Aufpreis auch mit „Weinbegleitung" angeboten. Wir wählen „à la carte" einen Lachs mit Linsenragout und Koriander, der Lachs ist herausragend, frisch, innen saftig und kross die Haut gebraten – selten habe ich so einen guten Lachs gegessen! Zuvor gab es einen Gruß aus der Küche: eine Art Weizen-Risotto. Ebenso lecker war die Petersilienwurzelsuppe. Dann der Hauptgang, ein geschmortes Rindfleisch, das auch schmackhaft war, zart aber noch bissfest. Ein Reinfall jedoch waren die Rote-Beete-Gnocchi mit Roquefort. Die Oberfläche der Gnocchi war etwas, nun ja, schleimig und innen teigig. Das mag daran gelegen haben, dass diese mit Weißbrot zubereitet wurden, „damit die roten Beete besser hält", so die Aussage der Bedienung bei meiner Nachfrage. Was noch mehr verwunderte: Fleisch und Gnocchi hatten mit 18,60 € den gleichen Preis. Die Weinauswahl ist absolut in Ordnung und was noch gut gefällt, es gibt Bier von der Schanzenbräu zu fairen Preisen. Auch der Espresso ist fair kalkuliert, weniger jedoch die Digestifs, ganz abgesehen von lustigen Schreibfehlern. Würde mich ein Freund fragen, wie es denn im WÜRZHAUS war? Siehe Überschrift.

Würzhaus
Kirchenweg 3a
90419 Nürnberg

Herr Willi Penzenleitner

0911 / 9373455

Mo, Sa: 18:00–24:00
Di–Fr: 11:30–14:00,
        18:00–24:00
Küche:
Mo–Sa: 18:00–22:00
Di–Fr: 11:30–13:00,
        18:00–24:00
So Ruhetag

50

Empfohlen

35 € – 70 €

★★★·
★★★★
★★★·
★★★·
★★★·
★★★★
★★★·

Gesamtbewertung:

Französisch | **Zeit & Raum** | Nürnberg

www.zeiti.net zeiti@zeiti.net

Sei kein Frosch!

Zeit & Raum
Wespennest 2
90403 Nürnberg

Herr Christian Wagner

0911 / 227406

Mo–So: 09:00–02:00
Küche:
Mo–So: 09:00–00:00
kein Ruhetag

115, Außenplätze: 80

Immer empfohlen,
am Wochenende
nötig

20 € – 55 €

★★★·
★★★·
★★★·
★★★★
★★★·
★★★·
★★★★

Das Zeit & Raum nimmt seinen Anspruch „Respektlos leckere französische Küche" zu bieten ernst. Wo sonst noch gibt es politisch völlig inkorrekte Froschschenkel (2,50 € das Stück), Gänsestopfleber (10,90 €) oder Meeresschneckensuppe (5,50 €)? Inhaber Christian Wagner steht also nicht unter Verdacht, mal kurz die Welt retten zu wollen … Das überwiegend weibliche Publikum (typische „Brigitte"- und „Brigitte woman"-Leserinnen) hingegen schon eher – denn nach meinen Beobachtungen geht Vegetarisches und „irgendwas mit Nudeln" am besten.

Obwohl das Zeit & Raum viele Plätze anbietet, ist es dank verschiedener und verschieden großer Räume ein „kuscheliger" Ort. Trotzdem sollte man unbedingt reservieren, um z.B. einen der guten Flammkuchen (um 7 €) zu probieren, eine für Frankreich eher untypische Zitronengras-Suppe (4 €) oder einen Braten von der Hasenkeule (18,90 €) mit Mandel-Grieß-Plätzchen. Mittags sind auch hier die Gerichte preiswerter kalkuliert und die rosa gebratene Entenbrust mit 8,30 € ein leckeres Angebot. Menüs sind mit drei, vier und fünf Gängen von 23 bis 43 € zu haben. Ein Mal im Monat kochen Azubis beim „Punk Cuisine" um die Wette und das 3-Gänge-Menü kostet dann inkl. Getränken 37,90 €. Finde ich eine schöne Sache!

Vielleicht mag ich das Zeit & Raum aber auch, weil es viele verschiedene Biere anbietet und ich zur Not in die Rote Bar hinüber robben könnte. Auf dem Weg dahin käme ich dann u.a. an vielen, jedoch uninteressanten Büchern vorbei, die überall verteilt sind, am großen Zeitschriftenständer und auch an einem kleinen, marokkanisch eingerichteten Zimmer vorbei. Im Sommer hingegen finden Sie mich natürlich auf der Terrasse mit einer politisch inkorrekten „Gauloises".

Gesamtbewertung:

UM-STEUERN!

FELDBAUM, PFAB & GERHARDT

Steuerberater & Rechtsanwälte
Wir beraten Einzelpersonen genauso intensiv wie Firmenkunden

WAS WIR ANBIETEN – EINE AUSWAHL: Jahresabschluss ◄ Finanzbuchhaltung ◄ Lohnbuchführung ◄ Einkommensteuer ◄ Erbschaftsteuer ◄ Ratingberatung ◄ betriebswirtschaftliche Beratung

Ehe- und Familienrecht ◄ Privates Baurecht ◄ Miet- und Wohnungseigentumsrecht ◄ Strafrecht

WIR FREUEN UNS AUF SIE!

Kanzlei Feldbaum, Pfab & Gerhardt
Steuerberater und Rechtsanwälte Partnerschaft
Äußere Sulzbacher Straße 30
90491 Nürnberg
Tel.: +49 (0911) 91990 - 0
Fax: +49 (0911) 91990 - 91

BRANCHEN – EINE AUSWAHL UNSERER SCHWERPUNKTE: Heilberufe ◄ inter-/nationaler Handel ◄ Bau/Architekten ◄ Elektronik ◄ Handwerksberufe ◄ E-Commerce & IT ◄ ...

kanzlei@feldbaum-pfab-gerhardt.de, www.feldbaum-pfab-gerhardt.de

Thailändisch : **Zen** — Erlangen

zen-erlangen.de   info@zen-erlangen.de

Buddha muss nach Osten gucken

Zen
Theaterplatz 22
91054 Erlangen

Herr Peter Knöpfler,
Uli Krug

09131 / 9733166

So–Do: 18:00–01:00
Fr–Sa: 18:00–02:00
Küche:
So–Do: 18:00–22:30
Fr–Sa: 18:00–23:00
kein Ruhetag

64, Nebenräume: 25,
Außenplätze: 160

Immer empfohlen

25 € – 55 €

 ✶✶✶ ·
 ✶✶✶ ·
 ✶✶✶ ·
 ✶✶✶✶
 ✶✶ · ·
✶✶✶ ·
✶✶✶✶

Ob die Anekdote stimmt? Die Küchenchefin des Zen soll Vorsitzende der buddhistischen Thai-Gemeinde in Nürnberg sein und lud einst hohe Würdenträger zur Eröffnung des Bar-Restaurants ein. Die Mönche verscheuchten nicht nur böse alte Geister, sondern mahnten auch an, dass alle der zahlreich dekorierten Buddha-Figuren nach Osten blicken müssten. Sonst würde Unglück drohen … Seit sich Mitinhaber und Bar-Chef Peter Knöpfler kurz danach die Hand brach, gucken alle Statuen nach Osten.

Das wunderschöne, aus der Gründerzeit stammende „Erich-Haus" beheimatet auf drei Etagen das Zen. Seit vielen Jahren begeistert es mich mit seinem herrlichen und herrschaftlichen Ambiente. Art Deco meets Asia. Die aufwändige Renovierung 1993 durch die Eigentümerin Brauerei Steinbach hat sich mehr als gelohnt. Gefallen, aber nicht begeistern, jedoch tut mich die thailändische Küche. Die Vorspeisen-Auswahl ist noch topp, aber das überwiegende „Baukasten"-Prinzip der Hauptgerichte erinnert mich eher an einen Thai-Imbiss, denn an ein Restaurant. Es gibt quasi eine Basis-Soße oder -„Curry" nebst Gemüse und Kräutern, und dann wählt man entweder „vegetarisch", mit Ente, Hühnchen und Schwein, sowie, wo es passt, mit Garnelen oder Tintenfisch.

Wir probierten u. a. das „Lab Gai", einen scharf-fruchtigen Salat mit gehacktem Hühnchen, der mir etwas zu trocken und zu wenig frisch erschien. Die sauer-scharfe Garnelen-Suppe „Tom Yum Goong" schmeckte nicht besser oder schlechter als anderswo. Als besseren Durchschnitt habe ich die Hauptgerichte in Erinnerung. Wir probierten u.a. ein grünes und ein rotes Thai-Curry, sowohl fleischlos, mit Tintenfisch und mit Rindfleisch. Alles recht ordentlich, aber der letzte Kick fehlte mir und meinen mich begleitenden Thai-Spezialisten. Die Nachspeise „Kai Hong" entpuppte sich als recht trockenes, gebackenes Reismehl-Bällchen im Sesam-Mantel mit interessanten Sojabohnen-Kokos-Füllung, dazu Vanilleeis und Früchte. Zumindest mal ein Thai-Dessert, das mir bis dato unbekannt war, und ich gucke milde nach Osten.

Gesamtbewertung:

 ·

158

Nürnberg · **Zum Waldhorn** · Fränkisch / Bürgerlich

hanssinger@t-online.de

Sonntagsbraten mit Zeitreise

Erinnern Sie sich noch an den „Kommissar" mit Erik Ode? Kammerspielartige Schwarz-Weiß-Krimis, die den Kommissar und seine Leute oft in eine Gaststätte führten und dort wurde dann gerne auch mal schnell für jeden ein Bier bestellt. Im Dienst! Beim Betreten des WALDHORNS lief genauso ein Film in meinem Kopf ab. Herrliche alte Kneipenstühle an Tischen deren Resopal-Oberfläche so etwas wie warme Patina ausstrahlen. Auf den Fensterbrettern Klivien und anderes Grünzeug aus dieser Zeit, ebenso die Fenster aus Buntglas – eine schöne Zeitreise. Am Tisch gegenüber bereiten sich vier Club-Fans auf das kommende Spiel vor und kurz nach unserm Eintreffen ist das WALDHORN auch schon gut und bunt gemischt gefüllt.

Ein wortkarger Stammgast gegenüber lässt sich mehr widerwillig zwei Frauen zu sich an den Tisch setzen und bekommt eine lecker aussehende Forelle serviert. „Nur auf Vorbestellung" meinte die Bedienung auf meine Nachfrage. Aber es gibt noch Schäufele, Kotelett (paniert), Roulade, Schweinebraten, Ente und Spanferkel ... Wirt Hans Singer ist eigentlich Metzger und daher greifen wir beherzt zu den Braten, Rouladen und dem Kotelett. Neben dem Bier von der Brauerei aus Fürth gibt es das rote vom Schanzenbräu. Es gibt wohl auch Wein, aber hier herrscht wenig Verlangen danach. Mein Spanferkel besticht durch ausgesprochen zartes Fleisch und einer schön knusprigen Haut, ebenso ist die Soße wie sie sein soll – den obligatorischen Kloß habe ich allerdings schon besser bekommen. Dafür ist unser Salat wunderbar knackig und frisch, nicht dieser neumodische Schnickschnack, sondern so gemacht wie er früher von meiner Großmutter zubereitet wurde. Als mein Gegenüber seine Roulade zu Hälfte verputzt hatte, kam wohl das höchste Lob aus seinem Mund. Nein, nicht „passd scho", sondern Erinnerungen an heimische Küche aus der Kinderzeit.

Das WALDHORN ist wunderbar ehrlich und kein auf alt gemachtes „In-Lokal", sondern einfach so, wie es schon immer war, abgesehen von der modernen digitalen Kasse.

Zum Waldhorn
Poppenreuther Strasse 14
90419 Nürnberg

Herr Hans Singer

0911 / 337914

Mi–Do: 11:00–15:00
Fr–So: 11:00–00:00
Küche:
Mi–Do: 11:00–15:00
Fr–So: 11:00–00:00
Mo, Di Ruhetag

30, Nebenräume: 30

Empfohlen

10 € – 20 €

★★★·
★★★·
★···
★★★·
★★··
★···
★★··

Zum Waldhorn

Gesamtbewertung:

Eigene Testberichte ...

Eigene Testberichte ...

Ganz gerührt: Bars, die wir lieben

Vor dem Essen empfiehlt sich der Besuch in einer Bar, denn hier wird die Kunst des Aperitifs noch gepflegt. Nach dem Essen empfiehlt sich der Besuch einer Bar, denn hier wird die Kunst des Digestifs noch gepflegt. Unsere Bars sind allesamt überregional nicht nur in der Deutschen Bar-Szene bekannt, und schon länger im Geschäft. Jede Bar hat ihren eigenen Stil und ihre Stärken. Gute Drinks gibt es in allen. Natürlich bleibt unsere Auswahl deswegen trotzdem subjektiv, ist aber sicher nicht verkehrt.

Trüffelschweine gegenüber dem Westbad

Bar BMF
Wiesentalstrasse 34
90419 Nürnberg

www.bmf-bar.de

Donnerstag bis Samstag ab 20 Uhr geöffnet

René Vogel und Christoph Schlee stehen seit 2005 hinter dem langen Tresen der BMF Bar. Einst war das Gebäude die Produktionsstätte der „Bayerischen Metall Waren Fabrik", daher BMF. Die Bar selbst ist ein „Schlauch". Rechts über die ganze Länge zieht sich der Tresen dahin und auf der linken Seite sind knallrote Ledersitzecken an die Wand „gedrückt". Da der Raum insgesamt sehr schmal ist, sind die Sitzgelegenheiten an der Wand eigentlich nur für 1,5 Personen geeignet. Zu viert sich gegenüber sitzend ist doch arg kuschelig. Noch etwas fällt auf: Der Raum ist geschätzte 7 m hoch! Im hinteren Teil schließt eine überdachte Freifläche an. Raucher müssen im Winter also nicht ganz so frieren. Die Barkeeper in traditioneller weißer Tracht mixen mit Passion und Können, aber auch ein gutes Bier wird hier gezapft. Neben allerlei gemischten Drinks ist die Auswahl an puren Spirituosen großartig. Mangels Platz gibt es zwar nicht von allem eine große Auswahl, René Vogel ist aber eine Art Trüffelschwein, wenn es darum geht, seltenen Gin zu finden, oder auch eine Auswahl ausgezeichneter Whiskies aus Amerika.

Geradezu legendär sind die Feste, bei denen es immer auch gebratene Würste gibt. Die Soße dazu ist so beliebt, dass die BMF Bar diese auch extra in Gläsern verkauft. Einzig hungrig sollte man nicht sein, zu essen gibt es nur Knabberzeug. Und das ist bekanntlich schlecht für die Hüften.

Erst Bortsch, dann Tiki

Wer schon einmal im KRAKAUER HAUS gewesen ist, hat die im Erdgeschoss gelegene BAR EUROPA möglicherweise schon gesehen, ansonsten ist sie, obwohl sie schon seit 2004 besteht, immer noch eine Art Geheimtipp.

Herr der Flaschen ist Karel Jahns, der die Drinks puristisch zubereitet. Neben den Klassikern hat er sich den exotischen „Tiki-Drinks" verschrieben. Die Einrichtung der Bar könnte einem Designmagazin aus den 60er Jahren entsprungen sein. Hunger stillt man besser im fränkisch-polnisch kochenden Restaurant KOPERNIKUS, das außer der räumlichen Nähe nichts mit der BAR EUROPA zu tun hat. In der Bar selbst gibt es die üblichen Knabbereien zum gepflegten Drink.

Das Publikum ist gemischt, sowohl vom Alter her, als auch vom Stil. Der kurze Tresen bietet gerade mal fünf Gästen Platz und die Bar selbst hat knapp 30 Plätze. Karel Jahns ist ein alter Hase am Shaker, dessen Mix-Fundamente im GELBEN HAUS liegen. Da der (Stau-)Raum hinter dem Tresen doch übersichtlich ist, hat die Bar Europa eine begrenzte Auswahl an Spirituosen zu bieten – die rund 150 Flaschen reichen aber aus, um eine befriedigende Anzahl an Cocktails und Mixed-Drinks anzubieten.

Bar Europa
Hintere Insel Schütt 34
90403 Nürnberg

www.bar-europa.de

Geöffnet Dienstag bis Donnerstag von 20 bis 1 Uhr, Freitag und Samstag von 20 bis 3 Uhr

Behaim in Hollywood

Als die BAR NÜRNBERG frisch eröffnete, war es noch schwierig zu erklären, wo sich die Bar finden lässt. Beim „Behaim Denkmal" zuckten die meisten mit den Schultern. Allerdings war früher das „Magazin Schuhgeschäft" dort ansässig, und dies hat zumindest den allermeisten Frauen sofort etwas gesagt.

Peppi Köhl betreibt die BAR NÜRNBERG nun auch schon wieder seit fünf Jahren. Der Sockel des Denkmals dient im Sommer gern als zusätzlicher Sitzplatz, wenn es mal wieder sehr voll ist. Die Bar ist mittlerweile zum Tummelplatz der Reichen und/oder Schönen der Stadt geworden. Was den Betreiber und seinen Leuten in Sachen Drinks eher kalt lässt. Und natürlich sollte sich der „Normalo"-Trinker davon in keinster Weise beeindrucken lassen. Im Zweifel einfach sich am Schaulaufen bei einem Drink ergötzen, staunen und genießen. Gemischt werden hier Klassiker ebenso wie gerade aktuelle Drinks. Die Bar ist relativ klein und am Wochenende ist dann oftmals kein Durchkommen. Das ist im Sommer nicht weiter schlimm, denn

Bar Nürnberg
Theresienplatz 1
90403 Nürnberg

www.bar-nuernberg.de

Dienstag bis Sonntag ab 18 Uhr geöffnet

der Platz davor bietet neben „Strandstühlen" und normalen Tischen auch noch Platz auf einer Hollywoodschaukel.

Mit dem „King Louis" hat die Bar Nürnberg den teuersten „Cocktail" der Region. Für 299 € bekommt man einen Drink aus „Cognac Loius XIII", Grand Marnier, Zucker und Angostura Bitter, sowie eine Flasche „Champagne Madame Louise" von Pommery. An Alkoholika ist die Auswahl insgesamt als gut zu bezeichnen, aber mangels Platz ist die Auswahl kleiner als bei anderen alteingesessenen Läden. Dem Genuss am Abend tut dies aber kaum einen Abbruch.

Alkohol, verbloedelt

s' Blödels
Venatoriusstraße 8
90455 Nürnberg

www.bloedels.de

Mittwoch bis Samstag ab 18:30 Uhr geöffnet, Sonntags ab 17:30 (von 14 bis 17 Uhr mit Kaffee und Kuchen)

Sagt man „Blödel" in Nürnberg-Kornburg, so ist dies eine Verbeugung und kein Schimpfwort. Der Landgasthof GRÜNER BAUM der Familie Blödel, sowie die angeschlossene Metzgerei haben hier einen hervorragenden Ruf. Sohn Christian Blödel schickt sich seit 2010 als Barkeeper an, in seinem s' BLÖDELS die Erfolgsgeschichte um ein Kapitel zu erweitern.

Eine alte Scheune wurde überraschend geschmackvoll umgebaut – man fühlt sich hier alles andere als wie ein Landei: Das s' BLÖDELS würde man auch in, sagen wir München oder Kitzbühl, schick finden. Wie um den Faktor 100 vergrößerte Nespresso-Kapseln sehen die schönen Lampen aus, der Tresen ist lang genug, um ausreichend Sprit unterzubringen, Weinflaschen stehen waagrecht in Designer-Regalen. Der hintere Teil ist „loungiger", vorne kann man dafür Barkeeper Christian bei der Arbeit zusehen. Ruhig und gelassen wie gute Barkeeper nun mal arbeiten, bietet er ausreichend viele Cocktails an. Schön ist die Auswahl an Martini-Mixes und an Vodkas. Whisk(e)ys scheinen nicht sein Steckenpferd zu sein. Wir probieren einen „Blödels Gimlet" und den Klassiker „Sex on the Beach" – beide sind perfekt. Es gibt Kleinigkeiten zum Essen und eine wunderschöne Terrasse – hierher komme ich öfter, die lange Anfahrt lohnt sich.

Bars

Alter Mann, was nun?

Noch immer dürfte die beeindruckende Bar-Karte des Freudenpark die umfangreichste weit und breit sein. Die Exemplare, die ich bei zwei Besuchen erhielt, müssen kurz nach der Einführung des Euro gedruckt worden sein, so abgegriffen waren diese. Dies könnte auf viele Leser schließen – oder sie ist einfach nur alt. Die einer Kirche nicht unähnliche Bar mit ihren hohen Decken, dem dunklen Holz und dem langen Tresen ist es in jedem Fall: in die Jahre gekommen. An den Wänden hängen Plakate der „Tanz in den Mai"-Veranstaltungen, die an bessere Zeiten erinnern – gleichwohl ist die jährliche Party am 30. April noch immer der Magnet unter den „Events" im „Park". Spiele des 1. FC Nürnberg sind es auch – „Sky" sei Dank. Ich denke mir, früher hätte es das nicht gegeben …

Wie ein Fels in der Brandung steht Bar-Chef Oliver hinter der eigentlichen Bar und regiert über gefühlt 1000 Flaschen. Versiert mixt er mir meinen Lieblingscocktail „Blade Runner" und einen „French 75", zapft Guinness vom Fass oder versorgt die unterschiedlich talentierten Bedienungen mit Sprit. Kein Zweifel, Oliver spielt in der Champions League der Barkeepern. Er hätte mehr Publikum verdient.

Zu Essen gab es auch – doch ich war ja nicht für Burger oder Nudeln da, sondern zum Trinken. Der Garten vor dem Freudenpark scheint auch schon etwas verwildert zu sein … Bevor ich anfange, mich ganz alt zu fühlen, zahle ich. Beim Hinausgehen entdecke ich eine kleine Bühne, dort wo früher die beeindruckenden Lautsprecher von „Quadral" standen. Tut sich also doch etwas …

Freudenpark
Kilianstraße 125
90425 Nürnberg

Keine Webseite

Geöffnet Montag bis Donnerstag von 17 bis 2 Uhr, Samstags von 17 bis 3 Uhr und Sonntags von 15 bis 2 Uhr

Erst gelb, dann blau

Das Gelbe Haus in der Fürther Strasse wurde am 1. Juni 1989 eröffnet. Noch immer ist Gründer Oliver Kirschner der Betreiber. Er selbst bezeichnet sich gern auch mal nur als „Wirt". In den hippen Großstädten der Republik würde man ihn auch „Mixologe" nennen. Wesentliche Teile der Bar haben sich seit der Eröffnung nicht verändert. Natürlich ist hier und da eine Korrektur vorgenommen worden und auch das Angebot verändert sich immer wieder. Das Gelbe Haus ist in der deutschen Barszene gut vernetzt und sicher die für Nürnberg bekannteste Bar in Deutschland. Die Drinks, und darauf kommt es in einer Bar ja schließlich an, werden professionell auf höchstem

Gelbes Haus
Troststraße 10
90429 Nürnberg

www.gelbes-haus.de

Montag bis Samstag ab 20 Uhr geöffnet

Bars

Niveau zubereitet. Von Klassikern über deren modernisierten Varianten, bis zu Exotischem mit Fruchtsaft wird so ziemlich alles geboten – wenn nicht, einfach Patron Kirschner fragen. Er ist mit Leib und Seele Barkeeper und entwickelt nicht nur eigene Mixturen, sondern tüftelt auch gerne an selbstgemachten Essenzen oder Likören. Zusätzlich zu den Mixgetränken wird eine stattliche Auswahl an Spirituosen angeboten, Schwerpunkt ist sicher noch der Whisk(e)y. Daneben gibt es aber auch gut 60 Sorten Gin und eine Menge Rum. Zudem werden regelmäßig Cocktail-Kurse und Whiskyschulungen angeboten.

Echte Bargänger sitzen am Tresen und bewundern die Flaschen, für ein romantisches Tête-à-tête sind genügend Plätze in den beiden Räumen vorhanden. Unter der Woche ist der Durchschnitt der Gäste etwas älter als am Wochenende. Man kann in der Bar auch essen, die Karte bietet eine kleine Auswahl an hausgemachten Gerichten; Kult ist sicher das Würstelgulasch. Eines noch, falls jemand bemängeln würde, wie ich diesen Text schreiben kann, wo ich doch Stammgast und Freund des Hauses bin, dem sei gesagt: gerade deshalb! Da ich es in meinem zweiten Wohnzimmer gerne schön habe, bin ich sicher einer der ärgsten Kritiker des „Gelben". Unter der Woche, kann es schon mal zu einem Service-Engpass kommen, wenn der Barkeeper alleine ist und ein Bus Durstiger einfällt.

PS: Die Überschrift haben wir uns aus unserem alten „Flüssig-Almanach" ausgeliehen.

Immer eine Sünde wert

Die Rote Bar
Peter-Vischer-Straße 3
90403 Nürnberg

www.dierotebar.net

Geöffnet Sonntag bis Donnerstag von 19 bis 2 Uhr, Freitag und Samstag von 19 bis 3 Uhr

Wer bei dem Namen ROTE BAR an das Rotlicht-Milieu denkt, liegt falsch! Die „Lounge"-artige und recht düster beleuchtete Bar schickt sich an, für die „U30"-Generation die beliebteste Bar zu werden. Das mag an der guten Musik liegen, die hier ein DJ von Donnerstag bis Samstag auflegt. Ganz sicher trägt aber die professionelle Arbeit der Angestellten zur Popularität der ROTEN BAR bei. Bar-Chef Roman Horka hat sein Handwerk nicht nur von der Pike auf gelernt, er orientiert sich auch an modernen Strömungen.

Die Bar existiert seit 2002 und wird immer mal wieder etwas umgebaut. An der gut acht Meter langen Bar bekommt man zahlreiche Klassiker und Cocktails, die derzeit in London, New York oder Berlin angesagt sind. Zur handwerklich einwandfreien Zubereitung kommt noch eine große Auswahl an

166

Spirituosen. Ein Markenzeichen sind die Erdnüsse zum selber knacken. Die Schalen dürfen und sollen sogar auf dem Boden landen. Das mag nun nicht jedermanns Geschmack sein, bei den „U30"-Menschen kommt es aber gut an.

In der Bar kann auch gegessen werden, hat sie doch beste Verbindungen zum Restaurant ZEIT & RAUM nebenan. Von dort kann man sich alles auch in die ROTE BAR Bar bringen lassen. Zwei Räume mit zusätzlichen Sitznischen bieten genügend Platz für rund 100 Gäste. Man kann sich auch etwas weiter weg von der Musik platzieren, sollte man es mal etwas ruhiger haben wollen. Im Sommer lockt ein kleiner Außenbereich.

Buddhas, Ladys und ein Gewinner

Was der FREUDENPARK in Nürnberg, ist das ZEN in Erlangen: Eine Bar mit sehr langer Geschichte, die sehr viel früher noch BOBBY MC GEE's hieß. Das ZEN-Restaurant haben wir ein paar Seiten zuvor besprochen, nehmen wir also Platz im 1. Stock der gleichnamigen Bar bei Mitinhaber und Barchef Peter Knöpfler. 1996 gewann er in Dublin einen Wettbewerb der „Deutschen Barkeeper Union" mit seiner Kreation „Lady B.". Sein runder Arbeitsplatz gleicht einer Festung. „Beschützt" von unzähligen Flaschen werden hier auf höchstem Niveau Klassiker und Eigenkreationen gemixt. Die Auswahl ist nicht überbordend, eher übersichtlich. Zu Essen gibt es zudem mehr als genug. Ein schöner, empfehlenswerter Ort, um über Gott, Martinis und die Welt nachzudenken.

 Zen Bar
Theaterplatz 22
91054 Erlangen

 www.zen-erlangen.de

 Geöffnet Sonntag bis Donnerstag von 18 bis 1 Uhr, Freitag und Samstag von 18 bis 2 Uhr

Register, alphabetisch

50's Diner	24	Graf Moltke	65
Alla Turca	25	Grauer Wolf	66
Andalusischer Hund	26	Gasthof Grüner Baum	67
Arabesque	27	Gasthof Grüner Baum	68
Asia Land	28	Gustavson	70
Auguste	29	Gutmanns	71
Aumer's la Vie	30	Hallerschloß	72
's Baggers	31	Haru	73
Gasthof Bammes	32	Hiro Sakao	74
Café & Bar Celona Finca	33	House of India	75
Bardolino	34	Hunger & Durst	76
Ba Shu	35	Hütt'n	77
Basilikum	36	IKEA Restaurant	78
Beckschlager	38	Ishihara	79
Blauer Affe	39	Io & On	80
Bratwursthäusle	40	Kaiserburg	81
Chesmu	41	Kartoffel	82
Chong's Diner	42	Rotisserie Keops	83
Cinecitta Trattoria	43	Koch und Kellner	84
Crêperie du Câteau	44	Konstantin	85
da Claudio	45	Kontiki	86
Da Gallo Antipasteria	46	Kopernikus im Krakauer Turm	87
Da Ugo	47	Restaurant Kupferpfanne	88
Delphi	48	Lavash	89
EKU Inn	50	Lederer KulturBrauerei	90
Eleon	51	Lennox	91
Essigbrätlein	52	Restaurant-Café im Literaturhaus	92
Estragon	53	Lorenz	93
Etage	54	Lutzgarten	94
Restauration Fischer	55	Maharaja Palace	95
Die Fischerei	56	Trattoria Mamma Leone	96
Friends House	57	Mannis Weinwirtschaft	97
Garten Kreta	58	Marientorzwinger	98
Gasthaus Braun	59	Minneci	99
Ginger Lounge	60	Mount Lavinia	100
Goldener Stern / spoon	61	O-Sha	101
Goldener Stern	62	Olive	102
Goldenes Posthorn	63	Opatija	103
Gourmet Tempel	64	L'Osteria	104

Register, alphabetisch

La Palma	**106**
Palmengarten	**107**
Paradies	**108**
Gasthaus Pegnitztal	**109**
Peppino	**110**
Per Bacco	**111**
Petzengarten	**112**
Pillhofer	**113**
Ristorante da Pippo	**114**
Planungskneipe	**115**
Gourmetrestaurant Polster	**116**
Poseidon	**117**
Prison St. Michel	**118**
Gasthaus Rottner	**119**
Salz + Pfeffer	**120**
San Remo	**121**
Sanders Steakhaus	**122**
Sangam	**123**
Sapa	**124**
Sarocha	**125**
Schankwirtschaft	**126**
Schäufelewärtschaft	**127**
Schindlerhof unvergeESSlich	**128**
Schnitzelria im Hotel Elch	**129**
Gasthaus Schwarzer Adler	**130**
Neubauers Schwarzes Kreuz	**131**
Sebald	**132**
Zum Spießgesellen	**134**
Spillmanns	**135**
Steichele	**136**
Sua	**137**
südlich	**138**
Sushi Glas	**139**
Tafelberg	**140**
La Tapa	**141**
La Tasca	**142**
A Tavola	**143**
Teatro	**144**
Vapiano	**145**
Vineria	**146**
La Vineria	**147**
Le Virage	**148**
Wacht am Rhein	**149**
Wasabi Sushi	**150**
Weinstockwerk	**151**
Weißes Lamm	**152**
Wittmanns bio essen & trinken	**153**
Wonka	**154**
Würzhaus	**155**
Zeit & Raum	**156**
Zen	**158**
Zum Waldhorn	**159**
Bar BMF	**160**
Bar Europa	**161**
Bar Nürnberg	**161**
s' Blödels	**162**
Freudenpark	**163**
Gelbes Haus	**163**
Die Rote Bar	**164**
Zen Bar	**165**

Register Küchensparten

Arabisch
Arabesque	27

Böhmisch
Kaiserburg	81

Ceylonesisch
Mount Lavinia	100

Chinesisch
Ba Shu	35
Friends House	57
Gourmet Tempel	64

Exklusiv
Aumer's la Vie	30
Basilikum	36
da Claudio	45
Essigbrätlein	52
Restauration Fischer	55
Rotisserie Keops	83
Koch und Kellner	84
Kontiki	86
Restaurant Kupferpfanne	88
Lorenz	93
Opatija	103
Ristorante da Pippo	114
Gourmetrestaurant Polster	116
Gasthaus Rottner	119
Schindlerhof unvergeESSlich	128
Gasthaus Schwarzer Adler	130
Neubauers Schwarzes Kreuz	131
Sebald	132
Vineria	146
Wonka	154
Würzhaus	155

Fränkisch / Bürgerlich
Gasthof Bammes	32
Blauer Affe	39
Bratwursthäusle	40
Goldener Stern / spoon	61

Fränkisch / Bürgerlich (Forts.)
Goldener Stern	62
Goldenes Posthorn	63
Grauer Wolf	66
Gasthof Grüner Baum	67
Gasthof Grüner Baum	68
Gustavson	70
Gutmanns	71
Hütt'n	77
Kartoffel	82
Kopernikus im Krakauer Turm	87
Lederer KulturBrauerei	90
Lutzgarten	94
Marientorzwinger	98
Palmengarten	107
Gasthaus Pegnitztal	109
Petzengarten	112
Pillhofer	113
Schankwirtschaft	126
Schäufelewärtschaft	127
Zum Spießgesellen	134
Steichele	136
Wacht am Rhein	149
Weißes Lamm	152
Zum Waldhorn	159

Französisch
Crêperie du Câteau	44
Restaurant im Literaturhaus	92
Prison St. Michel	118
Le Virage	148
Zeit & Raum	156

Griechisch
Delphi	48
Eleon	51
Garten Kreta	58
Graf Moltke	65
Hallerschloß	72
Konstantin	85
Planungskneipe	115
Poseidon	117

170

Indisch

House of India	75
Maharaja Palace	95
Sangam	123

Italienisch

Bardolino	34
Cinecitta Trattoria	43
Da Gallo Antipasteria	46
Da Ugo	47
Estragon	53
Gasthaus Braun	59
Trattoria Mamma Leone	96
Minneci	99
L'Osteria	104
La Palma	106
Peppino	110
Per Bacco	111
Salz + Pfeffer	120
San Remo	121
Sua	137
südlich	138
A Tavola	143
Vapiano	145
La Vineria	147

Japanisch

Haru	73
Hiro Sakao	74
Ishihara	79
Sushi Glas	139
Wasabi Sushi	150

Spanisch

Andalusischer Hund	26
Café & Bar Celona Finca	33
La Tapa	141
La Tasca	142
Teatro	144

Spezialitäten & Kuriositäten

50's Diner	24
Auguste	29
's Baggers	31
Beckschlager	38
Chong's Diner	42
EKU Inn	50
Die Fischerei	56
Hunger & Durst	76
IKEA Restaurant	78
Lennox	91
Mannis Weinwirtschaft	97
Paradies	108
Sanders Steakhaus	122
Schnitzelria im Hotel Elch	129
Spillmanns	135
Weinstockwerk	151
Wittmanns bio essen & trinken	153

Thailändisch

Etage	54
Ginger Lounge	60
Io & On	80
O-Sha	101
Sarocha	125
Tafelberg	140
Zen	158

Türkisch

Alla Turca	25
Lavash	89
Olive	102

Vegetarisch

Chesmu	41

Vietnamesisch

Asia Land	28
Sapa	124

Register Außenplätze

Bis 10 Plätze:

Graf Moltke (8)	67
Mannis Weinwirtschaft (8)	99
Chesmu (10)	43
Crêperie du Câteau (10)	46
La Vineria (10)	149

11 – 20 Plätze:

Auguste (12)	31
Essigbrätlein (12)	54
Restauration Fischer (12)	57
Basilikum (16)	38
Ginger Lounge (20)	62
Kartoffel (20)	84
Per Bacco (20)	113
Gourmetrestaurant Polster (20)	118
Wittmanns bio essen & trinken (20)	155

21 – 30 Plätze:

Wonka (22)	156
Beckschlager (24)	40
Friends House (24)	59
O-Sha (24)	103
Hunger & Durst (25)	78
Peppino (25)	112
Sarocha (25)	127
Chong's Diner (30)	44
da Claudio (30)	47
Estragon (30)	55
Io & On (30)	82
Lennox (30)	93
Trattoria Mamma Leone (30)	98
LOsteria (30)	106
La Palma (30)	108
Palmengarten (30)	109
A Tavola (30)	145

31 – 40 Plätze:

sBaggers (33)	33
Da Ugo (35)	49
Steichele (35)	138
Minneci (36)	101
Sangam (36)	125
Blauer Affe (40)	41
Hallerschloß (40)	74
Kaiserburg (40)	83
Lavash (40)	91
Ristorante da Pippo (40)	116
Salz + Pfeffer (40)	122
Sapa (40)	126
Schäufelewärtschaft (40)	129
Sebald (40)	134
Zum Spießgesellen (40)	136

41 – 50 Plätze:

Paradies (45)	110
Aumers la Vie (50)	32
Bardolino (50)	36
Goldenes Posthorn (50)	65
Gasthaus Pegnitztal (50)	111
Petzengarten (50)	114
Neubauers Schwarzes Kreuz (50)	133
Vapiano (50)	147
Weißes Lamm (50)	154

Register, Außenplätze

51 – 70 Plätze:

Bratwursthäusle (60)	42
Haru (60)	75
Konstantin (60)	87
Planungskneipe (60)	117
südlich (60)	140
Sushi Glas (60)	141
Teatro (60)	146
Vineria (60)	148
Gustavson (64)	72
Alla Turca (65)	27
Goldener Stern (70)	64
Hüttn (70)	79
Lorenz (70)	95
Gasthaus Rottner (70)	121
Schankwirtschaft (70)	128
Spillmanns (70)	137
La Tapa (70)	143

71 – 100 Plätze:

Eleon (80)	53
Hiro Sakao (80)	76
Restaurant-Café im Literaturhaus (80)	94
Opatija (80)	105
Pillhofer (80)	115
Zeit & Raum (80)	158
Andalusischer Hund (100)	28
Cinecitta Trattoria (100)	45
EKU Inn (100)	52
Die Fischerei (100)	56
Garten Kreta (100)	60
Goldener Stern / spoon (100)	63
San Remo (100)	123
Schindlerhof unvergeESSlich (100)	130
Gasthaus Schwarzer Adler (100)	132

101 – 200 Plätze:

Sanders Steakhaus (120)	124
Gasthof Bammes (130)	34
Zen (160)	160
Gasthof Grüner Baum (200)	70
Lutzgarten (200)	96

Über 200 Plätze:

Café & Bar Celona Finca (300)	35
Kopernikus im Krakauer Turm (300)	89
Marientorzwinger (300)	100
Lederer KulturBrauerei (350)	92
Poseidon (350)	119
Gutmann (620)	73

Register Nebenzimmer

Bis 10 Plätze:

Wacht am Rhein (8)	149
Chesmu (10)	41

11 – 20 Plätze:

Essigbrätlein (12)	52
Gasthaus Pegnitztal (12)	109
Mannis Weinwirtschaft (15)	97
Grauer Wolf (18)	66
Beckschlager (20)	38
Gourmet Tempel (20)	64
Mount Lavinia (20)	100
Per Bacco (20)	111
Petzengarten (20)	112
Neubauers Schwarzes Kreuz (20)	131

21 – 30 Plätze:

Teatro (24)	144
Minneci (25)	99
Zen (25)	158
Ginger Lounge (30)	60
Goldener Stern (30)	62
Restaurant Kupferpfanne (30)	88
La Palma (30)	106
Wasabi Sushi (30)	150
Zum Waldhorn (30)	159

31 – 40 Plätze:

Steichele (35)	136
Goldenes Posthorn (8/30)	63
Andalusischer Hund (40)	26
Kopernikus im Krakauer Turm (40)	87
LOsteria (40)	104
La Tasca (40)	142

41 – 80 Plätze:

Lennox (50)	91
Gourmetrestaurant Polster (50)	116
Sanders Steakhaus (18/20/20)	122
Weißes Lamm (26/42)	152
Gasthof Grüner Baum (30/40)	68
Lavash (70)	89
Restaurant-Café im Literaturhaus (80)	92
Gasthaus Rottner (80)	119

81 – 120 Plätze:

Schindlerhof unvergeESSlich (90)	128
San Remo (100)	121
Goldener Stern / spoon (120)	61
Pillhofer (65/55)	113
Sebald (120)	132
Zum Spießgesellen (20/40/60)	134

Über 120 Plätze:

Gasthaus Schwarzer Adler (48/48/14/14)	130
Gasthof Bammes (140)	32
Die Fischerei (28|120)	56
Lederer KulturBrauerei (90/90/50/40)	90
Vineria (280)	146
Gutmanns (100/190)	71
Gasthof Grüner Baum (240/90/50/20)	67

Danksagung

Dank

Wir bedanken uns herzlich bei:

Steffi und Max Altenburger, Claudia Arabackyj, Andreas Bahn, Lisa Beermann, Christine Beringer, Jürgen Bischof, Anna Colmann, Constanze Daumiller, Tina Dörffel, Gerhard Frieser, Brigitte Fuchs, Ute Geldner, Herbert Grambihler, Klaus Gruber, Danielle Hermann, Janina Küfner, Verena Kohl, Dr. Heidi Kreppel, Dr. Bernd Kronester, Gerd Lamatsch, Kathrin Lawincky, Eva Lifka, Dr. Eva und Leonhard Löw, Matthias Lopez, Pascale Martin, Alex McKelvey, Jörg Meier, Lothar Meisinger, Kyra Mende, Barbara Nägerl, Kazumi Nakayama, Vicky Papendieck, Irmi Pirkl, Ulrike Pöschko, Saskia und Sebastian Prommersberger, Helga und Albert Prommersberger, Andreas Reidl, Thomas Romberger, Jan Rühaak, Dewa Sauer, Gudrun und Bernd Schöneborn, Georg Sorger, Peter Spandl, Werner Zahel, Dr. Siegfried Zelnhefer, die uns bei unserer „Tour de Almanach" unerschrocken begleiteten und mit ihrem Fachwissen und ihren Mägen aushalfen,

sowie Claudia Arabackyj, Barbara Nägerl und Gudrun Schöneborn, die korrigierend in die Artikel eingriffen – weitere Satzfehler gehen auf unsere Kappe,

Andreas Bahn, für die Idee für das Titelbild,

Thomas Riese, für die geduldige fotografische Umsetzung der „Sushi-Bratwurst",

Herbert Grambihler, in ganz besonderer Weise für den „Höllenritt" bei der schicken Gestaltung und der supertollen Produktion des Almanachs,

den Anzeigenkunden, um deren Beachtung wir bitten, denn sie halfen mit, dass wir nach dem Bezahlen unserer Restaurantrechnungen nicht gleich den Gürtel enger schnallen mussten,

Stefanie Altenburger, Claudia Arabackyj, Dr. Michael Friebe, Herbert Grambihler, Manfred Hager, Jürgen Held, Lothar Meisinger, Thomas Romberger und Helga Schäfer, für Unterstützung in schweren Zeiten,

und last but not least, bei Ihnen, liebe Leser, wir freuen uns auf Ihre Kritik und auch Ihren Zuspruch – wenn Sie wollen, lesen wir uns wieder zum „Bissig Almanach 2015"!